El libro de los Salmos.

Explicado verso por verso con Revelación

UNA REPUESTA A NUESTRA ORACIÓN
PARA TODA NECESIDAD

El libro de los Salmos se llama "La Suma de los dos Testamentos". El libro se compone de cinco libros. David escribió 73; Asaf escribió 12; Hijos de Coré, 11; Salomón, 2; Moisés 1. Cincuenta Salmos no registran el nombre del autor. Este es el himnario de Israel; es una estrella de gran magnitud. El libro es una guía para el creyente.

SALMO # 1:

MORAL

El justo y los pecadores

Año 1047

Verso 1: "Bienaventurado el varón que no anduvo en consejo de malos, Ni estuvo en camino de pecadores, Ni en silla de escarnecedores se ha sentado;"

Es bienaventurado el hombre o la mujer que no se ha contaminado con los consejos de los malos, los que como los animales de limpieza, como los peces y los cerdos, comen cosas inmundas. Tampoco se ha sentado en silla de escarnecedores parecidos a águilas, buitres y hienas, se alimentan de lo podrido, difamando, calumniando, y gozándose de las debilidades de los demás.

Verso 2: "Sino que en la ley de Jehová medita de día y de noche."

Uno de los grandes beneficios de meditar en la Palabra está registrado en Prov. 6:22-23: *"Te guiarán cuando andes; cuando duermas te guardarán. Hablarán contigo cuando despiertes. Porque el mandamiento es lámpara, y la enseñanza es luz, y camino de la vida las reprensiones que te instruyen"*. Él se alimenta de la Palabra, no de lo que hacen los malvados.

Verso 3: "Será como árbol plantado junto a corrientes de aguas, Que da fruto a su tiempo, Y su hoja no cae; Y todo lo que hace, prosperará"

El creyente establecido en la Palabra, da fruto y sus obras no se marchitan. Todo lo que hace tiene la bendición de Dios. Dios prospera la obra de sus manos.

En Josué 1:8, dice: " Nunca se apartará de tu boca este libro de la ley, sino que de día y de noche, meditarás en él, para que guardes y hagas conforme a todo lo que en él está escrito; porque entonces harás, prosperar tu camino y todo te saldrá bien."

Versos 4-6: "No así los malos, Que son como el tamo que arrebata el viento. Por tanto no se levantarán los malos en el juicio, Ni los pecadores en la congregación de los justos. Porque Jehová conoce el caminos de los justos; Mas la senda de los malos perecerá."

Los malos, son los que aún tienen la naturaleza de la muerte espiritual en ellos; los que no han nacido de nuevo por aceptar a Cristo, y someterse a su Señorío. Ellos son como paja del desierto que se lleva el viento (Salmo 37: 1-2).

Ellos no se levantarán ante el Trono de Juicio, ni en las congregaciones de los justificados por el Sacrificio de Cristo. Ellos son cabros, que no pueden estar con el rebaño del Señor. Dios conoce los justos y los injustos. Él separa lo precioso de lo vil.

SALMO # 2:

EVANGELICO

El reino del Ungido de Jehová

Versos 1-3: "¿Por qué se amotinan las gentes, y los pueblos piensan cosas vanas? Se levantarán los reyes de la tierra, Y príncipes consultarán unidos Contra Jehová y contra su unido, diciendo: Rompamos sus ligaduras, Y echemos de nosotros sus cuerdas."

Esta es la guerra entre el cielo y el infierno. El mundo es opuesto a Cristo. Los fariseos, el sacerdocio; los judíos, el pueblo común y Pilatos, representante de los gentiles, que no se comunicaban entre sí; se unieron contra Jesús. Ellos rechazaron el Señorío de Cristo. El creyente está atado a Cristo.

Versos 4-6: "El que mora en los cielos se reirá: El Señor se burlará de ellos. Luego hablará a ellos en su furor, Y los turbará con su ira. Pero yo he puesto mi rey Sobre Sion, mi santo monte."

Unos 37 años más tarde los romanos destruirían el templo y quemarían la ciudad. Ciertamente el Señor los turbó con su ira. No quedó ni un solo sacerdote, todos perecieron. Ellos habían permanecido hasta que ofrecieron el Cordero de Dios en el altar de la cruz. La nación judía había rechazado su piedra angular, el Mesías.

Entonces, el Rey Jesús, se convirtió en la piedra angular de Sion, la Iglesia. El habita en ella, (Salmo 132: 13-14).

Versos 7-9: "Yo publicaré mi decreto; Jehová me ha dicho: Mi hijo eres tú; Yo te engendré hoy. Pídeme, y te daré por herencia las naciones, Y como posesión tuya los confines de la tierra. Los quebrantarás con vara de hierro: Como vasija de alfarero los desmenuzarás."

Cristo habla acerca del decreto eterno. Antes de Jesús venir al mundo, era la Segunda Persona en el gobierno de Dios. Él fue engendrado como el Bebé de Belén.

Sin embargo, él fue engendrado de nuevo, (Hechos 13:33 y Heb. 1:5 y 5:5) después de haber *"efectuado la purificación de nuestros pecados por medio de sí mismo".*

Los gentiles le han sido dados a Cristo por herencia. El salvaría a los que les recibieran, y los transformaría con el Evangelio.

Versos 10-12: "Ahora, pues, oh reyes, sed prudentes; Admitid amonestación, jueces de la tierra. Servid a Jehová con temor, Y alegraos con temblor. Honrad al Hijo, para que no se enoje, y perezcáis en el camino; Pues se inflama de pronto su ira. Bienaventurados los que en él confían:"

Este es un llamado a todos, a ser prudentes y recibir la corrección. Es necesario que el creyente sirva a Dios con temor y gozo. Debemos siempre honrar al Hijo, y confiar en él, para que no se enoje, pues los descuidados pueden perder la salvación.

SALMO # 3

Salmo de David cuando huía de delante de Absalón su hijo.

Oración matutina de confianza en Dios

Versos 1-2: "¡Oh Jehová, cuánto se han multiplicado mis adversarios! Muchos son los que se levantan contra mí. Muchos son los que dicen de mí: No hay salvación para él en Dios."

David huía de su hijo Absalón cuando escribió este Salmo. Su hijo se había sublevado contra él. El corazón de David estaba partido, pues éste era su favorito. 2 Samuel 15:30, dice que David subió la cuesta de los Olivos llorando, con la cabeza cubierta y los pies descalzos.

Este era el resultado de su pecado con Betsabé, la espada no se apartaba de su casa, como se lo profetizó Natán (2 Samuel 12:10). Entonces Satanás lo acusaba de no tener la salvación en Dios.

Versos 3-4: "Más tú, Jehová, eres escudo alrededor de mí; Mi gloria, y el que levanta mi cabeza. Con mi voz clamé a Jehová, Y él me respondió desde su monte santo."

Esta es la confesión positiva de su fe en Dios, en medio de la persecución. El declara que Dios es quien los restaura. Es necesario confiar y alabar a Dios, aunque estemos en la situación más desesperada. La confesión de nuestra fe en el Señor, es la que arregla todos los problemas.

Verso 5-8: "Yo me acosté y dormí. Y desperté porque Jehová me sustentaba. No temeré a diez millares de gente, Que pusieren sitio contra mí. Levántate, Jehová; sálvame, Dios mío; Porque tu heriste a todos mis enemigos en la mejilla, Los dientes de los perversos quebrantaste. La salvación es de Jehová; Sobre tu pueblo sea tu bendición."

David se acostó confiado, sintiendo paz, reposo y dudas. El sueño es una muerte corta; la muerte un sueño largo. A media noche le asaltaron las dudas. Muchas veces en medio de la lucha, tenemos una fe inquebrantable; pero es de poca duración. El remedio contra el asalto de las dudas, es recordar las victorias pasadas.

Aquí David recuerda su victoria contra el gigante Goliat. Entonces confiesa que la salvación viene de Dios, y procede a bendecir al pueblo.

SALMO # 4

Al músico principal; sobre Neginot

Salmo de David

Oración vespertina de confianza en Dios

Verso 1: "Respóndeme cuando clamo, oh Dios de mi justicia. Cuando estaba en angustia, tú me hiciste ensanchar; Ten misericordia de mí, y oye mi oración".

Este Salmo es de David. El pide que Dios le responda. Él lo llama, Jehová Sidcanú. Le recuerda que en otras ocasiones le ha ayudado.

Versos 2-3: "Hijos de hombres, ¿hasta cuándo volveréis mi honra en infamia, Amareis la vanidad, y buscaréis la mentira? Sabed, pues, que Jehová ha escogido al piadoso para sí; Jehová oirá cuando yo a él clame."

David declara que Dios ha escogido a los consagrados. Los piadosos son los que no aman la mentira, ni el soborno, ni la vanidad. Los consagrados son los que temen al Señor. Él sabe que cuando clama a Dios, él le oye. David era el pastor de Israel. Cuando clamaba Dios le escuchaba.

Versos 4-5: "Temblad, y no pequéis; Meditad en vuestro corazón estando en vuestra cama, y callad. Ofreced sacrificios de justicia, Y confiad en Jehová."

Este es un consejo para los creyentes. Temblar de temor a ofender al Señor. Si estamos en la cama de la enfermedad, debemos meditar en las promesas del Señor, y ofrecer sacrificios de justicia.

"Repartió, dio a los pobres, su justicia permanece para siempre." (2 Cor, 9:10) "aumentará los frutos de vuestra justicia." Así que el sacrificio de justicia es dar, repartir, compartir con el que no tiene.

Versos 6-7: "Muchos son los que dicen: ¿quién nos mostrará el bien? Alza sobre nosotros, oh Jehová la luz de tu rostro. Tú diste alegría a mi corazón Mejor que la de ellos cuando abundaba su grano y su mosto."

La idolatría se conoce porque el idólatra quiere ver. El creyente fiel no tiene que ver para creer. El sólo desea más revelación de la Palabra. Esto produce gozo aun en medio del dolor de la prueba.

Verso 8: "En paz me acostaré, y asimismo dormiré; Porque solo tú, Jehová, me haces vivir confiado." Esta es la confianza inconmovible del creyente maduro. Que aun mientras duerme, el que guarda a Israel no se dormirá.

SALMO # 5

Al músico principal; sobre Neginot

Salmo de David. Plegaria pidiendo protección

Año 1023

Versos 1-3: Escucha, oh Jehová, mis palabras; Considera mi gemir. Está atento a la voz de mi clamor, Rey mío y Dios mío, Porque a ti oraré. Oh Jehová, de mañana oirás mi voz; De mañana me presentaré delante de ti, y esperaré."

David huía de su hijo Absalón. Su angustia era doble, porque su enemigo era su hijo, el preferido; el que él hubiera deseado dejarle el reino. El único problema era que Dios no le había dicho a quién se lo entregaría.

Absalón era hijo de David y una princesa pagana. Él no estaba en el plan de Dios para ponerlo por rey sobre Israel. Ya Dios había escogido a Salomón, el hijo de Betsabé, "el amado de Jehová" (2Samuel 12:24). David era un hombre de oración, y no haría nada que Dios no le ordenara. Aunque David se sentaba en el trono, era un mendigo ante Jehová.

Versos 4-6: "Porque tú no eres un Dios que se complace en la maldad; El malo no habitará junto a ti. Los insensatos no estarán delante de tus ojos; Aborreces a todos los que hacen iniquidad. Destruirás a los que hablan mentira; Al hombre sanguinario y engañador abominará Jehová."

Aquí se describe el carácter de los enemigos de Dios. Los insensatos, (Como Absalón y sus compañeros) que practican el pecado. Tanto los asesinos del carácter de su prójimo usando mentiras; como los asesinos sanguinarios; los que matan a otros, y los engañadores, están en el mismo nivel ante Dios.

Versos 7-8: "Más yo por la abundancia de tu misericordia entraré en tu casa; Adoraré hacia tu santo templo en tu temor. Guíame, Jehová, en tu justicia a causa de tus enemigos; Endereza delante de mí tu camino."

El creyente ha entrado a formar parte de la Casa de Dios, por la misericordia de Dios; por la fe en el Sacrificio de Cristo. David ora porque Dios le guíe en su camino. El animal actúa por instinto; el creyente por la Biblia.

Verso 9: "Porque en la boca de ellos no hay sinceridad; Sus entrañas son maldad. Sepulcro abierto es su garganta, Con su lengua engañan."

Aquí se revela la hipocresía, especialmente de los políticos. Ellos prometen cosas que no pueden cumplir. Absalón era un político consumado, (2 Sam. 15: 4-5). Ahitofel, el consejero de David se unió a la conspiración, y con sus mentiras, hizo que mucho pueblo de Israel se uniera a ellos.

Aquí hay una de las diez acusaciones de la Corte de Justicia del Universo contra el hombre que no tiene a Cristo. "Sepulcro abierto es su garganta; y con su lengua engañan" (Rom.3:13).

Verso 10: "Castígalos, oh Dios; Caigan por sus mismos consejos; Por la multitud de sus transgresiones échalos fuera, Porque se rebelaron contra mí."

Si no entendemos las circunstancias por las que estaba pasando David, esta maldición nos sorprende. Tenemos que estudiar detenidamente los capítulos 15-16-17-18 de Segunda de Samuel para entender los Salmos 3-4-5. La maldición se cumplió al pie de la letra; el dolor de David fue muy grande.

Versos 11-12: "Pero alégrense todos los que en ti confían; Den voces de júbilo para siempre, porque tú los defiendes; En ti se regocijen los que aman tu nombre. Porque tú, oh Jehová, bendecirás al justo; Como con un escudo lo rodearás de tu favor."

Esta promesa se cumplió en David. Hoy se cumple en los creyentes.

SALMO # 6

Al músico principal; en Neginot, sobre Seminit. Salmo de David

Oración pidiendo misericordia en tiempo de prueba

Versos 1-3: "Jehová, no me reprendas en tu enojo, Ni me castigues con tu ira. Ten misericordia de mí, oh Jehová, porque estoy enfermo; Sáname, oh Jehová, porque mis huesos se estremecen. Mi alma también está muy turbada; Y tú, Jehová, ¿hasta cuándo?"

Los reyes también se enferman, como los creyentes. Los enfermos recuerdan sus pecados, Dios es Médico del alma y del cuerpo. El problema es que la enfermedad toma tiempo en desarrollarse. Así también la sanidad toma tiempo. Es cierto que muchos creyentes reciben milagros instantáneos, pero no todos tienen el mismo grado de fe.

La sanidad instantánea es uno de los métodos de propaganda del Evangelio hacia el mundo perdido. La sanidad del creyente demanda fe en la Palabra de Dios. ¿Debe acudir al médico? Si, si Dios no te sana en el próximo minuto. No hacerlo es tener esperanza de ser curado, y esto no es fe.

¿Debo tener fe en la sanidad de mis hijos? Sí, pero llévelos al médico, porque sus niños no están desarrollados en la fe; usted no puede ejercitar fe por ellos. La suya es esperanza, no fe. Ore porque Dios le de sabiduría al médico para que encuentre y cure la enfermedad. El no llevarlo es castigado por el juez, si el niño muere por su negligencia disfrazada de fe.

Versos 4-5: "Vuélvete, oh Jehová, libra mi alma; Sálvame por tu misericordia. Porque en la muerte no hay memoria de ti. En el Seol, ¿quién te alabará?"

David tiene miedo de morir. El no conoce el Seno de Abraham, donde irían los herederos del pacto de Abraham. El cree que irá a la tumba (Queber) donde el cuerpo no tiene memoria de Dios. El hombre interior, el espíritu, si la tiene (Estudie Lucas 16:19+).

Versos 6-7: "Me he consumido a fuerza de gemir; Todas las noche inundo de llanto mi lecho, Riego mi cama con mis lágrimas. Mis ojos están gastados de sufrir; se han envejecido a causa de todos mis angustiadores."

El anciano rey David está sufriendo los estragos de la vejez. No hay antibióticos, ni aspirina. No hay láser para las cataratas, ni dentistas, ni anestesia. Su glándula toroide, no funcionaba, por lo cual sentía frío incontrolable. Una joven sulamita le calentaba, (1 Rey. 1:2).

Versos 8-10: "Apartaos de mí, todos los hacedores de iniquidad; Porque Jehová ha oído la voz de mi lloro. Jehová ha oído mi ruego, Ha recibido Jehová mi oración. Se avergonzarán y se turbarán mucho todos mis enemigos; Se volverán y serán avergonzados de repente.".

Jehová contestó la oración de David. Sus enemigos fueron destruidos. Sus médicos, con sus remedios primitivos, se sorprendieron de su recuperación, porque la gente moría joven. David duró 75 años.

SALMO # 7

Sigaión de David, que cantó a Jehová acerca de las palabras de Cus hijo de Benjamín.

Plegaria pidiendo vindicación

Versos 1-2: "Jehová Dios mío, en ti he confiado; Sálvame de todos los que me persiguen, y líbrame. No sea que desgarren mi alma cual león, Y me destrocen sin que haya quien me libre."

David ora declarando que depende sólo de Dios. Su mismo hijo era su enemigo.

Versos 3-5: "Jehová Dios mío, si yo he hecho esto, Si hay en mis manos iniquidad; Si he dado mal pago al que estaba en paz conmigo (Antes he libertado al que sin causa era mi enemigo), Persiga el enemigo mi alma, y alcáncela, Huelle en tierra mi vida, Y mi honra ponga en el polvo."

David dice: "Soy inocente; Si no es así, me entrego en manos del enemigo para que me destruya. Yo dejo la venganza en tus manos." (Rom.12:19 nos aconseja lo mismo).

Versos 6-8: "Levántate, oh Jehová, en tu ira; Álzate en contra de la furia de mis angustiadores, Y despierta a favor mío el juicio que mandaste. Te rodeará congregación de pueblos, Y sobre ella vuélvete a sentar en alto. Jehová juzgará a los pueblos; Júzgame, oh Jehová, conforme a tu justicia, y conforme a mi integridad."

El rey David promete al Señor construir el Templo. El arca estaba en un tabernáculo desde que la trajo a Jerusalén.

Versos 9-13: "Fenezca ahora la maldad de los inicuos, más establece tú al justo; Porque el Dios justo prueba la mente y el corazón. Mi escudo está en Dios, Que salva a los rectos de corazón. Dios es juez justo, Y Dios está airado contra el impío todos los días. Si no se arrepiente, él afilará su espada; Armado tiene ya su arco, y lo ha preparado. Asimismo ha preparado armas de muerte, Y ha labrado saetas ardientes."

Ahitofel había aconsejado a Absalón que durmiera con las mujeres de su padre que habían quedado guardando el harén en el palacio. Esta era la más grande deshonra que se podía hacer al rey; porque significaba que el trono pasaría a sus manos (2 Sam.16:21)

Versos 14-16: "He aquí, el impío concibió maldad, Se preño de iniquidad, Y dio a luz engaño. Pozo ha cavado, y lo ha ahondado; Y en el hoyo que hizo caerá. Su iniquidad volverá sobre su cabeza, y su agravio caerá sobre su propia coronilla."

2 Sam. 17, cuenta la historia de cómo Husai, un fiel consejero de David, puso trampas al malvado Ahitofel, y éste cayó en el mismo hoyo que había preparado. Ahitofel se ahorcó. Él había concebido la iniquidad y ésta dio a luz engaño.

Verso 17: "Alabaré a Jehová conforma a su justicia, Y su agravio caerá sobre su propia coronilla."

El secreto de la victoria es alabar a Dios y dejar la venganza en sus manos.

SALMO # 8

Al músico principal; sobre Gitit,

Salmo de David

La gloria de Dios y la honra del hombre

Versos 1-2: "¡Oh Jehová, Señor nuestro, Cuán glorioso es tu nombre en toda la tierra! Has puesto tu gloria sobre los cielos; De la boca de los niños y de los que maman, fundaste la fortaleza, A causa de tus enemigos, Para hacer callar al enemigo y al vengativo."

El Señor es Rey, Pastor y Amo. Él está sobre ángeles y principados. Los niños aquí son los creyentes, que son como bebés indefensos ante el mundo espiritual que los rodea. El Nombre de Jesús, en los labios de fe del creyente; es el brazo de Dios que hace callar al enemigo y al vengativo.

Versos 3-4: "Cuando veo tus cielos, obra de tus dedos, La luna y las estrellas que tú formaste, Digo: ¿Qué es el hombre, para que tengas de él memoria, Y el hijo del hombre para que lo visites?"

El rey David alaba a Dios por Cristo. Él ve la visita de Jehová a la tierra, y se sorprende. En Hebreos 1: 1-13, vemos al Padre glorificando al Hijo. El verso 10 dice: "Tú, Señor, en el principio fundaste la tierra, Y los cielos son obra de tus manos."

En Isaías 40: 12, dice: *"¿Quién midió las aguas con el hueco de su mano, y los cielos con un palmo, con tres dedos juntó el polvo de la tierra, y pesó los montes con balanza, y con pesas los collados?"*

Así que el Padre habló, el Hijo formó, y el Espíritu Santo vivificó. David pregunta: "¿Qué es el hombre para que te preocupes de él, hasta el extremo de dejar tu gloria, y tomar forma de la obra de tus manos por la eternidad?"

Versos 5: "Le has hecho un poco menor que los ángeles, Y lo coronaste de gloria y de honra. Lo hiciste señorear sobre las obras de tus manos; Todo lo pusiste debajo de sus pies. Ovejas y bueyes, todo ello. Y asimismo las bestias del campo, Las aves de los cielos y los peces del mar; Todo cuanto pasa por los senderos del mar."

Estos versos no pueden referirse a Cristo, porque él no fue una creación de Dios, porque él es Dios y lo ha sido siempre.

Estos versos se refieren al primer Adán. Cuando él fue creado, era un poco menor que los ángeles. El regía hasta la última estrella. No era una cavernícola, pues él puso nombre a todos los animales. Esa fue la Creación que Satanás usurpó por medio de promesas y de engaños.

Verso 9: "¡Oh Jehová, Señor nuestro, Cuán grande es tu nombre!" Maravillado por la revelación que había recibido acerca de la grandeza de Dios, y el milagro de la Encarnación, David alaba y glorifica a Dios.

SALMO # 9

Al músico principal; sobre Mut-labén

Salmo de David

Versos 1-2: "Te alabaré, oh Jehová con todo mi corazón. Me alegraré y me regocijaré en ti; Cantaré a tu nombre, oh Altísimo."

David comienza este Salmo alabando a Dios. El promete contar acerca de las maravillas del Altísimo. Esta es la forma de orar. Se comienza alabando a Dios en el Nombre de Jesús. Este es el altar. Entonces se pone la leña, y el sacrificio; las peticiones, e intercesiones. Luego se pone la respuesta, la promesa registrada en la Palabra. Este es el fuego. Entonces se alaba y se da gracias en el Nombre de Jesús.

Versos 3-4: "Mis enemigos volvieron atrás; Cayeron y perecieron delante de ti. Porque has mantenido mi derecho y mi causa. Te has sentado en el trono juzgando con justicia."

Los enemigos todos han perecido; Goliat, Saúl, Absalón. Todos fueron cortados por la mano divina. Goliat, por el poder del Nombre de Jehová de los ejércitos y la piedra (1 Sam. 17). Saúl, por la espada de los filisteos (1 Sam. 31.) Absalón por murió colgado en la horqueta de un árbol, atravesado por los dardos de Joab, el comandante de las tropas de David (2Sam. 18).

Versos 5-6: "Reprendiste a las naciones, destruiste al malo, Borraste el nombre de ellos eternamente y para siempre. Los enemigos han perecido; han quedado desolados para siempre; y las ciudades que derribaste, Su memoria pereció con ellas."

Las naciones que vinieron contra Israel; Filisteos, Amalecitas, Amonitas, Edomitas, Moabitas y Sirios, fueron derrotadas por el rey David.

Versos 7-8: "Pero Jehová permanecerá para siempre; Ha dispuesto su trono para juicio. El juzgará al mundo con justicia, Y a los pueblos con rectitud."

El Señor es el Juez. El juzga al mundo con justicia, y a los hombres con rectitud. La misericordia es el asiento de su trono.

Versos 9-10: Jehová será refugio del pobre, Refugio para el tiempo de angustia. En ti confiarán los que conocen tu nombre, Por cuanto tú, oh Jehová, no desamparaste a los que te buscaron."

El Señor es el refugio de los pobres de espíritu en los tiempos de prueba. El creyente que conoce el poder del Nombre de Jesús, nunca estará desamparado.

Versos 11-12: "Cantad a Jehová, que habita en Sion; Publicad entre los pueblos sus obras. Porque

*el que demanda la sangre se acordó de ellos; No se
olvidó del clamor de los afligidos. "*

Dios habita en Sion, el Cuerpo de Cristo. Ellos
tienen la encomienda y el deber de hablar el
Evangelio a toda criatura. Ezequiel 3:18 dice:
"Cuando yo dijere al Impío: De cierto morirás; y tú
no le amonestares ni le hablares, para que el impío
sea apercibido de su mal camino a fin de que viva,
el impío morirá por su maldad, pero su sangre
demandaré de tu mano."

*Versos 13-14: "Ten misericordia de mí, Jehová;
Mira mi aflicción que padezco a causa de los que
me aborrecen, Tú que me levantas de las puertas de
la muerte, Para que cuente yo todas tus alabanzas
En las puertas de hija de Sion, Y me goce en tu
salvación. "*

¡Qué mucha intriga hay en los palacios de los reyes!
Además de los que aborrecían al rey; estaba Joab,
el general de los ejércitos de David, era "el poder
detrás del trono." Este le ocasionó grandes dolores
al rey.

Así también en muchas congregaciones de
creyentes, hay intrigas, chismes, contiendas y
murmuraciones. Esto es, porque hay muchos bebés,
y niños que les falta madurez espiritual. Esto les
produce dolor al pastor y a los hermanos maduros.

Versos 15-16: "Se hundieron las naciones en el hoyo que hicieron; En la red que escondieron fue tomado su pie. Jehová se ha hecho conocer en el juicio que ejecutó; En la obra de sus manos fue enlazado el malo."

Todas las naciones que venían en contra de Israel, caían en las trampas que ellos mismos le tendían, porque Jehová peleaba por su pueblo.

Así los enemigos del evangelio son enlazados en sus mismas intrigas, porque Cristo pelea por su Iglesia.

Verso 17: "Los malos serán trasladados al Seol, Todas las gentes que se olvidan de Dios." No solamente los que se alejan de Dios, siendo creyentes; sino todos los que no tienen pacto con Dios por medio de *Cristo. Seol aquí es Hades, o infierno.*

Verso 18: "Porque no para siempre será olvidado el menesteroso, Ni la esperanza de los pobres perecerá perpetuamente." No hay mal que dure cien años, ni cuerpo que lo resista. La paciencia nos enseña que "Esto también pasará."

Versos 19-20: "Levántate, oh Jehová; no se fortalezca el hombre; Sean juzgadas las naciones delante de ti. Pon, oh Jehová, temor en ellos. Conozcan las naciones que no son sino hombres."

Esta es también la oración de la Iglesia.

SALMO #10

Plegaria pidiendo la destrucción de los malvados

Versos 1-2 "¿Por qué estás lejos, oh Jehová, Y te escondes en el tiempo de la turbación? Con arrogancia el malo persigue al pobre; Será atrapado en los artificios que ha ideado."

Aquí el salmista, siente que está solo en medio del problema., pero Dios ha dicho: *"No te dejaré, ni te desampararé."* Heb. 13:5. *"Con él estaré yo en la angustia."* Sal. 91. Aquí se describe el carácter del malo.

El tirano. Este puede perseguir al pobre de espíritu, pero será atrapado en sus mismos artificios como Amán, en el libro de Esther.

Versos 3-4: "Porque el malo se jacta del deseo de su alma, Bendice al codicioso, y desprecia a Jehová. El malo, por la altivez de su rostro, no busca a Dios en ninguno de sus pensamientos."

El codicioso, ateo y el altivo. El creyente no debe tener amistad con el mundo, porque Dios aborrece la codicia, la altivez y la falta de temor a Dios. Los malos creen que la codicia es deseo de superarse, y el robo, buen concepto financiero.

Versos 5-6: "Sus caminos son torcidos en todo tiempo; Tus juicios los tiene muy lejos de su vista; A todos sus adversarios desprecia. Dice en su corazón: No seré movido jamás; Nunca me alcanzará el infortunio."

Altanería, orgullo y autosuficiencia. El no piensa en el castigo, porque no teme a Dios. Él no sabe que el dolor está cerca, ni que el castigo no se tarda. Cerca de él está la ruina. El malo no piensa que su vida es un soplo, y que será como la paja en el desierto que el viento se la lleva. Tarde o temprano se encontrará con Dios.

Versos 7-9: "Llena está su boca de maldición, y de engaños y de fraude; Debajo de su lengua hay vejación y maldad. Se sienta en acecho cerca de las aldeas; En escondrijos mata al inocente. Sus ojos están acechando al desvalido; Acecha en oculto, como león desde su cueva; Acecha para arrebatar al pobre; arrebata al pobre trayéndolo a su red."

Maldiciente, engañador, tentador, mentiroso chismoso, perseguidor y asesino. Esto tiene el sello de Satanás, el Tentador. El diablo pone acechos al creyente descuidado, y lo atrapa. El anda alrededor como león rugiente buscando a quien devorar.

¿Alrededor de quién? Del creyente débil. Él no tiene que tentar a los suyos. Estos están seguros en sus manos. Es el creyente quien se le ha escapado, y Cristo lo tiene en las suyas.

Versos 10-11: "Se encoge, se agacha, y caen en sus fuertes garras muchos desdichados. Dice en su corazón: Dios ha olvidado; He encubierto su rostro; nunca lo verá."

¿Lo descubrió? Si: el diablo vive en el corazón de los que no tienen a Cristo morando en él. Ellos son instrumentos que el diablo utiliza para herir a Dios en lo que más ama; el hombre. (Juan 3:16).

Versos 12-13: "Levántate, oh Jehová Dios, alza tu mano; No te olvides de los pobres. ¿Por qué desprecia el malo a Dios? En su corazón ha dicho: Tú no lo inquirirás."

El deber del creyente es de velar en oración. Velar es estar siempre en guardia; siempre vigilante a las acechanzas y tentaciones que el diablo le trae. Entonces debe ser un intercesor. Debe interceder ante el trono por los débiles.

Versos 14-16: "Tú lo has visto; porque miras el trabajo y la vejación, para dar la recompensa con tu mano; A ti se acoge el desvalido; Tú eres el amparo del huérfano. Quebranta tú el brazo del inicuo, Y persigue la maldad del malo hasta que no halles ninguna. Jehová es Rey eternamente y para siempre; De su tierra han perecido las naciones."

El Señor, el Juez justo que todo lo ve; no pasará por alto la maldad de los perseguidores, y les dará su merecido. El no dejará al creyente ser tentado más de lo que puede soportar. Ni las naciones han escapado de sus juicios justos. Vea a Sodoma y Gomorra, a Pompeya, y la cantidad de naciones que han pasado a la historia, pero que no existen ya.

Versos 17-18: "El deseo de los humildes oíste, oh Jehová; Tú dispones su corazón, y haces atento tu oído, Para juzgar al huérfano y al oprimido, A fin de que no vuelva más a hacer violencia el hombre de la tierra."

Esta es el fin de la oración del creyente intercesor. El deja todo en la mano de Dios. Con acción de gracias.

SALMO #11

Al músico principal. Salmo de David. El refugio del justo

Versos 1-3: "En Jehová he confiado; ¿Cómo decís a mi alma, que escape al monte cual ave? Porque he aquí, los malos tienden el arco, Disponen sus saetas sobre la cuerda, Para asaetear en oculto a los rectos de corazón Si fueren destruidos lo fundamentos, ¿qué ha de hacer el justo?"

El mensajero vino con malas noticias. ¿Por qué huir cuando se puede creer? En este Salmo David tenía problemas con Saúl. El rey lo perseguía para matarlo. David lo encontró en una cueva en Engadi, y le perdonó la vida (1 Sam. 24).

Samuel, su mentor; había muerto en ese año. Sin embargo fue en ese año que encontró a Abigail y se casó con ella. 1 Sam. 25).

Verso 4-: "Jehová está en su santo templo; Jehová tiene en el cielo su trono; Sus ojos ven, sus párpados examinan a los hijos de los hombres."

A pesar de que Dios está en el cielo, sus ojos están puestos en la tierra. Hay un libro, un registro; para todas las obras de los hombres sobre la tierra.

1 Pedro   3:12 dice: *"Porque los ojos del Señor están sobre los justos, Y sus oídos atentos a sus oraciones. Pero el rostro del Señor está contra aquellos que hacen mal"*, sean creyentes o no"

Versos 5-7: "Jehová prueba al justo; Pero al malo y al que ama la violencia, su alma los aborrece. Sobre los malos hará llover calamidades; Fuego, azufre y viento abrasador será la porción del cáliz de ellos. Porque Jehová es justo, y ama la justicia; El hombre recto mirará su rostro."

En 1 Pedro 1:6-7 dice: *"....Si es necesario tengáis que ser afligidos en diversas pruebas, para que sometida a prueba vuestra fe, mucho más preciosa que el oro, el cual aunque perecedero se prueba con fuego, sea hallada en alabanza y gloria y honra cuando sea manifestado Jesucristo."*

Las pruebas del creyente son como los exámenes de la escuela. Los exámenes no son agradables, pero ellos miden la temperatura de nuestra capacidad de comprensión. El fuego de la prueba nos purifica, nos preserva y nos madura

Aquí se describe el infierno, de la manera que Jesús lo describiera en Marcos 9:42-50. Él dijo que en el infierno, el gusano no muere, ni el fuego nunca se apaga, porque no puede ser apagado. Y no estaba hablando de los malos solamente. Él le hablaba a un pueblo que tenía la señal del pacto de Abraham en su carne.

Así que el nombre de cristiano no nos salva de ir allá. Para escapar, debe haber una fe de verdadero creyente. Los hipócritas, y los que juegan a religión para explotar a los hijos de Dios, están en la mirilla de Dios y no escaparán del juicio.

SALMO # 12

Al músico principal; sobre Seminit. Salmo de David

Oración pidiendo ayuda contra los malos

Verso 1: "Salva, oh Jehová, porque se acabaron los piadosos; Porque han desaparecido los fieles de entre los hijos de los hombres."

La fe declina en el hombre. Es muy fácil estar en la cúspide de la fe cuando todo nos sale bien. El problema surge cuando llega la prueba. Si no estamos fundados y arraigados en la Palabra de Dios, se nos esfuma la fe.

El mismo Juan el Bautista, que declaró que Jesús es el Cordero de Dios; cuando se vio en la cárcel de Herodes, le asaltaron las dudas, y mandó a preguntar a Jesús: *"¿Eres tú aquel que había de venir, o esperaremos a otro?" (Mateo 11:2-3).*

Versos 2-4: "Habla mentira cada uno con su prójimo; Hablan con labios lisonjeros, y con doblez de corazón. Jehová destruirá todos los labios lisonjeros, Y la lengua que habla jactanciosamente; A los que han dicho: Por nuestra lengua prevaleceremos; Nuestros labios son nuestros; ¿quién es el señor de nosotros?"

La mentira es el sello de identificación de los hijos del diablo. El que habla con jactancia para apartar de la fe al creyente bebé, será destruido. El que engaña a los creyentes, será destruido. Los que dicen que su lengua y su labia les hacen vencedores, son ateos, y serán destruidos.

Verso 5: "Por la opresión de los pobres, por el gemido de los menesterosos, Ahora me levantaré, dice Jehová; Pondré al salvo al que por ello suspira."

La oración del justo trae a Dios a escena. El pobre es el creyente en el mundo. Siendo oprimido por los inconversos.

Verso 6: "Las palabras de Jehová son limpias, Con plata refinada en horno de tierra, Purificada siete veces."

La Palabra de Dios, para el creyente, es mejor que el oro y la plata. Ella es el alimento y sustento del creyente. 1 Pedro 2:2 dice: *"...Desead como niños recién nacidos la leche espiritual no adulterada, para que crezcáis para salvación."* Esto es para los bebés en Cristo.

También es alimento para los maduros. Hebreos 5:11-14: "...Habéis llegado a ser tales que tenéis necesidad de leche y no de alimento sólido....pero el alimento sólido es para los que han alcanzado madurez, para los que por el uso tienen los sentidos ejercitados en el discernimiento del bien y del mal."

1 Cor. 3:2 dice: *"Os di beber leche, y no vianda; porque aún no erais capaces, ni sois capaces todavía, porque sois carnales;"* Pablo no pudo darles la vianda de la Palabra a los Corintios porque aún eran bebés en Cristo.

Verso 7-8: *"Tú, Jehová, los guardarás; De esta generación los preservarás para siempre. Cercando andan los malos, Cuando la vileza es exaltada entre los hijos de los hombres."*

"El ángel de Jehová acampa alrededor de los que le temen, Y los defiende", dice el Salmo 34:7. El

Señor defiende al creyente de las influencias de la generación en que vive.

"El diablo anda como león rugiente buscando a quien devorar al cual resistid firmes en la fe" (1 Ped. 5:8). El remedio para salir victorioso, es la fe en lo que dice Dios en Su Palabra.

SALMO # 13

Al músico principal. Salmo de David

Plegaria pidiendo ayuda en la aflicción

Versos 1-2: *"¿Hasta cuándo, Jehová? ¿Me olvidarás para siempre? ¿Hasta cuándo esconderás tu rostro de mí? ¿Hasta cuándo pondré consejos en mi alma, Con tristezas de mi corazón cada día? ¿Hasta cuándo será enaltecido mi enemigo sobre mí?*

David continuaba huyendo de Saúl y sus ejércitos, por el desierto Zif. El y Abisai, uno de sus generales fueron al lugar donde Saúl dormía, y tomó la lanza y la vasija de agua de la cabecera de Saúl. Entonces fue a la cumbre del monte, y llamó a Abner, el general de Saúl (1 Sam. 26), preguntándole por qué no cuidaba a su rey.

Uno de los problemas de David era la guerra que existía entre sus razonamientos y la Palabra que Dios le había dado por medio de Samuel, hacía tres años.

Es la misma guerra que se libra en la mente de los creyentes. ¿Qué creer? ¿Lo que nos revelan los sentidos, o lo que dice la Palabra?

Versos 3-4: "Mira, respóndeme, oh Jehová, Dios mío; Alumbra mis ojos, para que no duerma de muerte; Para que no diga mi enemigo: Lo vencí. Mis enemigos se alegrarán si yo resbalara."

David ora por dirección divina en medio del conflicto. Este es el secreto de la victoria del creyente. Al Señor le gusta que le reconozcamos en todos nuestros caminos. El endereza nuestras veredas (Prov. 3:6).

Versos 5-6: "Más yo en tu misericordia he confiado; Mi corazón se alegrará en tu salvación. Cantaré a Jehová, Porque me ha hecho bien."

Habiendo dejado su oración ante el Trono, David procede a dar gracias a Dios. Así nuestra oración debe terminar con acción de gracias y alabanza y firmada con el Nombre de Jesús.

No tenemos que esperar que la petición sea contestada para dar gracias. La acción de gracias y la alabanza apresuran la respuesta.

SALMO # 14

Al músico principal. Salmo de David.

Necedad y corrupción del hombre

Verso 1: "Dice el necio en su corazón: No hay Dios. Se han corrompido, hacen obras abominables; No hay quien haga el bien."

¿En qué se conoce el necio? En que no cree en Dios. Ellos no quieren que exista Dios, por la maldad de su corazón. La seguridad de que Dios existe le pone cierto freno a la maldad.

Versos 2-3: "Jehová miró desde los cielos sobre los hijos de los hombres, Para ver si había algún entendido, Que buscara a Dios. Todos se desviaron, a una se han corrompido; No hay quien haga lo bueno, no hay ni siquiera uno."

Todos los hombres comparados con Dios, son burros ignorantes. ¿Dónde están los hombres que se hicieron dioses de sí mismos? Los faraones, los césares, Nabucodonosor, Hitler, y los dictadores que creyeron estar sobre la Ley de Dios, están en el infierno.

En Romanos 3:10-18 se registran los catorce cargos de la Suprema Corte de Justicia del Universo contra el hombre natural, el que no tiene a Cristo. Uno de ellos es el del verso 3: "No hay quien haga los bueno, no hay ni siquiera uno."

Cada uno de estos cargos es suficiente para enviar al hombre al infierno. El problema es que todos están identificados con el pecado de Adán. Son hijos del diablo por herencia, por identificación con él.

Fue por eso que tuvo Cristo que morir en la cruz y pagar por el pecado de Adán, y por los demás pecados, que son el resultado de la herencia maldita. Por las venas de todo hombre fluye la sangre contaminada de la muerte espiritual, la naturaleza de Satanás

Rom. 5:12, dice; *"Por tanto, como el pecado entró al mundo por un hombre, (Adán), y por el pecado, la muerte, (espiritual, física, eterna) así la muerte pasó a todos los hombres, por cuanto todos pecaron."* O fueron identificados con el diablo, el padre del pecado.

Fue necesario el Sacrificio de Cristo, para que la deuda fuera saldada debidamente; y el hombre pueda tener libertad de escoger identificarse con Cristo, o mantenerse identificado con el diablo.

Rom. 3:22-25, dice: *"Porque no hay diferencia, por cuanto todos pecaron, y están destituidos de la gloria de Dios, siendo justificados gratuitamente por su gracia, mediante la redención que es en Cristo Jesús, a quien Dios puso como propiciación, por medio de la fe en su sangre, para manifestar en este tiempo su justicia, a fin de que él sea el justo, y el que justifica al que es de la fe de Jesús."*

Dios debía enfrentarse al cargo de haber creado al hombre a sabiendas que el hombre caería. El Sacrificio de Cristo justifica a Dios, y trae justificación el hombre de manera legal. El resultado de aquel plan maravilloso es que al fin el Dios Padre tiene una familia; la Iglesia.

Versos 5-6: "Ellos temblaron de espanto; Porque Dios está con la generación de los justos. Del consejo del pobre se han burlado, Pero Jehová es su esperanza."

Dios habita en la Iglesia comprada con la Sangre de Cristo, no importa el nombre de su denominación. Aunque en el cuerpo de Cristo haya diferencias, como las hay entre la cabeza y los pies, los pulmones y las manos; en una cosa están todas de acuerdo, en que Cristo murió por nosotros en la cruz, y que resucitó para declararnos justos (Rom. 10: 9-10).

Verso 7: "¡Oh, que de Sion saliera la salvación de Israel! Cuando Jehová hiciere volver a los cautivos de su pueblo, Se gozará Jacob, y se alegrará Israel."

Este es el clamor por el Mesías. Tuvieron que pasar 1000 años para que el Mesías naciera en Belén de Judea.

SALMO # 15

Salmo de David. Los que habitarán en el monte de Dios

Versos 1-3: "Jehová, ¿quién habitará en tu tabernáculo? ¿Quién morará en tu monte santo? El que anda en integridad y hace justicia, Y habla verdad en su corazón. El que no calumnia con su lengua, Ni hace mal al prójimo, Ni admite reproche alguno contra su vecino."

Este Salmo es una profecía de la Iglesia. Aunque todavía no vemos la perfección completa y genuina, ni en nosotros, ni en los hermanos; sabemos que Cristo es hecho santificación en nosotros (1Cor. 1:30).

La mente renovada con la Palabra hace que comiencen a manifestarse capullos de amor y misericordia en nuestra conducta.

Versos 4-5: "Aquel a cuyos ojos el vil es menospreciado, Pero honra a los que temen a Jehová, El que aun jurando en daño suyo, no por eso cambia; Quien su dinero no dio a la usura, Ni contra el inocente admitió cohecho. El que hace estas cosas, no resbalará jamás."

Esta es la característica que debe tener el creyente justo y maduro; con auto control, sabiduría y amor. Tenemos que admitir, que muy pocos han alcanzado este grado de perfección. Gracias a Dios que nos mira a través de Cristo; con la justificación y la santificación imputada a nosotros; no por nuestras obras, sino por su gracia.

SALMO # 16

Mictan de David Una herencia escogida

Versos 1-3: "Guárdame, oh Dios, porque en ti he confiado. Oh alma mía, dijiste a Jehová: Tú eres mi Señor; No hay para mí bien fuera de ti. Para los santos que están en la tierra, Y para los íntegros, es toda mi complacencia."

David canta este Salmo declarando su dependencia de Dios. Este es la regla del creyente. Dios está en control. Es tener la mente, o los razonamientos de los sentidos, sometidos a la Palabra de Dios. Es declarar: "No me muevo por lo que veo, ni por lo que oigo, ni por lo que siento; sino por lo que Dios dice en Su Palabra. ¡Esto es vivir por fe!

Verso 4: "Se multiplicarán los dolores de aquellos que sirven diligentes a otro dios. No ofreceré yo sus libaciones de sangre, Ni en mis labios tomaré sus nombres."

Algunos idólatras adoran a sus dioses con bebidas de sangre de animales. Es importante darse cuenta que aunque no tengan conocimiento de la verdad, esto no los libra de las consecuencias y castigos que estas costumbres acarrean. El desconocer la ley de gravedad, no libra al niño que se cae de lo alto.

Versos 5-6: Jehová es la porción de mi herencia y de mi copa; Tú sustentas mi suerte, Las cuerdas me cayeron en lugares deleitosos, Y es hermosa la heredad que me ha tocado."

David canta acerca de la bendición del territorio que le tocó a la tribu de Judá (Josué 15).

Versos 7-8: "Bendeciré a Jehová que me aconseja; Aun en las noches me enseña mi conciencia. A Jehová he puesto siempre delante de mí; Porque está a mi diestra, no seré conmovido."

Aquí el Salmista bendice a Dios que le aconseja. Aunque en aquel tiempo sólo existía el Pentateuco, y estaba limitado a los sacerdotes del Tabernáculo, Dios se le revelaba a David, porque él era profeta y parte de la Biblia vivida, que quedaría registrada para nosotros.

Versos 9. 10: "Se alegró por tanto mi corazón, y se gozó mi alma; Mi carne también reposará confiadamente; Porque no dejarás mi alma en el Seol, Ni permitirás que tu santo vea corrupción."

Esta es la profecía de la resurrección de Jesús, cuando murió en la cruz el día de la Pascua judía. Su cuerpo fue puesto en la tumba de José de Arimetea; donde permaneció desde el miércoles a las seis de la tarde, cuando comenzaba el jueves; el gran día de los panes sin levadura (Lev. 23: 5-6). El día judío se divide en dos partes, y comienza con la noche, a las seis de la tarde (Gén.1:5).

Estuvo en la tumba, desde las seis de la tarde del miércoles, cuando comenzaba el jueves de los judíos. Así que estuvo jueves, viernes y sábado, en la tumba, y resucitó el domingo, que había comenzado a las seis de la tarde el sábado. Tres días y tres noches, como Jonás en el vientre del pez.

Su cuerpo estaba en la tumba envuelto en vendas saturadas de las resinas de los áloes y la mirra (Ver a Lázaro en Juan 11:44) Esta era la costumbre de sepultar de los judíos (Juan 19:40).

¿Dónde había ido el alma de Jesús? El Salmo 88 nos da una profecía. Heb. 2:14 y Lucas 11:21-22, nos dice qué estaba haciendo. Hechos 13:33, y Heb. 1:5 dice que fue engendrado, después de haber efectuado la purificación de nuestros pecados. 1 Pedro 3:18 dice que fue vivificado en el espíritu. Entonces resucitó inmortal (Apoc. 1:18).

Versos 11: "Me mostrarás la senda de la vida; En tu presencia hay plenitud de gozo; Delicias a tu diestra para siempre."

Cristo abrió el camino para que nosotros podamos pasar de muerte a vida ahora, y más tarde en la resurrección.

SALMO # 17

Oración de David

Plegaria pidiendo protección contra los opresores

Versos 1-2: "Oye, oh Jehová, una causa justa; está atento a mi clamor. Escucha mi oración hecha de labios sin engaño. De tu presencia proceda mi vindicación; Vean tus ojos la rectitud."

En este Salmo David acude a Dios como Juez. Es una oración pidiendo la protección divina contra los perseguidores; los ejércitos de Saúl.

Versos 3-5: "Tú has probado mi corazón me has visitado de noche; Me has puesto a prueba, y nada inicuo hallaste; He resuelto que mi boca no haga transgresión. En cuanto a las obras humanas, por la palabra de tus labios Yo me he guardado de las sendas de los violentos. Sustenta mis pasos en tus caminos, Para que mis pies no resbalen."

David ha decidido consagrarse al Señor. Él sabe que la Palabra de Dios le guarda. Como él era profeta, Dios le hablaba audiblemente, y le inspiraba a cantar. No había mucha Palabra escrita, como ahora. Nosotros tenemos un gran privilegio. Tenemos la Biblia, y al Espíritu Santo que nos aclara lo que no entendemos de ella.

Versos 6-7: "Yo te he invocado, por cuanto tú me oirás, oh Dios; Inclina a mí tu oído, escucha mi palabra. Muestra tus maravillosas misericordias, tú que salvas a los que se refugian a tu diestra, De los que se levantan contra ellos."

En la oración David continúa invocando a Dios; él sabe que Dios salva a los que se refugian a su diestra, de los enemigos que le tratan de destruir. No debemos olvidar que David estaba aún bajo el pacto de Abraham. Faltaban 18 años para que él entrara en el pacto con Dios (2 Sam. 7). El creyente está en el pacto en la Sangre de Cristo, y está rodeado de la protección divina.

Versos 8-9: "Guárdame como a la niña de tus ojos; Escóndeme bajo la sombra de tus alas, De la vista de los malos que me oprimen, De mis enemigos que buscan mi vida."

El continúa su oración por la protección de Dios. Así el creyente tiene enemigos espirituales que buscan su destrucción. Gracias a Dios que nos ha dado la autoridad de usar el Nombre de Jesús, como arma de defensa y de ofensa contra ellos. Así podemos derrotar los enemigos del reino espiritual que no vemos.

Versos 10-12: "Envueltos están con su grosura; Con su boca hablan arrogantemente. Han cercado ahora nuestros pasos; tienen puestos sus ojos para echarnos por tierra. Son como león que desea hacer presa, Y como leoncillo que está en su escondite."

Esta oración parece haber sido durante el tiempo que David pasó en el desierto (2 Sam. 23).

Versos 13-14 "Levántate, oh Jehová; Sal a su encuentro, póstrales; Libra mi alma de los malos con tu espada. De los hombres con tu mano, Oh Jehová, De los hombres mundanos, cuya porción la tienen en esta vida, Y cuyo vientre está lleno de tu tesoro. Sacian a sus hijos, Y aun sobra para sus pequeñuelos."

David deja la venganza al Juez justo, diciendo que la batalla es del Señor. El pide que Dios use su espada contra sus enemigos, los que tienen su porción en este mundo. La porción del creyente no está en este mundo, sino en el otro. Aquí tiene la espada de Dios, la Biblia. El creyente es un peregrino que va de viaje, por tanto no debe llevar mucho equipaje.

Verso 15: "En cuanto a mí. Veré tu rostro en justicia; Estaré satisfecho cuando despierte a tu semejanza." Esta es la revelación de la esperanza de la resurrección. Los profetas, muchas veces profetizaban cosas que no conocían, porque eran para la Iglesia que se establecería mil años más tarde.

SALMO # 18

Al músico principal. Salmo de David siervo de Jehová, el cual dirigió a Jehová las palabras de este cántico el día que le libró Jehová de mano de todos sus enemigos, y de mano de Saúl. Entonces dijo:

Versos 1-3: "Te amo, oh Jehová, fortaleza mía, roca mía y castillo mío, y mi libertador; Dios mío, fortaleza mía, en él confiaré; Mi escudo, y la fuerza de mi salvación, mi alto refugio. Invocaré a Jehová, quien es digno de ser alabado, Y seré salvo de mis enemigos."

El Salmista alaba a Dios por la derrota de sus enemigos. Ya es un anciano; ha tenido muchas victorias en su vida. Ha vivido una vida llena de aventuras en su trabajo de pastor de ovejas, y más tarde de rey del pueblo del Dios Israel.

Ya hacía 38 años que estaba en el trono. Lo alto de su dignidad no le hizo olvidar su comunión con Dios. Faltaban 1021 años para la venida del Mesías.

Versos 4-4: "Me rodearon ligaduras de muerte, Y torrentes de perversidad me atemorizaron, Ligaduras del Seol me rodearon, Me tendieron lazos de muerte."

David estuvo muchas veces en peligro de muerte por causa de la perversidad de sus enemigos, pero de todos Jehová lo libró.

Versos 6-8: "En mi angustia invoqué a Jehová, Y clamé a mi Dios. El oyó mi voz desde su templo, Y mi clamor llegó delante de él, a sus oídos. La tierra fue conmovida y tembló; Se conmovieron los cimientos de los montes, Y se estremecieron, porque se indignó él. Humo subió de su nariz, Y de su boca fuego consumidor; Carbones fueron por él encendidos."

Las respuestas a las oraciones de David, se manifestaban en la naturaleza. Hacía 21 años, David peleó contra los filisteos. (2 Samuel 5: 17-25). El consultó a Jehová, por medio del Urím y Tumim, en el pectoral del sumo sacerdote; y el Señor le dijo:

"Y cuando oigas ruido como de marcha por las copas de las balsameras, entonces te moverás; porque Jehová saldrá delante de ti a herir el campamento de los filisteos."

El Señor está en control de la naturaleza. Los volcanes, los temblores de tierra, que los producen el movimiento de las placas teutónicas; ponen a temblar hasta el más valiente.

Versos 9-11."Inclinó los cielos y descendió; Y había densas tinieblas debajo de sus pies. Cabalgó sobre un querubín, y voló; Voló sobre las alas del viento. Puso tinieblas por su escondedero, por cortina suya alrededor de sí; Oscuridad de aguas, nubes de los cielos."

Esto puede referirse a la creación de la tierra presente, o a la manifestación de Dios sobre el Sinaí. "Cabalgó sobre un querubín" Parece que los querubines tiene forma de cabalgaduras. Ni los ángeles, ni los demonios, ni los querubines, ni los serafines, fueron creados a imagen de Dios.

Ellos aparecen en forma humana, pero esa no es su forma original. Ezequiel los vio con cuatro caras, cuatro alas, y pies de becerro.

Isaías los vio en forma humana con seis alas. Juan los vio como animales llenos de ojos. Eliseo los vio como carros de fuego.

La Iglesia viene con Cristo montada en caballos blancos. Los discípulos los vieron como varones con vestiduras blancas. Lot los vio como caminantes normales.

Versos 12-15: "Por el resplandor de su presencia, sus nubes pasaron; Granizo y carbones ardientes. Tronó en los cielos Jehová, Y el Altísimo dio su voz; Granizo y carbones de fuego. Envió saetas y los dispersó; Lanzó relámpagos y los destruyó. Entonces aparecieron los abismos de las aguas, Y quedaron al descubierto los cimientos del mundo, A tu reprensión, oh Jehová, Por el soplo del aliento de tu nariz."

Esto nos recuerda las plagas de Egipto, y la batalla de Débora y Sísara; donde Dios peleó a pedradas contra los enemigos de Israel (Jueces 5:20).

Versos 16-19: Envió desde lo alto; me tomó, Me sacó de las muchas aguas. Me libró de mi poderoso enemigo, Y de los que me aborrecían; pues eran más fuertes que yo. Me asaltaron en el día de mi quebranto. Más Jehová fue mi apoyo. Me sacó a lugar espacioso; Me libró, porque se agradó de mí."

Esta es la profecía de la victoria de Jesús sobre sus enemigos, y de Su resurrección.

Versos 20-24: "Jehová me ha premiado conforme a mi justicia; Conforme a la limpieza de mis manos me ha recompensado. Porque yo he guardado los caminos de Jehová, y no me aparté impíamente de mi Dios. Pues todos sus juicios estuvieron delante de mí, Y no me he apartado de sus estatutos. Fui recto para con él, y me ha guardado de mi maldad, Por lo cual me ha recompensado Jehová conforme a la limpieza de mis manos delante de su vista."

Esto lo dijo David, a pesar de sus muchas transgresiones. El trataba de justificarse a sí mismo por guardar la ley, aunque muchas veces la violaba. Por haber derramado tanta sangre en las guerras, no pudo construir el templo. Sin embargo la gracia divina declaró que era un hombre conforme al corazón de Dios.

Este es el espejo de lo que es el creyente; con sus dificultades y debilidades, la gracia lo mantiene en la presencia del Padre.

Versos 25-26: "Con el misericordioso te mostrarás misericordioso, Y recto para con el hombre íntegro. Limpio te mostrarás para con el limpio, y severo serás para con el perverso."

El que tiene misericordia con los demás, obtendrá misericordia de Dios. La oración del Padre Nuestro, dice: "Perdónanos nuestras deudas, así como nosotros perdonamos a nuestros deudores." El perverso no puede decir esto.

Versos 27-30: "Porque tú salvarás al pueblo afligido, Y humillarás los ojos altivos. Tú encenderás mi lámpara; Jehová mi Dios alumbrará mis tinieblas. Contigo desbarataré ejército, Y con mi Dios asaltaré muros. En cuanto a mi Dios, perfecto es su camino, y acrisolada la palabra de Jehová; Escudo es a todos los que en él esperan."

¡Qué maravillosa declaración! David confesaba que con Dios desbarataría ejércitos. Así el creyente, con desbarata ejércitos espirituales y mentales, en el Nombre de Jesús.

El camino de Dios para el creyente es perfecto. El Señor cumple su propósito con cada uno de nosotros. En el Cuerpo de Cristo no hay miembros sin uso. La Palabra es escudo a los creyentes que saben utilizarla en sus combates diarios contra las huestes del enemigo y las circunstancias adversas. Ella trae libertad a los cautivos, sanidad y paz a los oprimidos.

Versos 31-34: "Porque, ¿quién es Dios sino sólo Jehová? ¿Y qué roca hay fuera de nuestro Dios? Dios es el que me ciñe de poder, Y quien hace perfecto mi camino; Quien hace mis pies como de ciervas, Y me hace estar firme sobre mis alturas; Quien adiestra mis manos para la batalla, Para entesar con mis brazos el arco de bronce."

David describe aquí el poder de Dios en la vida del creyente fiel.

Versos 35-38: "Me diste asimismo el escudo de tu salvación; Tu diestra me sustentó, Y tu benignidad me ha engrandecido. Ensanchaste mis pasos debajo de mí, Y mis pies no han resbalado. Perseguí a mis enemigos, y los alcancé, Y no volví hasta acabarlos. Los herí de modo que no se levantasen, Cayeron debajo de mis pies."

Toda la gloria es de Jehová, dice David. Él le da a Dios toda la honra por sus victorias.

Versos 39-42: "Pues me ceñiste de fuerzas para la pelea; Has humillado a mis enemigos me vuelvan las espaldas, Para que yo no destruya a los que me aborrecen. Clamaron, y no hubo quien salvase; Aun a Jehová, pero no los oyó. Y los molí como polvo delante del viento; Los eché fuera como lodo de las calles."

En todas las batallas de David, Dios actuaba en forma sobre natural para venir en su defensa. Así el Señor nos ha preparado para la batalla espiritual con la fortaleza de Cristo. Los que no actúan en ellos es porque no conocen sus derechos y privilegios.

Versos 43-45: "Me has librado de las contiendas del pueblo; Me has hecho cabeza de naciones; Pueblo que yo no conocía me sirvió. Al oír de mí me obedecieron: Los hijos de extraños se sometieron a mí. Los extraños se debilitaron Y salieron temblando de sus encierros."

El rey David es un tipo de Cristo en esta profecía. Cristo es cabeza de la Iglesia gentil de todas las naciones. No importa la nacionalidad de los creyentes, su Rey es Cristo. Entre los hermanos no hay diferencia de banderas, ni de territorios; porque todos están bajo la bandera de la cruz.

Ellos se sienten más cómodos con los hermanos en Cristo que con sus familiares.

Versos 46-48: "Viva Jehová, y bendita sea mi roca, enaltecido sea el Dios de mi salvación; El Dios que venga mis agravios, Y somete pueblos debajo de mí; El que me libra de mis enemigos, Y aun me eleva sobre los que se levantan contra mí; Me libraste del varón violento."

¡Honra y gloria a nuestro Dios! Él nos ha librado de todos nuestros enemigos espirituales. El libró a David de Saúl, de los filisteos, de los amonitas, de los sirios, de los jebuseos, y hasta de su hijo Absalón.

Versos 49-50: "Por tanto yo te confesaré entre las naciones, oh Jehová, Y cantaré a tu nombre. Grandes triunfos da a su rey, y hace misericordia a su ungido, A David y a su descendencia, para siempre."

Los gentiles salvos se unen al concierto de los israelitas salvos para cantar alabanzas al Dios Todopoderoso.

SALMO # 19

Al músico principal. Salmo de David.

Las obras y la palabra de Dios

Versos 1:6: "Los cielos cuentan la gloria de Dios, Y el firmamento denuncia la obra de sus manos. Un día emite palabra a otro día, Y una noche a otra noche declara sabiduría. No hay lenguaje, ni palabras, ni es oída su voz. Por toda la tierra salió su voz y hasta el extremo del mundo sus palabras. En ellos puso tabernáculo para el sol. Y éste, como esposo que sale de su tálamo, Se alegra cual gigante para correr el camino. De un extremo de los cielos es su salida, y su curso hasta el término de ellos; y nada hay que se esconda de su calor."

Dios tiene dos libros que hablan al hombre de la existencia de Dios. 1: El poder de Dios. 2: La Creación de Dios.

En Rom. 1:20-23, dice: "Porque las cosas invisibles de él, su eterno poder y deidad, se hacen claramente visibles desde la creación del mundo, siendo entendidas por medio de las cosas hechas, de modo que no tienen excusa. Pues habiendo conocido a Dios, no le glorificaron como a Dios, ni le dieron gracias, sino que se envanecieron en sus razonamientos, y su necio corazón fue entenebrecido. Profesando ser sabios se hicieron necios."

Nadie tiene excusa. Dios ha dejado sus huellas en la creación. Los astrónomos dicen que hay agua en Marte. ¿Quién prueba lo contrario? La Vía Láctea, a la que pertenece nuestro sistema solar, tiene 100 billones de soles como el sol nuestro.

Los astrólogos han tomado el zodíaco, la ronda de animales, o las constelaciones de la Vía Láctea, que rodea la tierra; y la ha aplicado a la vida de los hombres. ¡Qué muchos engañados por los llamados astrólogos! Es un negocio redondo.

La astrología dice las estrellas rigen el destino de los hombres. Los que no conocen a Cristo son fácilmente llevados a aceptar que las estrellas los guían. El creyente, es guiado por el que hizo las estrellas y le puso nombre. Así que él está sobre las estrellas. La Biblia está escrita en las estrellas.

SALMO # 20

Al músico principal. Salmo de David

Oración pidiendo victoria

Versos 1-5: "Jehová te oiga en el día del conflicto; El nombre del Dios de Jacob te defienda. Te envíe ayuda desde el santuario, Y desde Sion te sostenga. Haga memoria de todas tus ofrendas, Y acepte tu holocausto. Te dé conforme al deseo de tu corazón, Y cumpla tu todo tu consejo. Nosotros nos alegraremos en tu salvación, Y alzaremos pendón en el nombre de nuestro Dios; Conceda Jehová todas tus peticiones."

Aquí tenemos ocho bendiciones espirituales, especialmente para enviar a los misioneros.

1: Oración contestada en el día de la prueba.

2: Por la protección divina, y la efectividad del poder del Nombre de Jesús.

3: Por la protección de las huestes celestiales.

4-5: Porque el Señor acepte nuestras ofrendas y sacrificios.

6-7: Porque el Señor cumpla el deseo de nuestros corazones. Y conteste nuestras peticiones.

8: Porque nuestra alabanza y acción de gracias sea aceptada en su presencia.

Versos 6-8: "Ahora conozco que Jehová salva a su ungido; Lo oirá desde sus santos cielos Con la potencia salvadora de su diestra. Estos confían en carros, y aquellos en caballos; más nosotros del nombre de nuestro Dios tendremos memoria. Ellos flaquean y caen, Más nosotros nos levantamos, y estamos en pie."

David recordaba que Samuel el Juez y profeta, le había ungido por orden de Dios para ser rey sobre su pueblo Israel. El Señor oía su oración, porque David era el pastor del pueblo y su representante ante de Dios.

Así el Señor oye la oración de los pastores de sus rebaños. Ellos son sus representantes ante el Señor. Él contesta sus peticiones. Las ovejas no deben tomar decisiones importantes sin consultar con su pastor; porque así como David representaba al pueblo, el pastor representa la congregación.

Cuando no consultamos con el pastor, porque creemos que no necesitamos hacerlo, estamos violando la ley de la honra debida a ellos (Heb. 13:7). Entonces las cosas no salen bien, porque es pecado de arrogancia y rebelión.

Los que no conocen al Señor, confían en sus ideas y decisiones. Tal vez consultan con otros que tampoco tienen la dirección divina. Es por eso que tropiezan y caen. El creyente que obedece las leyes divinas, y se *somete a ellas, no caerá jamás.*

Verso 9: "Salva, Jehová; Que el Rey nos oiga en el día que lo invoquemos." Esta es la exclamación por la salvación cuando estamos frente al peligro eminente.

SALMO # 21

Al músico principal. Salmo de David

Alabanza por haber sido librado del enemigo

Versos 1-4: "El rey se alegra en tu poder, oh Jehová; Y en tu salvación, ¡cómo se goza! Le has concedido el deseo de su corazón, Y no le negaste la petición de sus labios. Porque le has salido al encuentro con bendiciones de bien; Corona de oro fino has puesto sobre su cabeza. Vida te demandó, y se la diste; Largura de días eternamente y para siempre."

Este es la oración de acción de gracias de David después de haber sido librado de sus enemigos y sanado de su enfermedad. El, como el creyente, sabía que disfrutaba de todas las bendiciones espirituales en Cristo.

Versos 5-7: "Grande es su gloria en tu salvación; Honra y majestad has puesto sobre él. Porque le has bendecido para siempre; Lo llenaste de alegría con tu presencia, Por cuanto el rey confía en Jehová, Y en la misericordia del Altísimo, no será conmovido."

Dios había escogido a David como rey de Israel, y le había investido de honra y majestad. Así el creyente ha sido bendecido, y hecho rey sobre sus pasiones, y sacerdote intercesor, del orden del Melquisedec.

Versos 8-10: "Alcanzará tu mano a todos tus enemigos; Tu diestra alcanzará a los que te aborrecen, Los pondrás como horno de fuego en el tiempo de tu ira; Jehová los deshará en su ira, Y fuego los consumirá. Su fruto destruirás de la tierra, Y su descendencia de entre los hijos de los hombres."

Así como el Señor libraba a David milagrosamente de todos sus enemigos, Así libra al creyente de sus enemigos espirituales.

Es cierto que muchos creyentes bebés creen que todos sus problemas se los traen los demonios. La realidad es que la mayoría de sus problemas los traen los razonamientos de sus sentidos, sus emociones, y sus pasiones sin control. Aunque Dios le ha dado "espíritu de poder y de dominio propio", ellos no han madurado lo suficiente para practicarlo.

También es cierto que muchos aborrecen a los creyentes, sin embargo, estos serán alcanzados, o por el evangelio, o por la ira divina. El fruto de ellos; su trabajo y su descendencia, no prosperarán por estar bajo maldición.

Versos 11-13: "Porque intentaron el mal contra ti; Fraguaron maquinaciones, mas no prevalecerán, Pues tú los pondrás en fuga; En tus cuerdas dispondrás saetas contra sus rostros. Engrandécete, oh Jehová, en tu poder; Cantaremos y alabaremos tu poderío."

En la Edad Media, la Biblia estuvo escondida en el idioma latín. Nadie tenía acceso a ella; sólo los sacerdotes podían entenderla, pero a ellos no es interesaba. Ellos se dejan llevar por las doctrinas de los teólogos, más que por la Palabra de Dios. Hace unos años hubo un conflicto en los Estados Unidos, acerca de los diez mandamientos en la corte de justicia.

Cinco jueces quitaron la oración de las escuelas. El presidente quiso ponerla de nuevo, pero se necesitaba la aprobación de quinientos congresistas y senadores. No se pudo volver a aprobar.

¿Se da cuenta por qué hay tanta delincuencia? En muchos países no hay paz. Las pandillas controlan las calles. El crimen va en aumento, y la droga ha arropado el mundo. Ciertamente las saetas de Dios están contra los rostros de los que han despreciado la Palabra de Dios.

SALMO # 22

Al músico principal; sobre Ajelet-sahar

Salmo de David

Un grito de angustia y un canto de alabanza

Versos 1-2: "Dios mío, Dios mío, ¿Por qué me has desamparado? ¿Por qué estás tan lejos de mi salvación, y de las palabras de mi clamor? Dios mío, clamo de día, y no respondes; Y de noche, y no hay para mí reposo."

No sabemos a ciencia cierta en qué circunstancias se encontraba David cuando fue inspirado a escribir este Salmo, mil años antes del Sacrificio de Cristo. El mismo nos da un retrato más claro del sufrimiento físico del Señor Jesús, que el que vieron los que estaban presentes en la crucifixión.

El cuadro aquí es del Señor colgando de la cruz, con su espalda molida por los azotes; la corona de espinas clavadas, en su santa cabeza, (llevando la maldición de la tierra, Gén. 3); los clavos atravesando sus manos y sus pies, y la fiebre abrasando su cuerpo adolorido.

En su monólogo exclama: "Dios mío, Dios mío, ¿por qué me has desamparado?" En el Jardín; Jesús se enfrentó al hecho de participar de la naturaleza espiritual del hombre caído. Hasta aquí él había participado de la naturaleza física. Por eso dijo: "Padre, mío, si es posible, pase de mí esta copa; pero no sea como yo quiero, sino como tú. (Mateo 26: 36-46). Cuando salió del huerto, ya el Padre se había separado de él.

Usted recuerda que Jesús no podía morir. El nació de una virgen; fue engendrado por el Espíritu Santo, (Lucas 1:26-38), y no tenía la naturaleza de muerte espiritual que corre por las venas de todos los hombres, y que es la madre de la muerte física.

Ya el Creador del Universo había sido hecho pecado. Él estaba actuando como el Substituto por la raza humana. Él era el Cordero que Dios dio por el pecado del mundo. ¡Cómo se sentirían los ángeles, querubines y serafines al ver a su Creador hecho pecado! "Al que no conoció pecado, por nosotros lo hizo pecado, para que nosotros fuéramos hecho justicia de Dios en él." (2 Cor. 5:21)

Por el contrario, Satanás y sus huestes estaban de fiesta. El sacerdocio levítico había sobrevivido hasta que ofreció al último Cordero, el Señor. Todos los sacrificios del Antiguo Testamento, eran tipo de este evento trascendental. Una vez ofrecido en el altar de la cruz, ya su oficio había terminado. 37 años más tarde, no quedó ni uno, ni templo, ni judíos en Jerusalén. La cortina había caído para la nación judía.

Versos 3-5: "Pero tú eres santo, Tú que habitas entre las alabanzas de Israel. En ti esperaron nuestros padres; Esperaron y tú los libraste. Clamaron ti, y fueron librados; Confiaron en ti, y no fueron avergonzados."

En su monólogo, Jesús recuerda cuando los padres huían del Faraón y de la esclavitud en Egipto. Recuerda cómo con su soplo se congeló el mar, y cómo los llevó en alas de águilas, por casi veinte millas, en una sola noche, (Éxodo 19:4), mientras los ejércitos egipcios, con sus carruajes, eran sepultados en medio del Mar Rojo.

Versos 6-8: "Más yo soy gusano, y no hombre; Oprobio de los hombres, y despreciado del pueblo. Todos los que me ven me escarnecen; Estiran la boca, menean la cabeza, diciendo: Se encomendó a Jehová; líbrele él; Sálvele, puesto que en él se complacía."

La identificación de Jesús con el hombre caído, hijo del diablo, como un gusano, hijo de la serpiente, estaba completa. El colgaba desnudo de la cruz.

Estaba llevando la vergüenza de la desnudez de Adán en la caída.

A cada lado dos ladrones, colgaban de cruces como él. Era la perfecta balanza de la Justicia divina. El colgaba del tubo central de la balanza simbólica. Ambos ladrones representaban la raza humana, siendo pesada en balanza. Uno de ellos le escarnecía y le insultaba. Este es tipo de la humanidad que se burla de Cristo. El otro le defendía, siendo tipo de la humanidad que le acepta y le recibe. Estos estarán con Jesús en el Paraíso. Los que le rechazan, se perderán.

Jesús le dijo al ladrón arrepentido. "De cierto te digo hoy, Estarás conmigo en el paraíso." (En el idioma griego no existen comas, ni puntuación. Esto fue dejado a la discreción de los traductores.)

Versos 9-11: "Pero tú eres el que me sacó del vientre; El que me hizo estar confiado desde que estaba a los pecho de mi madre. Sobre ti fui echado desde antes de nacer, Desde el vientre de mi madre, tú eres mi Dios. No te alejes de mí, porque la angustia está cerca.; Porque no hay quien ayude."

Jesús recuerda el maravilloso plan de redimir al hombre de su condición caída y desesperada. La humanidad había acusado a Dios de crear al hombre a sabiendas que el hombre caería. Con el sacrificio de Cristo Dios se justificó a sí mismo.

Romanos 3:21-26, dice: "Pero ahora, aparte de la ley, se ha manifestado la justicia de Dios, testificada por la ley y los profetas; la justicia de Dios por medio de la fe en Jesucristo, para todos los que creen en él. Porque no hay diferencia, por cuanto todos pecaron, y están destituidos de la gloria de Dios, siendo justificados gratuitamente por su gracia, mediante la redención que es en Cristo Jesús, a quien Dios puso como propiciación por medio de la fe en su sangre, para manifestar en este tiempo su justicia, a causa de haber pasado por alto, en su paciencia, los pecados pasados, con la mira de manifestar en este tiempo su justicia, a fin de que él sea el justo, y el que justifica al que es de la fe de Jesús."

Jesús sabía que la angustia estaba cerca. Los sufrimientos físicos no se comparaban a los sufrimientos espirituales que le esperaban durante los tres días y tres noches que pasaría en el vientre de la tierra.

Usted ve; si la crucifixión era suficiente precio por la salvación del hombre, Cristo no hubiera tenido que pasar por el martirio de la cruz, porque cada persona que muriera en la cruz; que era la pena capital desde hacía mil años, podía pagar por sus propios pecados.

Lucas 11:21, dice: "Cuando el hombre fuerte armado guarda su palacio, (Satanás) en paz está todo lo que posee. Pero cuando viene otra más fuerte que él y le vence, (Cristo), le quita todas las armas en que confiaba, (llaves del infierno y de la muerte, Apoc. 1:18), y reparte el botín."

Heb. 2:14, dice: "Así que, por cuanto los hijos participaron de carne y sangre, él participó de los mismo, para destruir al que tenía el imperio de la muerte, esto es, al diablo."

Mat. 12:39-40 dice: La mala generación mala y adúltera demanda señal; pero señal no le será dada, sino la señal del profeta Jonás. Porque como estuvo Jonás en el vientre del gran pez tres días y tres noches, (combatiendo con los jugos gástricos, que querían triturarlo), así estará el Hijo del Hombre en el corazón de la tierra tres días y tres noches."

(Estudie el Salmo 88. Y saque sus propias conclusiones)

Versos 12-13: "Me han rodeado muchos toros, Fuertes toros de Basán me han cercado. Abrieron sobre mí su boca Como león rapaz y rugiente."

Estos eran el Gran Sanedrín y el sacerdocio. Había cinco sumo sacerdotes, en violación a la Ley que estipulaba que sólo debía haber uno. Ellos eran saduceos, o ateos. Como el Cordero debía ser examinado, y ellos no encontraron faltas en él; las inventaron con los testigos falsos.

Versos 14-15: "He sido derramado como aguas, Y todos mis huesos se descoyuntaron; Mi corazón fue como cera, Derritiéndose en medio de mis entrañas. Como un tiesto se secó mi vigor, Y mi lengua se pegó a mi paladar, Y me has puesto en el polvo de la muerte."

Los soldados romanos, famosos por su crueldad, levantaron la cruz, y la dejaron caer con fuerza en el hoyo preparado para ella. Todos los huesos del Señor, sacudidos por el golpe, se descoyuntaron.

A todos los reos que crucificaban le daban un trago de vinagre con alguna droga, porque la lengua se le pegaba al paladar. Jesús rechazó la bebida.

Versos 16-18: "Porque perros me han rodeado; Me ha cercado cuadrilla de malignos; Horadaron mis manos y mis pies. Contar puedo todos mis huesos. Entre tanto, ellos me miran y me observan. Repartieron entre sí mis vestidos, Y sobre mi ropa echaron suertes."

Los soldados romanos eran los "perros". Los judíos llamaban "perros" a los gentiles. Ellos eran la cuadrilla de malignos que con alevosía y maldad, traspasaban con clavos los pies y las manos de los reos. Su crueldad aumentó con Jesús, quienes ellos creían era un enemigo de César.

Ellos desnudaron a Jesús, y rifaron su ropa entre ellos. Los que observaban, pueden haber sido los mismos que le habían dicho "Hosana" unos días antes. Recuerde esto fue escrito mil años antes de que Cristo lo sufriera, y se cumplió al pie de la letra. (Mateo 27:35, Marcos 15: 24, Lucas 23:34, Juan 19:24).

Versos 19-21: "Más tú, Jehová, no te alejes; Fortaleza mía, apresúrate a socorrerme. Libra de la espada mi alma, Del poder del perro mi vida. Sálvame de la boca del león, Y líbrame de los cuernos de los búfalos."

Ya Jesús está en agonía, y ora por ser librado de sus intensas agonías.

Versos 22-24: "Anunciaré tu nombre a mis hermanos; En medio de la congregación te alabaré. Los que teméis a Jehová, alabadle; Glorificadle, descendencia de Jacob, Y temedle vosotros, descendencia de Israel. Porque no menospreció ni abominó la aflicción del afligido, Ni de él escondió su rostro; Sino que cuando clamó a él, le oyó."

Esto se cumpliría literalmente por medio de su Cuerpo, la Iglesia, comprada con Su Sangre preciosa. La congregación le alabaría. Ellos temerían a Dios. La Iglesia, compuesta de judíos creyentes los primero quince años de su existencia, sería afligida y martirizada. Luego se unirían los gentiles, quienes también sellarían con sangre su fe. Cuando la Iglesia clama, Dios responde. El afligido recibe el consuelo del Espíritu Santo.

Versos 25-26: "De ti será mi alabanza en la gran congregación; Mis votos pagaré delante de los que le temen. Comerán los humildes, y serán saciados; Alabarán a Jehová los que le buscan; Vivirá vuestro corazón para siempre."

La gran congregación es la Iglesia. Ella se compone de muchos rebaños. Allí las ovejas se alimentan de la Palabra de Dios, que es la que produce la alabanza. Ella es la que trae vida eterna al creyente. Cristo, el Verbo, o la Palabra, es quien alimenta la gran congregación, y las ovejas paga sus votos a él.

Versos 27-28: "Se acordarán, y se volverán a Jehová todos los confines de la tierra, Y todas las familias de las naciones adorarán delante de ti. Porque de Jehová es el reino, Y él regirá las naciones."

Esto es el evangelio predicado a todas las naciones. La Biblia ha sido traducida a todos los idiomas y dialectos. A pesar de la persecución de dos mil años, es el Libro más famoso y de más venta en el mundo. Los países que la rechazan, pasan bajo la miseria más grande. Durante el Milenio, todas las naciones adorarán a Dios.

Versos 29-31: "Comerán y adorarán todos los poderosos de la tierra; Se postrarán delante de él todos los que descienden al polvo, Aun el que no puede conservar la vida a su propia alma. La posteridad le servirá; Esto será contado de Jehová hasta la postrera generación. Vendrán, y anunciarán su justicia; A pueblo no nacido aún, anunciarán que él hizo esto."

Todos comparecerán ante el Trono de Dios; hasta los que descienden al infierno. La descendencia de los creyentes le servirá a Dios, pues son herederos de pacto. Ellos llevarán el evangelio a sus descendientes después de ellos.

SALMO # 23

Salmo de David: Jehová es mi pastor

Versos 1-3: "Jehová es mi pastor; nada me faltará. En lugares de delicados pastos me hará descansar; Junto a aguas de reposo me pastoreará. Confortará mi alma; Me guiará por sendas de justicia por amor de su nombre."

En este Salmo David confiesa su dependencia de Dios. Si Jehová es nuestro pastor, si es nuestro Señor; si él está en control de nuestra vida; nosotros como hijos esperamos su dirección y nuestro sustento de su mano. Él es el Padre de la familia.

Él es quien nos guía por su Palabra a vivir vidas consagradas por amor a su Nombre.

Verso 4: "Aunque ande en valle sombra de muerte, No temeré mal alguno, porque tú estarás conmigo; Tu vara y tu callado me infundirán aliento."

El creyente va camino al cielo, mientras los malvados son echados del mundo.

Los viejos y los enfermos son los más que andan en valle de sombra de muerte. Para el creyente la muerte es sólo una sombra, no algo real. Cristo la derrotó. Hebreos 2-15, dice: "Y librar a todos los que por el temor de la muerte estaban durante toda la vida sujetos a servidumbre."

Lo que muere es el vestido con que el espíritu está cubierto para habitar en este planeta. El espíritu, el hombre real, tiene un cuerpo etéreo, y está capacitado para vivir en otros planos espirituales. La sombra de una serpiente no tiene veneno.

Así que la muerte es un desnudarse y volverse a vestir. Cuando abren los ojos en la eternidad, están frente al Salvador, quien los lleva con él al cielo.

Para el que no tiene a Cristo la muerte es el rey de los terrores. La muerte es un demonio real que viene por ellos, y los lleva al infierno.

La vara y el cayado son la Palabra y el Espíritu. Ellos son que infunden aliento al creyente.

Versos 5-6: "Aderezas mesa delante de mí en presencia de mis angustiadores; Unges mi cabeza con aceite; mi copa está rebosando. Ciertamente el amor y la misericordia me seguirán todos los días de mi vida, Y en la casa de Jehová moraré por largos días."

El creyente que confía en el Señor vive en prosperidad y en salud. Solo el creyente maduro está en paz delante de sus enemigos. Como hijo del Rey, vive en la congregación aquí y en la mansión allá.

SALMO # 24

Salmo de David

El Rey de la gloria

Versos 1-2: "De Jehová es la tierra y su plenitud; el mundo y los que en él habitan. Porque él la fundó sobre los mares, Y la afirmó sobre los ríos."

El Señor es el dueño de la tierra. El dinero de la tierra no es controlado por los ricos, ni por los grandes bancos. El Señor distribuye las riquezas; se las presta a algunos para que jueguen con ellas por un tiempo, y luego las tiene que dejar.

La utopía que predica el comunismo es imposible de implementar en la tierra. Si todos son ricos, ¿quién trabajará? Si todos son pobres, ¿qué comeremos? Así que Dios, según hizo caballos de paso fino, los profesionales, hizo los caballos de carga; los trabajadores. Pero vea que los profesionales son también esclavos de los demás.

Por otro lado los ricos, o los "camellos", viven en el desierto del miedo y las sospechas, víctimas de la envidia y la traición. Algunos, como el camello, tienen que ser asesinados, para que puedan dar del agua que llevan en la jiba. Por mucho que tengan, no pueden llevarse nada al otro mundo.

El oro que Dios creó en el principio es el que quedará cuando la humanidad desaparezca. Así el agua que bebió Adán es la que bebemos hoy, No se añade ni se le quita. Él tiene el sistema de purificación perfecto; la evaporación; Amós 5:8. Dice: "Buscad al que hace las Pléyades y al Orión, y vuelve las tinieblas en mañana, y hace oscurecer el día como la noche; el que llama las aguas del mar y las derrama sobre la tierra; Jehová es su nombre."

Como la tierra es de Dios, a él le plació darle la tierra de Canaán, el ombligo de la tierra, a los israelitas, no a los palestinos. Gén. 13:14,17 dice: *"Y Jehová dijo a Abraham después, que Lot se apartó de él: Alza ahora tus ojos, y mira desde el lugar donde estás hacia el norte, y el sur, y al oriente y al occidente. Porque toda la tierra que ves, la daré a ti y a tu descendencia para siempre.*

"Levántate ve por la tierra a lo largo de ella y a su ancho; porque a ti la daré" ¿Se da cuenta por qué los palestinos no quieren saber de la Biblia?

Versos 3-6: "¿Quién subirá a monte de Jehová? ¿Y quién estará en su lugar santo? El limpio de manos y puro de corazón; El que no ha elevado su alma a cosas vanas, Ni jurado con engaño. El recibirá bendición de Jehová. Y justicia al Dios de salvación. Tal es la generación de los que le buscan, De los buscan tu rostro, Oh Dios de Jacob."

Los que estarán en el monte Santo serán la congregación de los primogénitos. (Heb. 12: 18-24). El que es limpio de manos es el creyente, nacido de nuevo, con mente renovada. Este es el que no engaña con promesas mentirosas, ni hace daño a nadie."

Verso 7: "Alzad, oh puertas vuestras cabezas, Y alzaos vosotras, puertas eternas, Y entrará el Rey de gloria."

Esto es: tener la voluntad de recibir la salvación. El tener la voluntad de entregar el corazón a Cristo, el Rey de gloria; y más tarde ir entregándole la mente, a medida que la mente se renueva con el estudio, la meditación y la actuación en la Palabra.

Versos 8-10: "¿Quién es este Rey de gloria? Jehová el fuerte y valiente, Jehová el poderoso en batalla. Alzad, oh puertas, vuestras cabezas, Y alzaos vosotras, puertas eternas, Y entrará el Rey de gloria. ¿Quién este rey de gloria? Jehová de los ejércitos, Él es el Rey de la gloria."

¿Quién es el Rey de gloria? Aunque muchos se han proclamado dioses, y otros se han fabricado dioses de acuerdo a su imaginación, lo cierto es que el Rey de Gloria es Cristo. Él es el Dios Vivo, que resucitó de entre los muertos. Los demás dioses; o están muertos aún, o no existieron nunca.

Aquí se repite la orden de que se alcen las puertas del corazón para que el Espíritu Santo entre a morar en él para santificación. Él es el Maestro que viene a guiar al creyente a la realidad de la Palabra, a consolarlo en la aflicción, y a guiarlo por el camino al cielo.

SALMO # 25

Salmo de David

David implora dirección, perdón, y protección.

Versos 1-3: "A ti oh Jehová, levantaré mi alma. Dios, en ti confío; No se alegren de mí mis enemigos. Ciertamente ninguno de cuantos esperan en ti será confundido; Serán avergonzados los que se rebelan sin causa."

En este Salmo, David pide el perdón y la protección divina. En este tiempo él había hecho el censo del pueblo, sin que el Señor le hubiera mandado. Este fue un acto de orgullo, pues él deseaba saber cuántos hombres tenía su ejército. En total tenía 1 millón 300 mil soldados.

Dios le dio a escoger la clase de castigo que le vendría, por medio del profeta Gad (2 Sam. 24), Siete años de hambre, ser vencido de los enemigos por tres meses, o tres días de plaga. El escogió lo último, por lo cual murieron 70 mil hombres. Uno de cada 20 de los censados murió.

Aquí vemos una advertencia para los pastores. El rebaño no es de ellos, sino de Dios. Si el Señor nos pone a cuidar un rebaño de miles, es más grande la responsabilidad. Si nos da un rebaño de unos pocos: Gloria a Dios. No nos orgullecemos por tener muchos, ni nos ponemos tristes por tener pocos. El Señor conoce nuestra capacidad, y nos da responsabilidad de acuerdo a ella.

¡Con cuántos pastores de grandes congregaciones se ha enojado el Señor! *Prov. 22:14, dice: "Fosa profunda es la boca de mujer extraña; Aquel contra el cual Jehová estuviere airado, caerá en ella."* Ellos han caído en la avaricia o en el adulterio.

Versos 4-5: "Muéstrame, oh Jehová, tus caminos; Enséñame tus sendas. Encamíname en tu verdad, y enséñame, Porque tú eres el Dios de mi salvación; En ti he esperado todo el día."

David deseaba ser instruido por Dios. Así el creyente debe tener hambre de conocimiento de los caminos de Dios. Cuando nuestro deseo es sincero, aparece el maestro con ministerio.

Versos 6-7: "Acuérdate, oh Jehová, de tus piedades y de tus misericordias, Que son perpetuas. De los pecados de mi juventud, y de mis rebeliones, no te acuerdes; conforme a tu misericordia acuérdate de mí, Por tu bondad, oh Jehová."

¿No es maravilloso el conocimiento de que el Señor borró nuestros pecados el día que nacimos de nuevo? "Cor. 5:17, dice: "De modo que si alguno está en Cristo, nueva criatura es; las cosas viejas pasaron; he aquí todas son hechas nuevas." Cristo pagó el precio, y nos compró con Su Sangre.

Versos 8-10: "Bueno y recto es Jehová; Por tanto él enseñará a los pecadores del camino. Encaminará a los humildes por el juicio, Y enseñará a los mansos su carrera. Todas las sendas de Jehová son misericordia y verdad, Para los que guardan su pacto y sus testimonios."

El Señor muestra el camino a los pecadores que se humillan y aceptan el regalo que el Evangelio les ofrece. No es así a los orgullosos y rebeldes. Los que encuentran el camino de Dios, entran el Pacto en la Sangre de Cristo, aman su Palabra y guardan sus mandamientos, viven vidas prósperas y victoriosas.

Versos 11-15: "Por amor de tu nombre, oh Jehová, Perdonarás también mi pecado, que es grande. ¿Quién es el hombre que teme a Jehová? Él le enseñará el camino que ha de escoger. Gozará él de bienestar, Y su descendencia heredará la tierra. La comunión íntima de Jehová es con los que le temen, Y a ellos hará conocer su pacto. Mis ojos están siempre hacia Jehová, Porque él sacará mis pies de la red."

David se humilla ante Jehová, y reconoce su pecado. Así el creyente debe venir ante Cristo, nuestro Abogado, reconociendo su falta, y pidiéndole perdón y fortaleza para no volver a caer en él.

No es saludable tener una conciencia de pecado, que nos debilite espiritualmente. El remedio está en confesarlo al Señor y apartarse. La Sangre de Jesús limpia nuestras conciencias de obras muertas, para que sirvamos al Dios vivo, (Heb.9:13-14).

El creyente fiel tiene sus ojos puestos en el Señor. Sus hijos serán herederos del pacto, y el Señor los librará de las redes que el diablo les ponga en el camino.

Versos16-22: "Mírame, y ten misericordia de mí, Porque estoy solo y afligido. Las angustias de mi corazón se han aumentado; Sácame de mis congojas. Mira mi aflicción, y mi trabajo, y perdona todos mis pecados. Mira mis enemigos, como se han multiplicado, Y con odio violento me aborrecen. Guarda mi alma, y líbrame; No sea yo avergonzado, porque en ti confié. Integridad y rectitud me guarden, Porque en ti he esperado. Redime, oh Dios, a Israel De todas sus angustias."

El resultado del pecado de violación de pacto había hecho que los demonios le atacaran viciosamente. En esta oración, David implora por la misericordia divina. Él no quiere caer bajo las maldiciones del pacto de Deut. 28:15

¡Cuántos creyentes bebés, después de tomar la Santa Cena, que es la ratificación del Pacto en la Sangre de Cristo; violan su comunión con los hermanos! Esto abre la puerta a los ataques de los demonios. Por eso "muchos están enfermos, y otros duermen" (1Cor.11:17-34). Es violación de la ley del amor, en cuyas consecuencias están en las maldiciones. La Santa Cena nos obliga a cumplir con la ley del amor.

SALMO # 26

Salmo de David. Declaración de integridad

Versos 1-3: "Júzgame, oh Jehová, porque yo en mi integridad he andado; he confiado asimismo en Jehová sin titubear. Escudríñame, oh Jehová, y pruébame; Examina mis íntimos pensamientos y mi corazón. Porque tu misericordia está delante de mis ojos, Y ando en tu verdad."

David pide que Dios examine sus motivos y sus afectos. Entonces espera en la misericordia divina.

Su argumento es que él no ha titubeado, ni ha dudado de la Palabra de Dios, sino que la ha obedecido.

Versos 4-7: "No me he sentado con hombre hipócritas, Ni entré con los que andan simuladamente. Aborrecí la reunión de los malignos, y con los impíos nunca me senté Lavaré en inocencia mis manos, Y así andaré alrededor de tu altar, oh Jehová, Para exclamar con voz de acción de gracias, Y para contar todas tus maravillas."

El rey David continúa su argumento y su justificación. El piensa que esto le ganará puntos con el Señor, cuando lo pese en su balanza.

Podemos imitar a David en abstenernos de compartir con los hipócritas, los simuladores, los impíos y los malignos. No con los del mundo, porque sería necesario salir del mundo; sino con los que llamándose hermanos, son todas estas cosas. (Cor. 5:9:12).

El creyente consagrado, sentado en el trono con Cristo, tiene libertad de alabar a Dios y de llevar el evangelio a los perdidos.

Versos 8-12: Jehová, la habitación de tu casa he amado, Y el lugar de la morada de tu gloria. No arrebates con los pecadores mi alma, Ni mi vida con hombres sanguinarios, en cuyas manos está el mal, Y su diestra está llena de sobornos. Más yo andaré en mi integridad; Redímeme y ten misericordia de mí. Mi pie ha estado en rectitud; En las congregaciones bendeciré a Jehová."

David había traído el tabernáculo a Jerusalén, y pasaba mucho tiempo en él, orando, meditando, y escudriñando la ley para cumplirla. Allí abría su corazón al Señor. ¡Qué maravilloso cuadro de un hombre consagrado!

David, como humano, y como rey, tenía sus fracasos, pero los reconocía, se arrepentía, y acudía a Dios por ayuda. Aunque era el rey de Israel, y el pastor de su pueblo, era humilde; realmente un mendigo ante el Señor. ¡Qué buen ejemplo para nuestros líderes!

SALMO # 27

Jehová es mi luz y mi salvación

Salmo de David

Verso 1: "Jehová es mi luz y mi salvación; ¿de quién temeré? Jehová es la fortaleza de mi vida; ¿de quién he de atemorizarme?"

¡Maravillosa confesión! Ella ha dado ánimo a los creyentes cuando están frente al peligro. "El ángel de Jehová está alrededor de los que le temen y los defiende." Esto corta de un tajo el temor que esclaviza, y da valor, soporte y consuelo al alma cansada y perseguida. ¡Dios está en control! Estamos en el reposo.

Versos 2-3: "Cuando se juntaron contra mí los malignos, mis angustiadores y mis enemigos, Para comer mis carnes, ellos tropezaron y cayeron. Aunque un ejército acampe contra mí, No temerá mi corazón; Aunque contra mí se levante guerra, Yo estaré confiado."

David recuerda la persecución de que había sido objeto durante su vida. Ya él sabe que nadie podrá hacerle daño, porque Jehová es por él.

Aquí recordamos la persecución del Senado, el Sacerdocio y el Gran Sanedrín, contra Jesús. Ellos eran los angustiadores, los malignos, y los enemigos que trataron de comer sus carnes; sin embargo, todos ellos tropezaron y cayeron.

Ellos no sabían que estaban cumpliendo al pie de la letra lo que Dios había decretado a favor de la raza humana. El mismo diablo no conocía el plan; de haberlo sabido "nunca hubiera crucificado al Señor de gloria", (1 Cor.2:7-8), porque ello significó su derrota total.

Verso 4-: "Una cosa he demandado Jehová, esta buscaré; Que esté yo en la casa de Jehová todos los días de mi vida, Para contemplar la hermosura de Jehová y para inquirir en su templo."

El anhelo mayor del creyente debe ser éste. ¿A qué vamos a la casa de Dios? A tener comunión unos con los otros, y a alimentarnos de la Palabra. La iglesia no es un club social. Es un lugar separado para la oración, la adoración y la enseñanza de la Palabra.

No es un lugar donde ir a sentirnos bien por la psicología de algún inepto, ni a oír filosofías de oradores fracasados; mucho menos a ser motivados a depender de los sentidos y las emociones, que son como nubes que no tienen agua, cuya euforia permanece por el momento, y luego se desvanece y deja la mente vacía.

Versos 5- 6: "Porque él me esconderá en su tabernáculo en el día del mal; Me ocultará en lo reservado de su morada; Sobre una roca me pondrá en alto. Luego levantará mi cabeza sobre mis enemigos que me rodean, Y yo sacrificaré en su tabernáculo sacrificios de júbilo; Cantaré y entonaré alabanzas a Jehová."

En el día de la prueba, el día del dolor, el Señor nos esconderá en lo reservado de su morada. ¿Cómo? El creyente vive en un jardín espiritual. Realmente es "una fuente cerrada, una fuente sellada, (Cantares 4:12). Millones de ángeles le rodean porque Cristo vive en su corazón; y donde el Señor está, está también su Corte. La Palabra de Dios tiene todo lo que le creyente necesita para vivir en victoria.

El sagrado deber del ministro es el de alimentar los corderos y las ovejas de la Palabra de Dios, pura, sin adulterar para que crezcan en salud y salvación del alma. La salvación es en tres tiempos. 1: La del espíritu, cuando nacimos de nuevo. 2 Cor. 5; 17.

2: La del alma, o la capacidad de razonar, la mente y los sentidos, viene con el nacimiento del agua, o de la Palabra; le renovación de la mente. Efesios 4:23, dice: *"Renovaos en espíritu de vuestra mente."*

1 Pedro 2:1, dice: "Desead como niños recién nacidos la leche espiritual no adulterada, para que crezcáis para salvación." Santiago 1:18, dice: *"El, de su voluntad nos hizo hacer por la palabra de verdad, para que seamos primicias de sus criaturas."*

3: La salvación del cuerpo viene en la resurrección del cuerpo cuando venga Jesús a buscarnos. 1Cor. 15:50-55.

Versos 7-9: "Oye, oh Jehová, mi voz con que a ti clamo; Ten misericordia de mí, y respóndeme. Mi corazón ha dicho de ti: Buscad mi rostro. Tu rostro buscaré, oh Jehová; No escondas tu rostro de mí. No apartes con ira a tu siervo; Mi ayuda has sido. No me dejes ni me desampares, Dios de mi salvación."

"No me desampares ahora", dice David. El continúa clamando por la protección divina.

Versos 10- 12: "Aunque mi padre y mi madre me dejaran, Con todo, Jehová me recogerá. Enséñame, Oh Jehová, tu camino, Y guíame por senda de rectitud A causa de mis enemigos; Porque se han levantado contra mí testigos falsos, y los que respiran crueldad."

Nos parece estar viendo el juicio de Jesús. El Cordero debía pasar por tres juicios antes de ser sacrificado. El Padre le examinó, y dijo: *"Este es mi Hijo amado, en quien tengo mi complacencia."* Pilatos le examinó, y dijo: *"Ningún delito hallo en este hombre."* El Sacerdocio, el Sanedrín y el Senado le examinaron, y al no encontrar faltas en Jesús, trajeron testigos falsos.

Versos 13-14: Hubiera yo desmayado, si no creyese que veré la bondad de Jehová en la tierra de los vivientes. Aguarda a Jehová: Esfuérzate, y aliéntese tu corazón; Si, espera a Jehová."

David, el rey profeta, habla de la resurrección de Jesús. Nosotros tenemos el privilegio de tener la seguridad de la salvación. ¡Veremos al Señor! Tenemos a quién y por quién esperar. "Si tarda, espéralo."

SALMO # 28

Salmo de David

Plegaria pidiendo ayuda, y alabanza por la respuesta.

Versos 1-3: "A ti clamaré, Oh Jehová. Roca mía, no te desentiendas de mí, Para que no sea yo, dejándome tú, Semejantes a los que descienden al Sepulcro. Oye la voz de mis ruegos cuando clamo a ti, Cuando alzo mis manos hacia tu santo templo. No me arrebates juntamente con los malos, Y con los que hacen iniquidad, los cuales hablan paz con sus prójimos, Pero la maldad está en su corazón."

"Dios mío, Dios mío; ¿Por qué me has desamparado?", parece decir David. El ser rey era una carga muy pesada. Las intrigas de adentro, las guerras de afuera, parecen haber llenado la copa de amargura de David.

El sólo puede clamar a Dios. Aparentemente él sabía que no podía confiar en nadie en la corte. Se sentía rodeado de enemigos por todas partes. Debemos estar muy agradecidos de Dios, porque no nos ha puesto una carga tan grande como es la de ser rey o dirigente de una nación.

¿En quién confiar? David sólo tenía confianza en Dios. ¿A quién tendrán los que no tienen a Dios? Gracias a Dios por Jesucristo, porque por medio de él tenemos entrada al Trono de la Gracia, y porque nos ha dado un arma de ofensa y defensa; Su

Nombre, para usarlo en contra de nuestro enemigos espirituales.

Versos 4-5: "Dales conforme a su obra, y conforme a la perversidad de sus hechos; Dales su merecido conforme a la obra de sus manos. Por cuanto no atendieron a los hechos de Jehová, Ni a la obra de sus manos, El los derribará, y no los edificará."

Esto pidió David para sus enemigos. Es lo que nuestra mente pediría contra los que nos hacen mal. El problema es que nuestro modelo es Cristo, no David. Él dijo de sus enemigos: *"Padre, perdónalos, porque no saben lo que hacen."*

Entendemos a David. Él no había nacido de nuevo, porque Cristo no había venido a pagar el precio. Ya nosotros podemos decir lo mismo que Jesús. Usted ve; Jesús era Emanuel, Dios con nosotros. Sus enemigos eran esclavos del diablo. Una diferencia muy grande.

Y nosotros: ¿qué diferencia hay entre nosotros y los perdidos que nos ofenden? ¿Podremos decir: "Padre, perdónalos porque no saben lo que hacen?" ¡Sí! Nosotros somos los hijos del Dios vivo, mientras ellos son cautivos hijos del diablo. Nuestra posición de hijos nos da una ventaja espiritual inmensa, por la cual podemos perdonar sus ofensas. Podemos orar por los que nos ofenden y persiguen para que sean salvos.

Versos 6- 9. "Bendito sea Jehová, Que oyó la voz de mis ruegos. Jehová es mi fortaleza y mi escudo; En él confió mi corazón y fui ayudado, Por lo cual se gozó mi corazón, Y con mi cántico le alabaré. Jehová es la fortaleza de su pueblo. Y el refugio salvador de su ungido. Salva a tu pueblo, y bendice tu heredad; y pastoréalos y susténtalos para siempre."

David termina esta oración con acción de gracias. El reinaba contando con la ayuda de Dios. ¿Cómo podrá reinar o gobernar alguno sin contar con la ayuda divina? Se vuelve un déspota dictador cruel como los césares, y los faraones.

Así el pastor pastorea el rebaño del Señor bajo la dirección divina. Si no lo hace, el Señor le quita el rebaño, y lo echa del redil.

SALMO # 29

Salmo de David. Poder y gloria de Jehová

Verso 1-2: "Tributad a Jehová, Oh hijos de los poderosos, Dad a Jehová la gloria y el poder. Dad a Jehová la gloria debida a su nombre. Adorad a Jehová en la hermosura de su santidad."

El sacerdote cantaba este Salmo en el sacrificio de la tarde. Era el llamado a adorar a Dios mientras el cordero era sacrificado a las tres de la tarde. Esa sería la hora en que Cristo, el Verdadero Cordero de Dios, iba a ser sacrificado por nosotros.

LA PALABRA EN LA NATURALEZA

Versos 4-4 "Voz de Jehová sobre las aguas; Truena el Dios de gloria, Jehová sobre las muchas aguas. Voz de Jehová con potencia, Voz de Jehová con gloria."

Esta es la alabanza en la tempestad. Cuando estamos pasando por problemas parecidos a tormentas, debemos adorar a Dios. Vea el Sal.149. La Palabra de Dios gobierna las naciones, aunque los hombres la rechacen. En la vida y en los labios del creyente, la Palabra de Dios tiene gran poder y es gloriosa.

Versos 5-6: "Voz de Jehová que quebranta los cedros; Quebrantó los cedros del Líbano. Los hizo saltar como becerros; Al Líbano y al Sirión como hijos de búfalos."

La Palabra en el tornado. Quebranta los cedros, sean árboles u hombres poderosos. Ella los hace saltar; es Dios quien quita reyes y pone reyes. El derriba a los hombres poderosos y soberbios hasta que los derriba, y le corta sus raíces.

Versos 7-8 "Voz de Jehová que derrama llamas de fuego; Voz de Jehová que hace temblar el desierto; Hace temblar el desierto de Cades."

Estos son los rayos y el terremoto. La tierra es un ser vivo que está en continuo movimiento. Ella vomita los pecadores. Las placas teutónicas se mueven causando temblores. La lava que vomitan los volcanes va añadiendo tierra e islas.

Verso 9: "Voz de Jehová que desgaja las encinas, y desnuda los bosques; En su templo todo proclama su gloria."

El Señor poda los árboles con los vientos; los rayos prenden fuego a la maleza, y promueve los renuevos. La tierra es su templo; el estado de sus pies. Por otra parte, él le quita la fuerza a los poderosos, para que no hagan daño a los demás. Para ellos hay una podada.

Así también el creyente está siendo podado continuamente de los malos hábitos. El Señor podaba a Israel por medio de su Palabra en labios de los profetas, hasta que al fin los arrancó de su tierra, y los esparció como semillas al viento. Ahora ha vuelto a plantarlos en su tierra, pero continúan siendo podados.

Versos 10-11: "Jehová preside en el diluvio, y se sienta como rey para siempre. Jehová dará poder a su pueblo; Jehová bendecirá a su pueblo con paz."

El Señor preside en el diluvio. En el diluvio de los tiempos de Noé, trajo los animales en parejas al arca, y cerró la puerta. Él iba con ellos en el arca.

Estaba preservando la línea justa, para que cuando viniera el Redentor pudiera ser reconocido. Si dejaba la humanidad como estaba, cuando Noé muriera, el conocimiento de Dios se perdería. Él le dará poder a su pueblo. No hay por qué temer.

SALMO # 30

Salmo de David

Acción de gracias por haber sido librado de la muerte: Cántico de sanidad

Cantado en la dedicación de la casa

Versos 1-3: "Te glorificaré, oh Jehová, porque me has exaltado, Y no permitiste que mis enemigos se alegraran de mí. Jehová Dios mío, A ti clamé, y me sanaste. Oh Jehová, hiciste subir mi alma del Seol; Me diste vida, para que no descendiese a la sepultura."

David había estado enfermo, en peligro de muerte. No sabemos cuál fue la enfermedad. Lo que sabemos es que los hombres duraban mucho menos que ahora. No había desarrollo de ciencia, ni las medicinas que hoy prolongan la vida.

El rey da gracias a Dios por su sanidad, por haber sido librado del sepulcro. Así nosotros debemos estar agradecidos de Dios por nuestra sanidad, aunque la ciencia haya puesto su mano. Debemos orar por los médicos, los científicos, las enfermeras, a quienes Dios ha dado ese precioso don de compasión por los enfermos. Ellos son regalos que Dios le ha dado al mundo. El creyente debe hablarle de Cristo y darle las gracias.

Verso 4-5: "Cantad a Jehová, vosotros sus santos, Y celebrad la memoria de su santidad, Porque un momento será su ira, Pero su favor dura toda la vida. Por la noche durará el lloro, Y a la mañana vendrá la alegría."

El privilegio del creyente es el de alabar al Señor. Él ha quitado la tristeza de la esclavitud, y ha puesto un cántico nuevo en el corazón. La prueba durará cierto tiempo, pero "esto también pasará", y vendrá la alegría. David sabía que el favor de Jehová dura toda la vida.

Versos 6-7: "En mi prosperidad dije yo: No seré jamás conmovido, Porque tú, Jehová, me afirmaste como monte fuerte. Escondiste tu rostro, y fui turbado."

David confesaba que jamás sería conmovido, sin embargo, necesitaba ser quebrantado, para que no confiara tanto en él mismo. Así sucede al creyente que confía en sí mismo, en sus capacidades, en su poder. Él es quebrantado para que aprenda que es

Dios quien está en control, y aprenda a depender de él, y no de sus propias fuerzas, y a ser humilde.

Versos 8-10: "A ti, oh Jehová clamaré, Y al Señor suplicaré. ¿Qué provecho hay en mi muerte cuando descienda a la sepultura? ¿Te alabará el polvo? ¿Anunciará tu verdad? Oye, oh Jehová, y ten misericordia de mí; Jehová tú eres mi ayudador."

El argumento de David era que si moría, no podría hablar de Dios. Él pensaba que con la muerte todo terminaría. El creyente sabe que el vivir es Cristo, y el morir es ganancia, porque verá a Dios a quien ama sin haber visto.

Versos 11-12: "Has cambiado mi lamento en baile; Desataste mi cilicio, y me ceñiste de alegría. Por tanto a ti cantaré, gloria mía, y no estaré callado. Jehová Dios mío, te alabaré para siempre."

El gozo por la sanidad se transformó en alabanza, y David glorificaba a Dios. Así el creyente, desatado del poder del enemigo, la peor de las enfermedades; canta a Dios un canto nuevo. Ya no puede estar callado, tiene que testificar lo que el Señor ha hecho por él.

SALMO # 31

Al músico principal. Salmo de David.

Declaración de confianza

Versos 1-3: "En ti, oh Jehová, he confiado; no sea yo confundido jamás; Líbrame en tu justicia. Inclina a mí tu oído, líbrame pronto; Se tú mi roca fuerte, y fortaleza para salvarme. Porque tú eres mi roca y mi castillo; Por tu nombre me guiarás y me encaminarás."

David dice: "Estoy en tus manos. Tú eres mi confianza, mi roca y mi refugio." Él está rodeado de enemigos dentro de su mismo palacio. No puede confiar en nadie. No era ninguna ventaja ser rey.

Versos 4- 6: "Sácame de la red que han escondido para mí, Pues tú eres mi refugio. En tu mano encomiendo mi espíritu; Tú me has redimido, Oh Jehová, Dios de verdad. Aborrezco a los que esperan en vanidades ilusorias: Mas yo en Jehová he esperado."

El rey sabe que hay conspiración en el palacio. El reconoce que le han tendido una red, pero él confía en Jehová. Los hombres que no tienen comunión con Dios, tienen esperanzas ilusorias. La mayoría se deja llevar por fábulas y utopías, y muchos están llenos de miedos y espantos. Solo en creyente, alimentado de la Palabra vive confiado y sin miedo.

Versos 7-8: "Me gozaré y alegraré en tu misericordia, Porque has visto mi aflicción; Has conocido mi alma en las angustias. No me entregaste en mano del enemigo. Pusiste mis pies en lugar espacioso."

Maravillosa confianza en el Señor. Él nos ha puesto en lugar espacioso, donde el enemigo no puede hacernos daño. Nuestra vida está escondida en Cristo.

Versos 9-10: "Ten misericordia de mí, oh Jehová, porque estoy en angustia; Se han consumido de tristeza mis ojos, mi alma también y mi cuerpo. Porque mi vida se va gastando de dolor, y mis años de suspirar; Se agotan mis fuerzas a causa de mi iniquidad, y mis huesos se han consumido."

Parece que David estaba pasando por la prueba del hijo Absalón, y las intrigas de los que querían quitarle el reino y enviarlo al otro mundo. Este conocimiento le había enfermado. Recordaba las palabras del profeta Natán, y se arrepentía de sus pecados.

Una conciencia culpable, ardiente y acusadora, es un arma que va destruyendo el deseo de vivir. Entonces viene el terror a la muerte y al juicio.

Versos 11-13: "De todos mis enemigos soy objeto de oprobio, Y de mis vecinos mucho más, y el horror de mis conocidos; Los que me ven fuera huyen de mí. He sido olvidado de su corazón como un muerto; He venido a ser como un vaso quebrado. Porque oigo calumnia de muchos; El miedo me asalta por todas partes, Mientras consultan juntos contra mí E idean quitarme la vida."

Esta era la triste condición del rey. Él estaba en el trono, un lugar solitario. Mientras más elevada la posición, más responsabilidad, más enemigos, más intriga, más soledad. Es por eso que necesitan estar rodeados de protección todo el tiempo. Ellos no pueden disfrutar de reposo y de comunión con su familia, sin que estén presentes los protectores, y la prensa.

Versos 14.18: "Más yo en ti confío, Oh Jehová; Digo: Tú eres mi Dios. En tu mano están mis tiempos; Líbrame de la mano de mis enemigos y de mis perseguidores. Haz resplandecer tu rostro sobre tu siervo; Sálvame por tu misericordia. No sea yo avergonzado, oh Jehová, ya que te he invocado; sean avergonzados los impíos, estén mudos en el Seol. Enmudezcan los labios mentirosos, Que hablan contra el justo cosas duras Con soberbia y menosprecio."

Si no entendemos la condición de David cuando escribió este Salmo, pensamos que era muy duro en sus declaraciones. El creyente no puede orar pidiendo el mal por sus enemigos. Él tiene que dejar la venganza al Señor.

Versos 19-20: "¡Cuán grande es tu bondad, que has guardado para los que te temen, Que has mostrado a los que esperan en ti, delante de los hombres! En lo secreto de tu presencia los esconderás de la conspiración del hombre; Los pondrás en un tabernáculo a cubierto de la contención de las lenguas."

Esto se aplica al creyente. Los enemigos del creyente son espirituales, aunque operen a través de seres humanos. Todos temen al Nombre de Jesús, en los labios de fe del creyente.

Davis sabía que muchos en su corte conspiraban contra él. Él tenía un número de esposas que tenían hijos. Todos aspiraban heredar el trono. En esto nada más había problemas para el Rey.

Versos 21-24: "Bendito sea Jehová, Porque ha hecho maravillosa su misericordia para conmigo en ciudad fortificada. Decía yo en mi premura: Cortado soy de delante de tus ojos; Pero tú oíste la voz de mis ruegos cuando a ti clamaba. Amad a Jehová, todos vosotros sus santos; A los fieles guardará Jehová, Y paga abundantemente al que procede con soberbia. Esforzaos todos vosotros los que esperáis en Jehová, Y tome aliento vuestro corazón."

David termina este Salmo con acción de gracias por la victoria. Él nos enseña a no pensar, ni hacer diagnósticos de la situación precipitadamente. Debemos esperar en el Señor.

SALMO # 32

Salmo de David. La dicha del perdón.

Versos 1-2: "Bienaventurado aquel cuya transgresión ha sido perdonada, y cubierto su pecado. Bienaventurado el hombre a quien Jehová no inculpa de iniquidad, Y en cuyo espíritu no hay engaño."

El rey ha sido perdonado de su pecado con Betsabé. Su conciencia está en reposo. Este es el sentir de la nueva criatura cuando recibe a Cristo. La carga de su conciencia ha sido quitada por el sacrificio de Cristo. Así se siente el creyente cuando reconoce que Cristo le ha perdonado.

Versos 3-4: "Mientras callé, se envejecieron mis huesos En mi gemir todo el día. Porque de día y de noche se agravó sobre mí tu mano; Se volvió mi verdor en sequedades de verano. Mi pecado te declaré, y no encubrí mi iniquidad. Dije: Confesaré mis transgresiones a Jehová; Y tú perdonaste la maldad de mi pecado."

Todo un año estuvo David guardando su pecado. Durante ese tiempo envejeció y tal vez se enfermó. Así el creyente que no confiesa su pecado, se seca espiritualmente.

Cuando David confesó su pecado al profeta Natán, fue perdonado. El creyente le confiesa directamente a Cristo, su Abogado, y se aparta. Cuando lo hace y se aparta, recibe perdón.

¿Debo confesarlo a otra persona? Si es a la persona ofendida; sí. Si no, es mejor confesarlo a Cristo en oración, y no confesarlo a los hombres. Cuando usted revela sus secretos a otro, le está dando armas y poder contra usted. Esta es una de las ventajas de la oración. Cristo es el mejor Psiquiatra.

Versos 6-7: "Por esto orará a ti todo santo en el tiempo en que puedas ser hallado; Ciertamente en la inundación de muchas aguas no llegarán éstas a él. Tú eres mi refugio; me guardarás de la angustia; Con cánticos de liberación me rodearás."

¿Se da cuenta la condición del pueblo del Antiguo Testamento? Es la misma que la del que no tiene a Cristo hoy. Hay un tiempo en que Dios puede ser hallado. Para los del pasado, era por medio de los profetas. Para los de hoy, por la predicación del evangelio.

La ventaja del creyente es que puede estar seguro que Dios está atento a sus oraciones en todo momento y en todo lugar. El creyente vive en Su Presencia. Es tipo del Sacerdote del A.T, viviendo al frente del Tabernáculo o al lado del Templo.

Versos 8 -9: "Te haré entender, y te enseñaré el camino en que debes andar; Sobre ti fijaré mis ojos. No seas como el caballo, o como el mulo, sin entendimiento, Que han de ser sujetados con cabestro y con freno. Porque si no, no se acercan a ti."

Ahora Dios le habla a David. El promete hacerle entender, y guiarlo por el camino correcto. ¡Cuán cierto es que Dios puede dirigir las naciones cuyos gobernantes le sirven! Los reyes que más tarde subieron al trono de Israel, que eran idólatras, condujeron al pueblo a la destrucción.

Así también el Señor dirige a los pastores, que viven en su presencia. El pastor dirige al rebaño a una comunión más íntima con el Señor por medio de la Palabra, y la oración.

Versos 10-11: "Muchos dolores habrá para el impío; Mas al que espera en Jehová le rodea la misericordia. Alegraos en Jehová y gozaos justos. Y cantad con júbilo todos vosotros los rectos de corazón."

¿Quiénes eran los impíos? En el tiempo de David, en el A.T. Dios sólo trataba con el pueblo de Israel. Ellos eran los herederos del pacto de Abraham. El resto de la humanidad estaba "Sin Cristo, alejados a la ciudadanía de Israel y ajenos a los pactos de la promesa, sin Dios y sin esperanza en el mundo." Efe.2:12. Esta es la condición de los que no pertenecen al cuerpo de Cristo, la Iglesia.

Los impíos eran los israelitas que se habían envuelto en la idolatría, y habían dejado a Dios. Así los impíos hoy son los creyentes descarriados, y revueltos con el mundo.

Para ellos habrá muchos dolores, porque son hijos rebeldes, a los que Dios trata de atraer con cuerdas de dolor, ya que no responden a sus cuerdas de amor.

SALMO # 33

Alabanzas al Creador y Preservador

Versos 1-3: "Alegraos, oh justos, en Jehová; En los íntegros es hermosa la alabanza. Aclamad a Jehová con arpa; Cantadle con salterio y decacordio. Cantadle cántico nuevo. Hacedlo bien, tañendo bien."

No sabemos quién fue el autor de este Salmo. El trabajo de la Iglesia es de adorar a Dios con música y cánticos de acuerdo a la cultura de cada nación. Si bien es cierto que en la Congregación deben dirigir los cánticos las personas que sepan hacerlo; todos deban cantar en conjunto, aunque no lo hagan muy bien.

Debemos adorar a Dios con Salmos, himnos y cánticos espirituales. No debemos cantar todo lo que oímos, porque hay ciertos coros que roban la fe a los creyentes, y no edifican a nadie. Hay otros que son como para predicar al inconfeso, no para adorar a Dios.

Versos 4-7: "Porque recta es la palabra de Jehová, Y toda su obra es hecha con fidelidad. El ama la justicia y juicio; De la misericordia de Jehová está llena la tierra. Por la palabra de Jehová fueron hechos los cielos, Y todo el ejército de ellos por el aliento de su boca. El junta como un montón las aguas del mar. Él pone en depósitos los abismos."

Vemos la misericordia de Dios en toda la naturaleza, en nuestros cuerpos, y en nuestros corazones. "Dijo Dios", y fue hecho. Por el aliento de su boca. El aliento sale del pecho, de los pulmones. Así que todo lo creado ha salido del corazón de Dios. Este conocimiento nos debe llenar de gozo y respeto por la creación. Su Palabra salió por aliento de su corazón.

Verso 8: "Tema a Jehová toda la tierra; Teman delante de él todos los habitantes del mundo. Porque él dijo, y fue hecho; Él mandó, y existió.

¡Qué gran importancia tiene la Palabra para los que conocen esto! No es la Palabra escrita solamente, sino la Palabra hablada por los labios de fe del creyente. Así la Palabra se siembra en el reino espiritual, y se manifiesta en lo físico.

¿Se da cuenta de lo importante que es nuestra confesión? Lo que confesamos con nuestros labios queda sembrado en el reino espiritual, y más tarde se manifiesta en lo físico. Cristo dijo que tendremos que dar cuenta de cada palabra que sale de nuestra boca.

Prov. 18:21 dice que la vida y la muerte están en poder de la lengua. Sant. 3:6 dice que la lengua contamina el cuerpo, e inflama la rueda de la creación. Así que con nuestras palabras determinamos nuestro futuro. Los lazos más sagrados se hacen con palabras. Ellas no rompen huesos, pero rompen corazones.

Versos 8-12: Tema a Jehová toda la tierra Teman delante de él todos los habitantes del mundo. Porque él dijo, y fue hecho; Él mandó, y existió. Jehová hace nulo el consejo de las naciones, Y frustra las maquinaciones de los pueblos. El consejo de Jehová permanecerá para siempre; Los pensamientos de su corazón por todas las generaciones Bienaventurada la nación cuyo Dios es Jehová, El pueblo que él escogió como heredad para sí."

Aunque las naciones hagan planes, y los pueblos piensen cosas vanas, lo cierto es que Dios está en control de su creación, y nadie puede hacer nada si él no lo permite. Es la Palabra de Dios la que prevalece y permanece, aunque los hombres traten de ahogarla y erradicarla de sus conciencias.

Versos 13-15: "Desde los cielos miró Jehová; Vio a todos los hijos de los hombres; Desde el lugar de su morada miró Sobre todos los moradores de la tierra. El formó el corazón de todos ellos; Atento está a todas sus obras."

El Salmo 139 dice: "¿A dónde mi iré de tu espíritu? ¿Y a dónde huiré de tu presencia?" ¿Dónde podrá esconderse el hombre de la mirada de Dios? Apoc. 20: 12, dice que hay varios libros. Uno es el de las obras de cada persona, que se abrirán en el juicio de los perdidos.

Versos 16-19: "El rey no se salva por la multitud del ejército, Ni escapa el valiente por la mucha fuerza. Vano para salvarse es el caballo; La grandeza de su fuerza a nadie podrá librar. He aquí el ojo de Jehová sobre los que le temen, Sobre los que esperan en su misericordia, Para librar sus almas de la muerte, Y para darles vida en tiempo de hambre."

Una nación sin Dios no se salva por la multitud de sus ejércitos, marina, fuerza aérea, tanques o aviones. Cuando Dios quiere los deshace como polvo.

En cambio las naciones que tienen a Dios, se van engrandeciendo y volviéndose poderosas. La Iglesia es cuidada milagrosamente por el Señor, porque él habita en ella. Si a los israelitas les dio maná por cuarenta años, y su ropa no se gastó, y los zapatos crecían con los pies: ¿cuánto más no hará por la Iglesia?

Versos 20-22: "Nuestra alma espera a Jehová; Nuestra ayuda y nuestro escudo es él. Por tanto, en él se alegrará nuestro corazón, Porque en su santo nombre hemos confiado. Sea tu misericordia, oh Jehová sobre nosotros, Según esperamos en ti."

Esta es la declaración de confianza del creyente fiel en el Señor.

SALMO 34

Salmo de David, cuando mudó su semblante delante de Aquis, y él lo echó y se fue

Versos 1-4: "Bendeciré a Jehová en todo tiempo; Su alabanza estaré de continuo en mi boca. En Jehová se gloriará mi alma; Lo oirán los mansos y se alegrarán. Engrandeced a Jehová conmigo, Y exaltemos a una su nombre. Busqué a Jehová y él me oyó, Y me libró de todos mis temores."

En 1 Sam. 21, tenemos la historia de cuando David huía del rey Saúl. Él había ido al tabernáculo, y Abimelec, el sumo sacerdote le había dado la espada de Goliat. Entonces se fue a Gat, una ciudad de los filisteos. Allí fue reconocido como el yerno del rey Saúl, y quien había dado muerte a Goliat. David se hizo el loco, y fue llevado ante el rey Aquis. Al ver el semblante de loco de David, el rey lo echó del palacio, y pudo escapar con vida de sus manos.

Versos 5-7: "Los que miraron a él fueron alumbrados, Y sus rostros no fueron avergonzados. Este pobre clamó a Jehová, Y lo libró de todas sus angustias. El ángel de Jehová acampa alrededor de los que le temen, Y los defiende."

David clamaba a Jehová en todo tiempo. Sus ojos eran alumbrados por el Señor. David era profeta, pero había sido ungido como rey y pastor de Israel. Sin embargo debía esperar el tiempo de Dios.

Así el creyente ha sido ungido con el Espíritu Santo, y aunque tenga que vivir en este valle de lágrimas, tiene un trabajo que hacer. El Señor vive en su corazón, y él le equipará, le suplirá, le protegerá y le iluminará para que lo cumpla. En el Cuerpo de Cristo no hay miembros sin uso. Para todos el Señor tiene un plan y propósito, el cual cumplirá a su tiempo. Mientras tanto está rodeado de la gloria de Dios.

Versos 8-10: "Gustad y ved que es bueno Jehová; Dichoso el hombre que confía en él. Temed a Jehová, vosotros sus santos, Pues nada falta a los que le temen. Los leoncillos necesitan, y tienen hambre; Pero los que buscan a Jehová, no tendrán falta de ningún bien."

Es dichoso el creyente que confía en Dios, obedeciendo y actuando en Su Palabra. No importan las pruebas y tribulaciones que tenga que pasar, las pasará en la carroza del triunfo con Cristo. Él vive por fe en lo que dice Dios, no por lo que le revelan sus sentidos físicos.

Versos 11-14: "Venid, hijos, oídme; El temor de Jehová os enseñaré. ¿Quién es el hombre que desea vida, Que desea muchos días para ver el bien? Guarda tu lengua del mal, Y tus labios de hablar engaño. Apártate del mal, y haz el bien; Busca la paz y síguela."

Esta gran enseñanza viene de los labios de Dios, y es para los creyentes. Fue el creyente el que deseó vida, y Cristo le dio vida eterna. Sin embargo este consejo es para todos los hombres. Note que la lengua está en control. Por eso debemos consagrarla al Señor.

El hombre falto de sabiduría dispara palabras a lo loco. Maldice sus hijos, y su descendencia. El hombre sabio controla su lengua. El Señor quiere controlar nuestra lengua con la Palabra para que la lengua no nos destruya.

Versos 15-18: "Los ojos de Jehová están sobre los justos, Y atentos sus oídos al clamor de ellos. La ira de Jehová contra los que hacen mal, Para cortar de la tierra la memoria de ellos. Claman los justos y Jehová oye, Y los libra de todas sus angustias. Cercano está Jehová a los quebrantados de corazón; y salva a los contritos de espíritu."

Este es el privilegio de la oración. Es un privilegio que se hace más manifiesto en los creyentes. Sin embargo, cualquiera puede clamar a Dios estando en angustia y Dios le oye, si su corazón está contrito y humillado.

Es deber sagrado de los creyentes hablar de Cristo a todos, para que cuando ellos estén en angustia sepan a quien clamar. Rom. 10:12-17, nos envía a hablar de Cristo. Es nuestra responsabilidad, nuestro deber sembrar la semilla en su corazón. La angustia vendrá segura, y entonces ellos recordarán y clamarán.

Versos 19-22: "Muchas son las aflicciones del justo, Pero de todas ellas le librará Jehová. El guarda todos sus huesos; ninguno de ellos será quebrantado. Matará al malo la maldad, Y los que aborrecen al justo serán condenados. Jehová redime el alma de sus siervos, Y no serán condenados cuantos en él confían."

Muchas son las aflicciones del creyente, como lo fueron las de David, pero de todas ellas nos libra al Señor. ¿Nos vino la muerte a causa de la aflicción, como a los mártires? Lo que murió fue el cuerpo, no el espíritu, el hombre real. Ese se va con Cristo a vivir en la presencia divina.

A los malos lo matará la maldad. ¿Se da cuenta de cuántas muertes en el mundo a causa de la maldad?

SALMO # 35

Salmo de David. Plegaria pidiendo ser librado de los enemigos.

Versos 1-3: "Disputa, oh Jehová, contra los que contra mí contienden; Pelea contra los que me combaten. Echa mano al escudo y al pavés, Y levántate en mi ayuda. Saca la lanza, cierra contra mis perseguidores; Di a mi alma: Yo soy tu salvación."

David está rodeado de enemigos poderosos. Su única esperanza de salvación es Jehová. Siempre que él clamaba, el Señor lo socorría. Esto se escribió para que fuera ejemplo al creyente de la efectividad de la oración.

El creyente tiene la orden de dejar la venganza al Señor. Nuestros enemigos los demonios, son enemigos derrotados, que Cristo dejó moribundos para que como los gatitos, practiquen la caza con el ratón moribundo.

Versos 4-6: "Sean avergonzados y confundidos los que buscan mi vida; Sean vueltos atrás y avergonzados los que mi mal intentan. Sean como el tamo delante del viento, Y el ángel de Jehová los acose. Sea su camino tenebroso y resbaladizo, y el ángel de Jehová los persiga."

Si no conocemos lo que estaba pasando David, no entenderemos estas maldiciones. No debemos pasar por alto el hecho que David no había nacido de nuevo porque Cristo no había venido.

Versos 7-8: "Porque sin causa escondieron para mí su red en un hoyo; Sin causa cavaron hoyo para mi alma. Véngale quebrantamiento sin que lo sepa, Y la red que él escondió lo prenda; Con quebrantamiento caiga en ella."

Esto fue algo de lo que Cristo hizo a los demonios que nos atormentaban.

Versos 9-10: "Entonces mi alma se alegrará en Jehová; Se regocijará en su salvación. Todos mis huesos dirán: Jehová, ¿quién como tú, Que libras al afligido del más fuerte que él, Y al pobre y menesteroso del que le despoja?"

La angustia de David le impulsaba a orar a Dios, y a darle gracias por la victoria. Este es un consejo para el creyente. Oración y acción de gracias aunque no haya recibido lo que pide. La acción de gracias acelera la respuesta.

Versos 11-16: "Se levantan testigos malvados; De lo que no sé me preguntan; Me devuelven mal por bien, Para afligir mi alma. Pero yo, cuando ellos enfermaron, me vestí de cilicio; afligí con ayuno mi alma, Y mi oración se volvía a mi seno. Como por mi compañero, como por mi hermano andaba; Como el que trae luto por madre, enlutado me humillaba.

Pero ellos se alegraron de mi adversidad, y se juntaron; Se juntaron contra mí gentes despreciables, y yo no lo entendía; Me despedazaban sin descanso; Como lisonjeros, escarnecedores y truhanes, Crujieron contra mí sus dientes."

Este es un cuadro de lo que le sucedería a Cristo durante su viaje por la tierra. La vida de David fue muy triste, como lo es la de los reyes. Realmente la persona más feliz en este valle de lágrimas, es el creyente que depende del Señor. La honra, la pompa y las riquezas traen envueltas en ellas dolores y lágrimas, cadenas y traiciones.

Los verdaderos reyes son los creyentes; y aunque su edad de oro sea pagada con debilidad y enfermedad, la paz de Dios que sobrepasa todo entendimiento está en su corazón, y espera con gozo el regreso al hogar celestial.

Versos 17-21: "Señor, ¿hasta cuándo verás esto? Rescata mi alma de sus destrucciones, mi vida de los leones. Te confesaré en grande congregación; Te alabaré entre numeroso pueblo. No se alegren de mí los que sin causa son mis enemigos, Ni los que me aborrecen sin causa guiñen el ojo. Porque no hablan paz; Y contra los mansos de la tierra hablan cosas engañosas. Ensancharon contra mí su boca; Dijeron: ¡Ea! ¡Ea! nuestros ojos lo han visto."

¡Cuántos enemigos tiene Cristo aún! El mundo parece odiarle. Naciones enteras aborrecen la mención de Su Nombre. Un velo mortal cubre sus mentes, para que rechacen la única medicina que sanaría su enfermedad espiritual.

¡Cuánto daño le causa al Evangelio la vida de llamados creyentes, especialmente líderes descuidados! Predicamos más con nuestro testimonio que con nuestros labios.

Versos 22- 28: "Tú lo has visto, oh Jehová; no calles. Señor, no te alejes de mí. Muévete y despierta a hacerme justicia, Dios mío y Señor mío, para defender mi causa. Júzgame conforme a tu justicia, Jehová Dios mío, Y no se alegren de mí. No digan en su corazón: ¡Ea, alma nuestra! No digan: ¡Le hemos devorado!

Sean avergonzados y confundidos a una los que de mi mal se alegran; Vístanse de vergüenza y de confusión los que se engrandecen contra mí. Canten y alégrense los están a favor de mi justa causa, Y digan siempre: Sea exaltado Jehová, Que ama la paz de su siervo. Y mi lengua hablará de tu justicia Y de tu alabanza todo el día."

¡Cuánta intriga contra el rey David, el ungido de Jehová! Mientras sus amigos le traicionan, él no actúa, sino que ora al que le puede librar. En este Salmo aprendemos a actuar en contra de los que nos persiguen sin causa. La diferencia es que no oramos porque el Señor los destruya, sino porque los salve.

¿Qué victoria puedes ser mayor para el creyente que ver sus perseguidores convertidos a Cristo?

SALMO # 36

Al músico principal. Salmo de David, siervo de Jehová.

Versos 1-4: "La iniquidad del impío me dice al corazón: No hay temor de Dios delante de sus ojos. Se lisonjea, por tanto, en sus propios ojos, De que su iniquidad no sea hallada y aborrecida. Las palabras de su boca son iniquidad y fraude; Ha dejado de ser cuerdo y de hacer el bien. Medita maldad sobre su cama; Está en camino no bueno, El mal no aborrece."

Esta es la descripción de alguno que no ha nacido de nuevo. La muerte espiritual domina en su espíritu, y da a luz iniquidad, orgullo, maldad y fraude. Entonces se jacta de ser astuto. Sin embargo actúa como un loco.

Versos 5-9: "Jehová, hasta los cielos llega tu misericordia, Y tu fidelidad alcanza hasta las nubes. Tu justicia es como los montes de Dios, Tus juicios, abismo grande. Oh Jehová, al hombre y al animal conservas.

¡Cuán preciosa, oh Dios, es tu misericordia! Por eso los hijos de los hombres se amparan bajo la sombra de tus alas. Serán completamente saciados de la grosura de tu casa, Y tú los abrevarás del torrente de tus delicias. Porque contigo está el manantial de la vida; En tu luz veremos la luz"

Esta es una alabanza que sale del corazón de David. Ella sale también del corazón agradecido de cada creyente consagrado. Sin lugar a dudas, esto lo disfruta el que ama la Palabra de Dios, la luz y antorcha que arde en este mudo de tinieblas. Este mundo realmente es una sombra del mundo real y espiritual.

Es la Palabra la que nos deja ver los rayos de la gloria divina. Entonces somos saciados del alimento delicioso que se produce en el cielo. Cuando nos acostumbramos a alimentarnos del manjar espiritual, ya no satisfacen las migajas pordioseras que este mundo nos ofrece.

Versos 10- 12: "Extiende tu misericordia a los que te conocen, Y tu justicia a los rectos de corazón. No venga pie de soberbia contra mí, Y mano de impíos no me mueva. Allí cayeron los hacedores de iniquidad; Fueron derribados, y no podrán levantarse."

Esta era una oración por el pueblo del pacto, por los que conocían a Jehová. Así el creyente maduro ora por la Iglesia, y por las personas rectas y honorables, que aún no conocen al Señor.

En cada país del globo, hay gente buena, noble y horada; que aunque no conocen el Evangelio, actúan con justicia. Debemos orar para que el Señor envíe obreros a esa mies, y le lleven la luz de la Palabra para que reciban vida eterna.

Todos los enemigos de David fueron destruidos. Los que pelean contra los ungidos de Dios nunca prosperan.

SALMO # 37

Salmo de David. El camino de los malos.

Verso 1-4: "No te impacientes a causa de los malignos, Ni tengas envidia de los que hacen iniquidad. Porque como hierba serán pronto cortados, Y como hierba verde se secarán. Confía en Jehová, y haz el bien; Y habitarás en la tierra, y te apacentarás de la verdad. Deléitate asimismo en Jehová, Y él te concederá las peticiones de tu corazón."

En este Salmo hay treinta promesas de paz verdadera. El creyente no debe mirar la prosperidad de los inconversos, mucho menos tener envidia de ellos.

Si confiamos en el Señor, tenemos la promesa, 1 y 2: de habitar en la tierra y alimentarnos de la

Palabra de Dios. Promesa # 3; promesa de recibir las peticiones del corazón, no las de la mente.

Versos 5-9: "Encomienda a Jehová tu camino, Y confía en él; y él hará. Exhibirá tu justica como la luz, Y tu derecho como el medio día. Guarda silencio ante Jehová, y espera en él, No te alteres con motivo del que prospera en su camino, Por el hombre que hace maldades. Deja la ira, y desecha el enojo; No te excites en manera alguna a hacer lo malo. Porque los malignos serán destruidos, Pero los que esperan en Jehová, ellos heredarán la tierra."

La tercera promesa es para los que encomiendan su camino al Señor y confían en él. La cuarta y quinta es que la verdad y la inocencia saldrán a la luz, y quedamos libres de las trampas que el enemigo nos ponga en el camino.

Cuando oramos, es necesario guardar un rato de silencio ante el Señor, y esperar que nos conteste. Por ningún motivo debemos alterarnos, ni enojarnos por las provocaciones que nos hagan los más ignorantes. Debemos darnos cuenta que lo más importante en nuestra vida, no es lo que piense la gente, sino lo que piense Dios de nosotros. Esta es la promesa # 6. Heredaremos la tierra. Los malignos serán destruidos.

Versos 10—13: "Pues de aquí a poco no existirá el malo; Observarás su lugar, y no estará allí. Pero los mansos heredarán la tierra, Y se recrearán con abundancia de paz. Maquina el impío contra el justo, Y cruje contra él sus dientes; El Señor se reirá de él; Porque ve que viene su día."

Dos promesas más para el creyente: 7, Heredarán la nueva tierra, 8 y en esta tierra disfrutarán de abundancia de paz. No importa lo que maquine el diablo contra el creyente, Dios es quien lo protege.

Versos 14-17: "Los impíos desenvainan espada y entesan su arco, Para derribar al pobre y al menesteroso, Para matar a los de recto proceder. Su espada entrará en su mismo corazón, Y su arco será quebrado. Mejor es lo poco del justo, Que las riquezas de muchos pecadores. Porque los brazos de los impíos serán quebrados; Mas el que sostiene a los justos es Jehová."

Mejor es lo poco del justo. Esto es; el que ha sido declarado justo por la Suprema Corte de Justicia del Universo, por confiar en el Sacrificio de Cristo. Lo poco del justo es bendecido por Dios, mientras que las riquezas de los pecadores están maldecidas. La promesa # 9, es que Dios sostiene a los justos.

Versos 18-20: "Conoce Jehová los días de los perfectos, Y la heredad de ellos será para siempre. No serán avergonzados en el mal tiempo. Y en los días de hambre serán saciados. Mas los impíos perecerán. Y los enemigos de Jehová como la grasa de los carneros Serán consumidos; se disiparán como el humo."

Las promesas 10-11: La heredad de la tierra es para siempre, porque vivimos por la eternidad. Si viene hambre, nuestro Señor nos suple milagrosamente. En su mesa siempre hay alimento para sus hijos.

Versos 21-24: "El impío toma prestado, y no paga; Mas el justo tiene misericordia y da. Porque los benditos de él heredarán la tierra; y los malditos de él serán destruidos. Por Jehová son ordenados los pasos del hombre, Y él aprueba su camino. Cuando el hombre cayere no quedará postrado, Porque Jehová sostiene su mano."

En estos versos tenemos las promesas, 12, 13, 14. Herencia, restauración, y apoyo. Es mejor dar a los hermanos, que prestarle. Mejor es tener su agradecimiento que el constante recuerdo de la deuda.

El Señor ordena los pasos del hombre que le sirve. Aunque el creyente caiga, por descuido, o por su mente sin renovar, el Señor lo levantará. Prov. 24: 16 dice: *"Porque siete veces cae el justo, y vuelve a levantarse; Mas los impíos caerán en el mal."*

Versos 25-27: "Joven fui, y he envejecido, Y no he visto justo desamparado, Ni su simiente que mendigue pan. En todo tiempo tiene misericordia, y presta; y su descendencia es para bendición."

Aquí tenemos tres promesas. 15: No será desamparado. 16: su descendencia no serán mendigos. 17: Su descendencia será de bendición porque heredará la costumbre de dar.

Versos 27-29: "Apártate del mal, y haz el bien, y vivirás para siempre. Porque Jehová ama la rectitud, y no desampara a sus santos. Para siempre serán guardados. Mas la descendencia de los impíos será destruida. Los justos heredarán la tierra, Y vivirán para siempre sobre ella."

Los Testigos de Jehová enseñan que el hombre redimido vivirá en esta tierra, la cual se volverá como el huerto del Edén. Sin embargo Apoc. 20:11 y 2 Pedro 3:10 dicen que esta tierra será quemada y que desaparecerá junto a la atmósfera. Así que la tierra que heredarán los justos, es la tierra nueva mencionada en Apoc. 21.

La bendición # 18, 19, 20, son de vida eterna, protección divina, y tierra nueva.

Versos 30-34: "La boca del justo habla sabiduría, Y su lengua habla justicia. La ley de su Dios está en su corazón; Por tanto, sus pies no resbalarán. Acecha el impío al justo, Y procura matarlo. Jehová no lo dejará en sus manos, Ni lo condenará cuando le juzgaren."

Como la Palabra de Dios está en el corazón del creyente maduro, ella lo detendrá de resbalar. Y aunque el diablo esté como león rugiente a su alrededor buscando devorarlo, el Señor no lo dejará en sus manos, ni le condenará cuando le juzguen. Esta son las promesas # 21, 22, 23.

Versos 34-36: "Espera en Jehová, y guarda su camino, Y él te exaltará para heredar la tierra; Cuando sean destruidos los pecadores, lo verás. Vi yo al impío sumamente enaltecido, que se extendía como laurel verde. Pero él pasó, y he aquí ya no estaba, Lo busqué, y no fue hallado."

La promesa # 24. Exaltación a heredar la nueva tierra. El creyente estará presente en el juicio de los pecadores. Sería muy bueno que estos no nos acusen por no haberles dado el mensaje de salvación. Por otra parte, aunque el impío tenga grandes éxitos en este mundo, no podrá llevarlos al otro, ni le valdrán de nada cuando esté frente al Trono Blanco.

Versos 37-40: "Considera al íntegro, y mira al justo; Porque hay un final dichoso para el hombre de paz. Mas los transgresores serán todos a una destruidos; y la posteridad de los impíos será extinguida. Pero la salvación de los justos es Jehová. Y él es su fortaleza en el tiempo de la angustia. Jehová los ayudaré y los librará; Los libertará de los impíos, y los salvará. Por cuanto en él esperaron."

Promesas 25, 26, 27, 28, 29, 30. Final dichoso para el creyente, salvación de parte de Jehová, fortaleza en tiempo de angustia. Ayuda y liberación de los impíos, y salvación eterna.

Cada una de estas promesas es un cheque en blanco que podemos firmar en el Nombre de Jesús. ¡Cuántos creyentes bebés hay que tienen este tesoro, y no sacan de él para sus necesidades por falta de conocimiento!

Ellos son como la anciana cristiana en la India, que estaba muriendo de hambre y necesidad. Fue a buscar ayuda, y le preguntaron si tenía algún familiar. Ella dijo que tenía un hijo en Inglaterra que le enviaba todos los meses un retratito de la reina. ¡Su Biblia estaba llena de libras esterlinas, y ella no sabía lo que eso significaba!

SALMO # 38

Salmo de David. Oración de un penitente.

Versos 1-4: "Jehová, no me reprendas en tu furor, Ni me castigues en tu ira. Porque tus saetas cayeron sobre mí. Y sobre mí ha descendido tu mano. Nada sano hay en mi carne, a causa de tu ira; No hay paz para mis huesos, a causa de mi pecado. Porque mis iniquidades se han agravado sobre mi cabeza; Como carga pesada se han agravado sobre mí."

Parece que de este Salmo es que algunos creen que las enfermedades son castigos de Dios.

David se lamenta creyendo que la enfermedad que le vino fue un castigo por sus pecados de adulterio, mentira y asesinato de Urías, el marido de Betsabé. Es normal que cuando nos enfermamos pensemos que es un castigo de Dios por algo que hayamos hecho.

El problema es que Dios no castiga a nadie con enfermedades. Donde Dios habita, no las hay. El disciplina a todos los que recibe por hijos, pero la palabra griega "paideuo", significa "disciplina", no castigo, especialmente de enfermedad. (Hebreos 12)

2 Cor. 5:21 dice: "Al que no conoció pecado, por nosotros los hizo pecado, para que nosotros fuésemos hechos justicia de Dios en él." Cristo llevó en la cruz nuestras enfermedades y dolencias y aunque algunas vengan a nosotros, no serán tan fuertes y dolorosas.

Versos 5-8: ""Hieden y supuran mis llagas, A causa de mi locura. Estoy encorvado, estoy humillado en gran manera, Ando enlutado todo el día. Porque mis lomos están llenos de ardor, Y nada hay sano en mi carne. Estoy debilitado y molido en gran manera; Gimo a causa de la conmoción de mi corazón."

Esta es la queja de David, sin embargo es una profecía de los sufrimientos de Cristo el día de su crucifixión.

Versos 9-12: "Señor. Delante de ti están todos mis deseos, y mi suspiro no te es oculto. Mi corazón está acongojado, me ha dejado mi vigor, Y aun la luz de mis ojos me falta ya. Mis amigos, y mis compañeros se mantienen lejos de mi plaga, Y mis cercanos se han alejado."

La triste condición de David. Él tiene una enfermedad del cuerpo, pero la peor es la de su conciencia. Todos se han alejado de él huyendo del contagio. La enfermedad vino acompañada de ceguera. O tal vez la luz de sus ojos, que era Absalón su hijo, ya había dado muestras de rebelión.

Versos 12-14: "Los que buscan mi vida arman lazos, Y los que procuran mi mal hablan iniquidades, y meditan fraudes todo el día. Mas yo, como si fuera sordo, no oigo; Y soy como mudo que no abre la boca. Soy, pues, como un hombre que no oye, Y en cuya boca no hay reprensiones."

"El rey está enfermo, tal vez muera pronto", pesaban los que ansiaban ocupar el trono de Israel. "¿A quién escogerá?" David escucha las especulaciones, pero se hace el sordo. Él sabía que tenía muchos enemigos en la corte. No es gran cosa ser rey en la tierra, porque hay más dolor que deleite.

Versos 15-20: "Porque en ti, oh Jehová, he esperado; Tú responderás, Jehová Dios mío. Dije: No se alegren de mí; Cuando mi pie resbale, no se engrandezcan sobre mí. Pero yo estoy a punto de caer, Y mi dolor está delante de mí continuamente. Por tanto te confesaré mi maldad, Y me contristaré por mi pecado. Porque mis enemigos están vivos y fuertes, Y se han aumentado los que me aborrecen sin causa. Los que pagan mal por bien Me son contrarios, por seguir yo lo bueno."

Enemigos de adentro de su cuerpo, manifestados en enfermedad. Enemigos de afuera, en sus súbditos, sus mujeres, que desean el trono para sus hijos; y hasta alguno de sus hijos. David no tiene reposo. Lo cierto es que él sólo tiene a Jehová, y el privilegio de orar a Él.

Así el creyente, viviendo en este mundo controlado por el enemigo, solo tiene al Señor, y el privilegio de morar en su presencia.

Versos 21-22: "No me desampares, oh Jehová; Dios mío, no te alejes de mí. Apresúrate a ayudarme, Oh Señor, mi salvación."

Este era el clamor del creyente en el Antiguo Testamento. "No me dejes; No me desampares." Los creyentes del Nuevo Testamento, viven bajo un mejor pacto, establecido sobre mejores promesas. Ellos eran siervos; nosotros somos hijos. Y todo esto es el efecto de la gracia por medio del Sacrificio de Cristo en nuestro favor.

SALMO # 39

Al músico principal; a Jedutún. Salmo de David.

Veros 1-3: "Yo dije: Atenderé a mis caminos, Para no pecar con mi lengua; Guardaré mi boca con freno, En tanto que el impío está delante de mí. Enmudecí con silencio, me callé aun respecto de lo bueno; y se agravó mi dolor. Se enardeció mi corazón dentro de mí; En mi meditación se encendió fuego, Y así proferí con mi lengua"

En este Salmo, David manifiesta el fuego interno que le consume. Él dice que atenderá sus caminos y frenará su lengua. Este es un admirable consejo para el creyente. En su angustia, el rey se refugia en el Señor. Note que no argumenta con los de su casa, ni con los de la corte; no se queja con sus familiares. El no confía en nadie, sino solo en Jehová.

Así el creyente debe vivir una vida de comunión y oración con el Señor. No es necesario estar muchas horas de rodillas. Podemos orar en cualquier lugar, y en cualquier hora.

Versos 4-6: "Hazme saber, Jehová, mi fin, Y cuánta sea la medida de mis días; Sepa yo cuán frágil soy.

He aquí, diste a mis días término corto, Y mi edad es como nada delante de ti; Ciertamente es completa vanidad todo hombre que vive. Ciertamente como una sombra es el hombre; Ciertamente en vano se afana; Amontona riquezas, y no sabe quién las recogerá."

Este es deseo de toda persona inteligente, que medita en lo fugaz que es la vida. Jesús nos aconseja hacer tesoros en el cielo, donde ni el orín ni la polilla corrompen. Donde está nuestro tesoro está nuestro corazón. ¿Cómo se hacen tesoros en el cielo? Dando al que no tiene. Ofrendando para que el Evangelio siga su curso. No todos somos elocuentes, pero ayudamos al que puede predicar.

Es triste mirar alrededor, y ver ancianos perdiendo la mente, las células de su cerebro muriendo en montones. En su juventud no pensaron en el más allá, no hicieron provisión para la vida eterna. Ellos vivieron el momento, y no se prepararon para la vejez. Tal vez se dedicó a acumular riquezas; ¿para quién? Ni sabe quién las heredará.

¿Qué dejó en su paso por la vida? Si al menos hubiera plantado un árbol. Hubiera ayudado a un muchacho a estudiar. En vez de adoptar un número de gatos y perros, lo cual es bueno porque son criaturas de Dios; hubiera ayudado un niño que no tiene familia, ni hogar.

Hay que expandir los horizontes; salir del pequeño círculo, y darse cuenta que esta tierra comparada al universo, es más pequeña que un microbio. Nuestros problemas son más insignificantes aun. La tierra es una casa donde vive la familia humana.

"De una sola sangre hizo todo el linaje de los hombres para que habiten sobre la faz de la tierra; y les ha prefijado el orden de los tiempos, y los límites de su habitación." Hechos 17:26.

Sin embargo, a Dios le importa tanto cada uno de los hombres de esta tierra, que dio a su Hijo unigénito para que fuera el Sustituto por el hombre en la cruz. Así que cuando apreciamos el vasto universo, si es que lo hacemos; no podemos ni imaginar el amor de Dios hacia el hombre.

Versos 7-11: "Y ahora, Señor. ¿Qué esperaré? Mi esperanza está en ti. Líbrame de todas mis transgresiones; No me pongas por escarnio del insensato. Enmudecí, no abrí mi boca, Porque tú lo hiciste. Quita de sobre mí tu plaga. Estoy consumido bajo los golpes de tu mano. Como castigos por el pecado corriges al hombre, Y deshaces como polilla lo más estimado de él; Ciertamente vanidad es todo hombre."

¿Cómo Dios corrige al hombre? Con juicios divinos. En los países donde la gente no se acuerda de Dios, él le llama la atención dejando caer sus juicios. Cuando tienen el agua al cuello, algunos claman a Dios; mientras otros culpan a Dios.

A los creyentes los corrige de otra forma. Dios es el jardinero. El recorre su jardín, podando las plantitas; quitando los brotes de orgullo, malicia, chisme, sacando el pecado con su Palabra, y echando fuera a los incorregibles.

Versos 12-13: "Oye mi oración, oh Jehová, y escucha mi clamor. No calles ante mis lágrimas; Porque forastero soy para ti, Y advenedizo, como todos mis padres. Déjeme y tomaré fuerzas, Antes que vaya y perezca."

David termina su oración lágrimas implorando el favor divino. Esta clase de oración siempre recibe respuesta.

SALMO # 40

Alabanza por la liberación divina.

Al músico principal. Salmo de David.

Versos 1-3: "Pacientemente esperé a Jehová, Y se inclinó a mí, y oyó mi clamor. Y me hizo sacar del pozo de la desesperación, del lodo cenagoso; Puso mis pies sobre la peña, y enderezó mis pasos. Puso luego en mi boca cántico nuevo, alabanza a nuestro Dios. Verán esto muchos, y temerán, Y confiarán en Jehová."

Al fin David se sana de su enfermedad, y da gracias a Dios por ello. Esta es la profecía del agradecimiento que sale del corazón del creyente que ha sido rescatado de su condición de muerte espiritual. Él fue sacado del pozo cenagoso del pecado, y puesto sobre una peña. Ahora hay un nuevo cántico en corazón.

Versos 4-5: "Bienaventurado el hombre que puso en Jehová su confianza, Y no mira a los soberbios, ni a los que se desvían tras la mentira. Has aumentado, oh Jehová Dios mío tus maravillas; Y tus pensamientos para con nosotros, No es posible contarlos ante ti. Si yo anunciare y hablare de ellos, No pueden ser enumerados."

Jamás podremos enumerar las bendiciones que recibimos del Señor; salvación, perdón, redención, justificación, santificación, nuevo nacimiento, adopción, el Espíritu Santo, el amor, protección, el uso del Nombre de Jesús, y al fin la glorificación, entre otras bendiciones espirituales y materiales.

¿Dónde tienes la mirada puesta; en Dios o en los hombres? Es bienaventurado el creyente que confía en el Señor y depende de él. Muchos pierden la fe al pensar que Dios le va dar todo lo que piden, cuando lo piden. Eso ocurre a los creyentes bebés.

Dios trata con el creyente de acuerdo a su desarrollo espiritual. Es como la madre, cuyo hijo le pide un objeto peligroso. Ella se lo niega, porque sabe que se puede hacer daño con ella, o hacerle daño a otra persona. Esto no significa que no lo ama, al contrario, no se la da porque lo ama.

Estos bebés, comparando a Dios con Santa Claus, se enojan como niños malcriados, y muchos se apartan del Señor porque no les dio lo que pidieron, a pesar que ayunaron y oraron. El creyente maduro, por el contrario, confía en el Señor y depende de él sabiendo que él está en control, y que les suplirá para sus necesidades, no para sus vanidades.

Versos 6-8: "Sacrificio y ofrenda no te agrada; has abierto mis oídos; Holocausto y expiación no has demandado. Entonces dije: He aquí, vengo; En el rollo del libro está escrito de mí; El hacer tu voluntad, Dios mío, me ha agradado, Y tu ley está en medio de mi corazón."

Esta es la profecía de que Cristo vendría a cumplir la ley con sus ofrendas y sacrificios. Los israelitas pensaban que Dios estaba sediento de sangre. Mientras más animales sacrificados, más agradaba a Dios.

El mismo Salomón, unos años más tarde, en la dedicación del templo sacrificó 22 mil bueyes, y 120 mil ovejas. Él no sabía que cada animal sacrificado era un tipo de Cristo, el Cordero que Dios daría por el pecado del mundo, unos mil años más tarde. Tampoco sabía que con uno sólo que sacrificara era suficiente.

Versos 9-10: "He anunciado justicia en grande congregación; He aquí, no refrené mis labios, Jehová, tú lo sabes. No encubrí tu justicia dentro de mi corazón; He publicado tu fidelidad y tu salvación; No oculté tu misericordia y tu verdad en grande asamblea."

El rey David era un predicador, que no perdía la oportunidad de hablar de Dios al pueblo de Israel. El testificaba con libertad en las reuniones de estado, y al pueblo común.

Así el creyente no debe perder la oportunidad de hablar de Cristo en todo lugar y a toda persona. Él debe ser un sembrador de lo que dice Dios en las conciencias de los hombres.

Versos 11- 12: "Jehová, no retengas de mí tus misericordias; Tu misericordia y tu verdad me guarden siempre. Porque me han rodeado males sin número; Me han alcanzado mis maldades, y no puedo levantar la vista. Se han aumentado más que los cabellos de mi cabeza, y mi corazón me falla."

Los enemigos de David se habían multiplicado. Esta es la cruz que deben cargar los reyes, los presidentes, y los que están en altos puestos.

Versos 13-15: "Quieras, oh Jehová, librarme; Apresúrate a socorrerme. Sean avergonzados y confundidos a una Los que buscan mi vida para destruirla. Vuelvan atrás y avergüéncense Los que mi mal desean: Sean asolados en pago de su afrenta. Los que me dicen: ¡Ea, ea!"

No es ninguna ventaja ser rey terrenal porque se tiene la familia en peligro. Es mucho mejor ser rey espiritual, porque la familia disfruta de la promesa de la protección divina.

Versos 16-17: "Gócense y alégrense en ti todos los que te buscan, Y digan siempre los que aman tu salvación: Jehová sea enaltecido. Aunque afligido yo y necesitado, Jehová pensará en mí. Mi ayuda y mi libertador eres tú; Dios mío, no te tardes."

Así como la petición por castigo de los enemigos cayó como una mancha sobre su hijo Absalón y sus seguidores, en el golpe de estado que le querían dar a su gobierno; así también vino al rey el sufrimiento y el dolor por la muerte de su amado hijo.

SALMO # 41

Oración pidiendo salud.

Al músico principal. Salmo de David

Versos 1-3: "Bienaventurado el que piensa en el pobre; En el día malo lo librará Jehová. Jehová lo guardará, y le dará vida; Será bienaventurado en la tierra, Y no lo entregarás a la voluntad de sus enemigos. Jehová lo sustentará sobre el lecho del dolor; Mullirás toda su cama en su enfermedad."

El que piensa en el pobre es bienaventurado. El amor de su corazón le hará ayudar al necesitado. Entonces podrá disfrutar de cuatro promesas. Dios le libra del día malo, el día de la prueba y del sufrimiento. El Señor lo guardará y le dará vida. Nadie podrá quitarle la vida.

Los enemigos no podrán hacer realidad sus planes contra él. Cuando enferme, él le sustentará y le hará hacer la enfermedad más llevadera.

Este cuerpo nos traiciona. Se enferma, se pone viejo, y se muere. De esto no se escapa nadie. Lo importante es tener la ayuda divina para aceptar con dignidad que tenemos que abandonar este mundo, dejar nuestros seres amados.

La esperanza gloriosa del creyente es que la muerte del cuerpo, no es la muerte del alma. Es sólo un "hasta pronto", no un adiós eterno. Nos volveremos a reunir con los que amamos, y viviremos por la eternidad. Nuestra eternidad comenzó cuando nacimos de nuevo al recibir a Cristo.

Versos 4-9: "Yo dije: Jehová, ten misericordia de m; Sana mi alma, porque contra ti he pecado. Mis enemigos dicen mal de mí, preguntando: ¿Cuándo morirá, y perecerá su nombre? Y si vienen a verme, hablan mentira; Su corazón recoge para sí iniquidad, Y al salir fuera la divulgan.

Reunidos murmuran contra mí todos los que me aborrecen, Contra mí piensan mal, diciendo de mí: Cosa pestilencial se ha apoderado de él; Y el que cayó en cama no volverá a levantarse. Aun el hombre de mi paz, en quien yo confiaba, el que de mi pan comía, Alzó contra mí el calcañar."

David sabía que estaba rodeado de sus enemigos, quienes deseaban su muerte. El leía en sus rostros la hipocresía de ellos. Particularmente habla de Ahitofel y de los que se fueron con Absalón, el hijo de David, cuando éste quiso derrocar a su padre. Este Ahitofel es tipo de Judas, el que vendió a Jesús por treinta monedas.

Aquella reunión se parece mucho a la que hacen algunos grupos de creyentes que planean derrocar al pastor de la congregación, sea por haber fallado, o para traer otro que les agrade más.

Versos 10-13: "Mas tú, Jehová, ten misericordia de mí, y hazme levantar, Y les daré el pago. En esto conoceré que te he agradado. Que mi enemigo no se huelgue de mí. En cuanto a mí en mi integridad me has sustentado, Y me has hecho estar delante de ti para siempre. Bendito sea Jehová, el Dios de Israel, Por los siglos de los siglos, Amén y Amén."

David era el rey ungido de Jehová. Él le había escogido para ser rey de su pueblo. Abraham había sido el amigo de Dios. David era un hombre conforme al corazón de Dios.

En reconocía que su integridad se debía a que Dios le sustentaba. Así también las buenas obras de los creyentes fieles se deben a que Cristo trabaja a través de ellos. "Dios es el que en nosotros produce el querer y el hacer por su buena voluntad". Ninguno puede recibir la honra debida a Cristo. El da de gracia para recibir la gloria; y no la comparte con nadie.

****

LIBRO SEGUNDO DE LOS SALMOS

SALMO # 42

Mi alma tiene sed de Dios

Al músico principal. Masquil de los hijos de Coré.

Versos 1-3: "Como el ciervo brama por las aguas, Así clama por ti, oh Dios, el alma mía. Mi alma tiene sed, del Dios vivo, ¿Cuándo vendré, y me presentaré delante de Dios? Fueron mis lágrimas mi pan de día y de noche, mientras me dicen todos los días: ¿Dónde está tu Dios?

Muchos escuchan en este Salmo la voz de David cuando huía de Absalón.; cuando Simei le decía; "Fuera, fuera, hombre sanguinario y perverso" (2 Sam.16:7).

Otros escuchan la voz del Mesías cuando fue rechazado por la nación israelita. Aun otros lo aplican al creyente que ha perdido su amor del principio, y anhela volver a sentirlo.

El deseo del creyente es por el Dios vivo, no por un ídolo muerto. ¿Cuándo los paganos se darán cuenta que el único Dios vivo es el Padre, el Hijo y el Espíritu Santo? Cristo fue el único que murió y resucitó. Los demás no existieron realmente, o no han resucitado.

La misma Virgen María no ha resucitado. En el 1950 fue que se dijo que había subido al cielo resucitada. De los "santos" canonizados de los católicos, no ha resucitado ninguno.

Versos 4-7: "Me acuerdo de estas cosas, y derramo mi alma dentro de mí; De cómo fui yo con la multitud, y la conduje hasta la casa de Dios, Entre voces de alegría y de alabanza del pueblo en fiesta. ¿Por qué te abates, oh alma mía, Y te turbas dentro de m? Espera en Dios; porque aun he de alabarle, Salvación mía y Dios mío.

Dios mío mi alma está abatida dentro de mí. Me acordaré, por tanto, de ti desde la tierra del Jordán Y de los hermonitas, desde el monte de Mizar. Un abismo llama a otro a la voz de tus cascadas. Todas tus ondas y tus olas han pasado sobre mí."

El recuerdo de la alegría del pasado cuando llevaba el arca a Jerusalén, seguido de la multitud en fiesta; le lleva a la depresión espiritual, y activa en él la lucha entre el pesimismo y la fe. El alma se turba pero la fe en Dios desafía la tensión de su mente oprimida. Tal vez estos tres lugares, Jordán, Hermón y Mizar, simbolizan tres experiencias espirituales para él.

El verso 7 nos recuerda cuando los juicios de Dios cayeron sobre Jesús. Las cataratas de la ira divina cayeron sobre Jesús en la cruz, cuando llevó nuestros pecados y enfermedades.

Versos 8-10: "Pero de día mandará Jehová su misericordia, Y de noche su cántico estará conmigo, Y mi oración al Dios de mi vida. Diré a Dios: Roca mía, ¿por qué te has olvidado de mí? ¿Por qué andaré enlutado por la opresión del enemigo? Como quien hiere mis huesos, mis enemigos me afrentan, Diciéndome cada día: ¿Dónde está tu Dios?

Las pruebas son el alimento de la fe. Las lágrimas por los problemas nos acercan más a Dios. El salmista pensaba que Dios le había abandonado. ¡Cuántas veces nosotros pensamos lo mismo! El Señor dice: "No te dejaré, ni te desampararé", pero cuando estamos pasando por la prueba se nos olvida la promesa.

Verso 11: "¿Por qué te abates, oh alma mía? Y ¿por qué te turbas dentro de mí? Espera en Dios; porque aún he de alabarle, Salvación mía, y Dios mío."

La fe siempre tiene la última palabra. Ella nos dice: "No te descorazones, Dios te librará de esto. Esto también pasará." El remedio para la depresión espiritual es mirar arriba, y esperar. La vida cristiana es una carrera, y una lucha. Nunca es "tirar la toalla" y aceptar la derrota.

SALMO # 43

Oración pidiendo liberación y vindicación

Versos 1-4: "Júzgame, oh Dios, defiende mi causa; Líbrame de gente impía, y del hombre engañoso e inicuo. Pues que tú eres el Dios de mi fortaleza, ¿por qué me has desechado? ¿Por qué andaré enlutado por la opresión del enemigo? Envía tu luz y tu verdad; éstas me guiarán; Me conducirán a tu santo monte, Y a tus moradas. Entraré al altar de Dios, Al Dios de mi alegría y de mi gozo; Y te alabaré con arpa, oh Dios, Dios mío."

Este es un Salmo gemelo con el anterior. Es la oración de un exiliado que desea adorar en Sion, pero se le opone un pueblo apóstata y un hombre injusto. Este es el retrato del remanente de judíos justos durante la gran tribulación, oprimidos por la nación incrédula y el anticristo.

El ora por ayuda y vindicación. Una de las agonías de la fe es buscar refugio en Dios, cuando se siente rechazado por El; y es uno de los crucigramas de la fe, saber que estamos entre los ganadores, cuando estamos bajo el talón del enemigo, en la enfermedad o el problema.

Entonces la fe se levante victoriosa y pide una escolta de la luz de la presencia divina, y de la verdad de sus promesas. Con estas dirigiéndole, podrá volver a la reunión de los santos para alabar a Dios.

Verso 5: "¿Por qué te abates, alma mía, Y por qué te turbas dentro de mí? Espera en Dios; porque aún he de alabarle, Salvación mía y Dios mío."

El verdadero creyente no se confirma con el templo, ni con el altar; él debe hablar con Dios mismo.

SALMO # 44

Liberaciones pasadas y pruebas presentes

Al músico principal. Masquil de los hijos de Coré.

Versos 1-3: "Oh Dios, con nuestros oídos hemos oído, nuestros padres nos han contado, La obra que hiciste en sus días, en los tiempos antiguos. Tú, con tu mano echaste las naciones, y los plantaste a ellos; Afligiste a los pueblos, y los arrojaste. Porque no se apoderaron de la tierra por la espada, Ni su mano los libró; sino tu diestra y tu brazo, y la luz de tu rostro, Porque te complaciste en ellos."

La historia de Israel está repleta de las maravillosas intervenciones de Dios en su favor. Él había echado a los cananeos de su tierra, y se la había entregado a los israelitas. La herencia de ellos venía desde Set, Sem, Noé, Abraham, Isaac y Jacob. Por medio de pactos desde Adán hasta Moisés, Dios había guardado a los israelitas. Ellos tenían la sagrada encomienda de llevar el conocimiento de Dios al mundo

Los años de la historia Bíblica se comienzan a contar desde Abraham. La era antediluviana, duró 1656 años. Hacían 265 años que el diluvio había tenido lugar. Abraham contaba con 75 años cuando fue llamado por Dios. (Gén. 12) Era el año 1921. Dos años más tarde se estableció el Pacto de Sangre, entre Dios y Abraham, del cual sus descendientes serían herederos. (Gen. 15).

La promesa del Redentor continuó con Isaac, luego con Jacob y los israelitas, luego continuó con la tribu de Judá, hasta que vino Jesús el Redentor. Ahora la Iglesia es la beneficiaria del Nuevo Pacto en la Sangre de Cristo.

En el cap. 5 de Génesis tenemos el nombre de los descendientes de Adán hasta Noé. En sus nombres está registrado el Evangelio. Adán significa: *Hombre*. Set; *Señalado* Enos: *Mortal*. Cainán: *Dolor*. Mahalaleel: *Bendito Dios*. Jared: *Bajará*. Enoc: *enseñando*. Matusalén: *Su muerte trae*. Lamec: Desesperación *absoluta*. Noé: *Reposo*.

El mensaje es: "El hombre, señalado para mortal dolor: El bendito Dios bajará enseñando. Su muerte trae absoluto reposo."

Así que todos los hijos de Abraham: Ismael, hijo de Agar; Zimram, Jocsán, Medán, Madián, Isbac y Súa, hijos de Cetura, y sus descendientes son herederos del Pacto de Sangre, pero la línea justa vendría por Isaac, el hijo de Sara, el hijo de la promesa.

Versos 4-8: "Tú, oh Dios, eres mi Rey; Manda salvación a Jacob. Por medio de ti sacudiremos a nuestros enemigos; En tu nombre hollaremos a nuestros adversarios. Porque no confiaré en mi arco, Ni mi espada me salvará; Pues tú nos has guardado de nuestros enemigos, Y has avergonzado a los que nos aborrecían. En Dios nos gloriaremos todo el tiempo, Y para siempre alabaremos tu nombre."

Si el pueblo quería obtener la victoria de sus enemigos, debía someterse a Dios. Esto es cierto para los creyentes. Santiago 4: 7, dice: "Someteos, pues, a Dios; resistid al diablo y huirá de vosotros." Con los demonios no valen exorcismos, ellos solo se vencen con el Nombre de Jesús en los labios de fe del creyente.

Versos 8-12: "Pero nos has desechado, y nos has hecho avergonzar; y no sales con nuestros ejércitos. Nos hiciste retroceder delante del enemigo. Y nos saquean para sí los que nos aborrecen. Nos entregas como ovejas al matadero, Y nos has esparcido entre las naciones. Has vendido a tu pueblo de balde; No exigiste ningún precio."

¿Qué había sucedido al pueblo, que era la niña de los ojos de Dios? Se habían envuelto en la idolatría, y habían sido llevados cautivos a otras naciones. ¿Cómo acabaron en esta situación? ¿Cuál fue el motivo para dejar a su Dios del pacto, y adorar ídolos muertos?

Mal. 2, nos da vislumbre de lo sucedido. Dios no le había dado heredad a los levitas como a las demás tribus. Ellos debían vivir de los diezmos y las ofrendas de las once tribus restantes. Su obligación era enseñar la Palabra de Dios por las generaciones de las tribus.

Sin embargo, los israelitas descuidaron este mandamiento, y los levitas tuvieron que irse a trabajar para poder subsistir, y descuidaron la Palabra. Los descendientes de los israelitas no aprendieron acerca de su Dios, y se envolvieron en la idolatría. El diablo había ganado aquella batalla simplemente sembrando la codicia en los corazones del pueblo rebelde.

Versos 13-16: "Nos pones por afrenta de nuestros vecinos, Por escarnio y por burla de los que nos rodean. Nos pusiste por proverbio entre las naciones: Todos al vernos menean la cabeza. Cada día mi vergüenza está delante de mí, Y la confusión de mi rostro me cubre, por la voz del que me deshonra, Por razón del enemigo y del vengativo."

Los pobres israelitas se convirtieron en el hazme reír de las naciones. El diablo se burlaba de ellos después de hacerlos caer.

Versos 17-22: "Todo estos nos ha venido y no nos hemos olvidado de ti, Y no hemos faltado a tu pacto. No se ha vuelto atrás nuestro corazón, Ni se han apartado de tus caminos nuestros pasos, Para que nos quebrantases el lugar de los chacales, Y nos cubrieses con sombra de muerte.

Versos 20-22: "Si nos hubiésemos olvidado del nombre de nuestro Dios, O alzado nuestras a dios ajeno, ¿No demandaría Dios esto? Porque él conoce los secretos del corazón. Pero por causa de ti nos matan cada día; Somos contados como ovejas para el matadero."

No todos se habían envuelto en la idolatría, sin embargo a todos le había venido el juicio, porque los juicios caían sobre la nación entera. Sin embargo, los fieles estaban siendo perseguidos por amar al Señor.

Así también muchos creyentes de todos los tiempos han tenido que sufrir el martirio por no negar su fe en el Señor.

Versos 23-26: "Despierta; ¿por qué duermes, Señor? Despierta, no te alejes para siempre. ¿Por qué escondes tu rostro, Y te olvidas de nuestra aflicción, y de la opresión nuestra? Porque nuestra alma está agobiada hasta el polvo. Y nuestro cuerpo está postrado hasta la tierra. Levántate para ayudarnos, Y redímenos a causa de tu misericordia."

El Salmo termina con un llamado de urgencia para que Dios intervenga en sus problemas. Ellos apelan a la misericordia divina. Esta petición está basada en el pacto de Abraham.

SALMO # 45

Cántico de las bodas del rey

Al músico principal; sobre lirios. Masquil de los hijos de Coré. Canción de amores

Versos 1-5: "Rebosa mi corazón palabra buena; Dirijo al rey mi canto; Mi lengua es pluma de escribiente muy ligero. Eres el más hermoso de los hijos de los hombres; La gracia se derramó en tus labios; Por tanto, Dios te ha bendecido para siempre. Ciñe tu espada sobre el muslo, oh valiente, Con tu gloria y con tu majestad. En tu gloria sé prosperado; Cabalga sobre palabra de verdad, de humildad y de justicia, Y tu diestra te enseñará cosas terribles. Tus saetas agudas, Con que caerán los pueblos debajo de ti, Penetrarán en el corazón de los enemigos del rey."

Fue fácil para el salmista escribir este cántico dirigido al Rey en el día de su desposorio. El autor real es el Espíritu Santo. Primero nos presenta al Rey, con su belleza trascendental, lleno de gracia y de verdad.

El describe a Cristo en Su Segunda Venida, no al humilde carpintero de Nazareth. El Poderoso de Israel desciende en gloria y majestad. El cabalga en triunfo, humildad y justicia. Las manos con las cicatrices de sus heridas sostiene la espada que sembrará el pánico entre sus enemigos. Sus saetas penetrarán en el corazón de ellos, los cuales caerán en montones a sus pies.

Versos 6-9: "Tu trono, oh Dios, es eterno y para siempre; Cetro de justicia es el cetro de tu reino. Has amado la justicia y aborrecido la maldad; Por tanto, te ungió Dios, el Dios tuyo, Con óleo de alegría más que a tus compañeros. Mirra, áloe y casia exhalan tus vestidos; Desde palacios de marfil te recrean. Hijas de reyes están entre tus ilustres; Está la reina a tu diestra con oro de Ofir."

Note que Dios, el Espíritu Santo se dirige a Cristo como Dios. Esta es una prueba más de la deidad de Cristo en toda la Biblia Así que no solamente el trono de Cristo es divino, sino que Él es Dios.

Después del Milenio, el reino de Cristo continuará por la eternidad como dice 2 Ped. 1:11. El cetro de Cristo es cetro de equidad y es símbolo de su realeza. Esto significa que él reina con absoluta justicia.

El aceite de alegría nos recuerda el de la unción de los sacerdotes para entrar en su oficio, (Éxodo 30: 22-25). Como nuestro Señor es Sacerdote Rey se usan mirra y casia. Mirra como emblema de sus sufrimientos, y casia por la sublime fragancia de Su persona y Su obra. Este ungüento fue usado en su mortaja, (Juan 19:39).

De palacios de marfil le alegrarán. La sinfonía real sonará anunciando la jubilación del sufrimiento humano, y la entrada de la edad de oro que ha nacido al fin.

El Monarca no estará solo en la coronación. Las hijas de los reyes de la tierra estarán presentes, la reina vestida de oro de Ofir. ¿Quién es la reina? No es la Iglesia, pues ésta no había sido revelada en el Antiguo Testamento, (Efe.3:5-9; Col.1:26).

Entonces podemos deducir que la reina es el "Cuerpo de Moisés", por quienes el diablo contendía, (Judas 9); los santos redimidos que Jesús llevó con él al cielo cuando resucitó, (Efe.4:8, Mateo 27:52.) El pueblo de Israel se conoce como "la Esposa de Jehová", Jer.3:14, Oseas 3:19).

¿Dónde, pues, encontramos la Iglesia que vino a buscar? La Iglesia se conoce como "El Cuerpo de Cristo", (1 Cor. 12:27, Col.1: 18-24).

La boda del Cordero, es simplemente la reunión de los dos campamentos; los israelitas y la iglesia, (Cant. 6:13).

Versos 10-12: "Oye, hija, y mira, e inclina tu oído; Olvida tu pueblo, y la casa de tu padre; Y deseará el rey tu hermosura; E inclínate a él, porque él es tu Señor. Y las hijas de Tiro vendrán con presentes; Implorarán tu favor los ricos del pueblo."

La reina es aconsejada por una voz invisible, tal vez la del Espíritu Santo. Ella debe olvidarse de su pueblo y de su padre. Este es el consejo del Espíritu Santo a los nuevos creyentes a cortar con la vida pasada, y consagrarse al Señor.

Es el mismo consejo que dio Jesús en Lucas 14:26: *"Si alguno viene a mí, y no aborrece a su padre, y madre, y mujer e hijos, y hermanos y hermanas, aun también a su propia vida, no puede ser mi discípulo."*

Nuestro amor por Cristo debe ser tan grande, que todos los demás amores, en comparación, son aborrecimiento. La belleza de un corazón entregado a él le complace, y como él es el Seños, se merece todo lo que tenemos y lo que somos.

Los ricos del mundo irán a la nueva Jerusalén llevando sus presentes, (Apoc. 21:24)

Versos 13-15: "Toda gloriosa es la hija del rey en su morada. De brocado de oro es su vestido. Con vestidos bordados será llevada al rey; Vírgenes irán en pos de ella. Compañeras suyas serán traídas a ti. Serán traídas con alegría y gozo; Entrarán en el palacio del rey."

La Iglesia del Nuevo Testamento es hija de la Iglesia del Antiguo Testamento. Los creyentes estarán vestidos de lino fino resplandeciente con coronas de oro en sus cabezas, como lo vemos en Apoc. 4:4, representados por los 24 ancianos; 12 patriarcas y 12 apóstoles.

Luego vemos, en el cap. 5: 8-9; a los que fueron redimidos de todo pueblo y nación y lengua, echando sus coronas ante el Trono, antes que el Cordero abra los sellos que dan comienzo a la Gran Tribulación. ¿Quién trae al anticristo? El que tiene el libro en su mano, y el que abre los sellos.

Versos 16-17: "En lugar de tus padres serán tus hijos, A quienes harás príncipes en toda la tierra. Haré perpetua la memoria de tu nombre en todas las generaciones, Por lo cual te alabarán los pueblos eternamente y para siempre."

Como la Iglesia Judía es la madre de la Iglesia cristiana, podemos ver el establecimiento del Nuevo Pacto en la Sangre de Cristo. El Pacto de Abraham, con sus sacerdocios y sus leyes, fueron puestos a un lado, como dice Hebreos 8:13. El

Nuevo Pacto tiene un nuevo sacerdocio del orden de Melquisedec, y cada creyente es un sacerdote regio, (1 Ped. 2:9, Heb. 7:17).

SALMO # 46

Dios es nuestro amparo y fortaleza.

Al músico principal; de los hijos de Coré. Salmo sobre Alamot.

Versos 1-3: "Dios es nuestro amparo y fortaleza, Nuestro pronto auxilio en las tribulaciones. Por tanto no temeremos, aunque la tierra sea removida, Y se traspasen los montes al corazón del mar> Aunque bramen las y se turben sus aguas, y tiemblen los montes a causa de su braveza."

No importa cuál sea la tribulación; sea política social o natural; Dios es nuestro amparo. Pueden ser terremotos, volcanes, huracanes, trombas marinas, o lo que venga, Dios es por nosotros y con nosotros.

Puede que tengamos que vivir en naciones se desintegren, por elegir gobernantes ineptos, que conduzcan la nación al caos por causa de sus ideas neófitas y sus fantasías utópicas, que traigan confusión, hambre y necesidad; en medio del tumulto, nosotros tendremos paz.

Versos 4-7: "Del ríos sus corrientes alegran la ciudad de Dios, El santuario de las moradas del Altísimo. Dios está en medio de ella; no será conmovida. Dios la ayudará al clarear la mañana. Bramaron las naciones, titubearon los reinos; Dio él su voz, se derritió la tierra. Jehová de los ejércitos está con nosotros, nuestro refugio es el Dios de Jacob."

Jerusalén no tiene ríos, por tanto esto se refiere al río de Dios que está en medio de la Iglesia, la Nueva Jerusalén. El trono de Dios está en la Iglesia lavada con la Sangre de Cristo. Las puertas del infierno no prevalecen contra ella, aunque todos sus reinos bramen contra ella. Tanto la Iglesia militante, como la triunfante, son el Cuerpo del Cordero. La voz de Dios, Su Palabra, en los labios de los creyentes, derrite los corazones más endurecidos, y pone en fuga los ejércitos más valientes.

Versos 8-11: "Venid y ved las obras de Jehová, Que ha puesto asolamientos en la tierra. Que hace cesar las guerras hasta los fines de la tierra. Que quiebra el arco, corta la lanza, Y quema los carros en el fuego. Estas quietos, y conoced que yo soy Dios; Seré exaltado entre las naciones; enaltecido seré en la tierra. Jehová de los ejércitos está con nosotros; Nuestro refugio es el Dios de Jacob."

Durante el milenio el Príncipe de Paz estará sobre el trono. Su reino se establecerá en la tierra sobre los escombros de las naciones enemigas. Ya no habrá más guerra. La Iglesia triunfante entrará a su vasta herencia. Puede que en la Nueva Jerusalén.

Sabemos que en la Jerusalén actual estará la iglesia militante, que salió de la tribulación, compuesta de judíos. Estos reinarán en la tierra bajo la dirección de Cristo.

SALMO # 47

Dios, el Rey de la tierra

Al músico principal. Salmo de los hijos de Coré.

Versos 1-4: "Pueblos todos, batid las manos, Aclamad a Dios con voz de júbilo. Porque Jehová el Altísimo es temible; Rey grande sobre toda la tierra. El someterá a los pueblos debajo de nosotros, Y a las naciones debajo de nuestros pies. Él nos elegirá nuestras heredades; la hermosura del Jacob, al cual amó."

Después de haber separado las naciones ovejas que protegieron a los judíos, de las naciones cabros, que los persiguieron, el pueblo se prepara celebrar el primer año de Su reino.

Versos 5-7: "Subió con júbilo, Jehová con sonido de trompeta. Cantad a Dios, cantad; Cantad a nuestro Rey, cantad; Porque Dios es el rey de toda la tierra; cantad con inteligencia."

Cristo bajó como guerrero, y subió al trono. El pueblo le reconoció como el Mesías, y se dio cuenta que era el mismo Jesús que había muerto en la cruz por las cicatrices de sus heridas, (Zac.13:6).

Versos 8-11: "Reinó Dios sobre las naciones; Se sentó Dios sobre su santo trono. Los príncipes de los pueblos se reunieron Como pueblo del Dios de Abraham; Porque de Dios son los escudos de la tierra; Él es muy exaltado."

Los reyes de la tierra traerán presentes al Rey Jesús. Él es muy exaltado.

SALMO # 48

Hermosura y gloria de Sion.

Cántico. Salmo de los hijos de Coré.

Versos 1-3: "Grande es Jehová, y digno de ser alabado En la ciudad de nuestro Dios, en su monte santo. Hermosa provincia, el gozo de toda la tierra, Es el monte de Sion, a los lados del norte, la ciudad del gran Rey. En sus palacios Dios es conocido por refugio."

La ciudad de Jerusalén es el polo magnético de tres religiones mundiales; judío, cristianos y musulmanes. Sin embargo, el monte de Sion es la Iglesia, la Nueva Jerusalén.

Un invasor extranjero había llegado a las puertas de Jerusalén. El pánico había atenazado al pueblo que esperaba un sitio largo y terrible. Humanamente hablando las esperanzas estaban perdidas. De pronto, Dios obró un milagro. El pánico atenazó los corazones de los enemigos quienes huyeron espantados.

Versos 4-8: "Porque he aquí los reyes de la tierra se reunieron; Pasaron todos. Y viéndola ellos así se maravillaron, Se turbaron, se apresuraron a huir. Les tomó temblor; Dolor como de mujer que da a luz. Con viento solano Quiebras tú las naves de Tarsis. Como lo hemos oído, así lo hemos visto En la ciudad de Jehová de los ejércitos, en la ciudad de nuestro Dios; La afirmará Dios para siempre."

Esta es la profecía de la guerra del Armagedón. ¿Qué verán los reyes de las naciones que les producirán tal pánico y terror? Tal vez lo que vieron los que vinieron en contra de Eliseo, carros y caballos de fuego, como lo dice 2 Reyes 6:17. O verán al Señor Jesús, como lo vieron los ejércitos del Senaquerib, el ángel de Jehová, el cual mató 185,000 asirios en una sola noche, (Isa. 37; 36).

Versos 9-11: "Nos acordamos de tu misericordia, oh Dios, En medio de tu templo. Conforme a tu nombre, oh Dios, Así es tu loor hasta los fines de la tierra; De justicia está llena tu diestra. Se alegrará el monte de Sion; Se gozarán las hijas de Judá Por tus juicios."

El pueblo dentro de la ciudad está rebosantes de gozo. Ellos habían oído que Dios es el Creador y Defensor de Jerusalén. Así que levantan sus corazones y sus labios en alabanzas al Rey Jesús.

Versos 12-14: "Andad alrededor de Sion, y rodeadla; Contad sus torres. Considerad atentamente su antemuro, Mirad sus palacios; Para que lo contéis a la generación venidera. Porque este Dios es Dios nuestro eternamente y para siempre; Él nos guiará aún más allá de la muerte."

El pueblo en fiesta da vuelta a la ciudad admirando sus torres y sus palacios. No falta ninguno. Así la Iglesia tiene sus sesenta valientes que la rodean. Todos tienen espadas y saben usarlas, (Cant. 3:7). Esto es para mantener fuera a los engañadores, y falsos profetas que quieran entrar en ella. Estos guardas de los muros, reconocen al engañador y lo mantienen fuera. Puede que por un tiempo tratan de engañar al creyente bebé, que quiere satisfacer sus sentidos; pero pronto su falso ministerio se esfuma.

Esta es la seguridad del creyente: Cuando parta de este mundo, lo hará de la mano del Señor.

SALMO # 49

La insensatez de confiar en las riquezas.

Al músico principal. Salmo de los hijos de Coré.

Versos 1-9: "Oís esto, pueblos todos; Escuchad, habitantes todos del mundo, Así los plebeyos como los nobles. El rico y el pobre juntamente. Mi boca hablará sabiduría, Y el pensamiento de mi corazón inteligencia. Inclinaré al proverbio mi oído; Declararé con el arpa mi enigma.

¿Por qué he de temer en los días de adversidad, cuando la iniquidad de mis opresores me rodeare? Los que confían en sus bienes, Y de la muchedumbre de sus riquezas se jactan, Ninguno de ellos podrá en manera alguna redimir al hermano, Ni dar a Dios su rescate (Porque la redención de su vida es de gran precio, Y no se logrará jamás) Para que viva en adelante para siempre, Y nunca vea corrupción."

Este es un llamado de atención a todo el mundo, ricos y pobres, pero especialmente a la Iglesia; a no temer en tiempo de adversidad porque Dios está en control.

También es un aviso para el mundo acerca de la redención. No se puede comprar con dinero, porque es de gran precio. ¿Cuánto costó? Nada menos que la vida de Dios. Él tuvo que venir a morir por nosotros. Ese fue el precio de nuestra vida eterna, (Juan 3:16).

Versos 10-12: "Pues verá que aun los sabios mueren; Que perecen del mismo modo que el insensato y el necio, Y dejan a otros sus riquezas. Su íntimo pensamiento es que sus casas serán eternas, Y sus habitantes de generación en generación; Dan sus nombres a sus tierras. Mas el hombre no permanece en honra; Es semejante a las bestias que perecen.

Muchas veces el hombre piensa en esta vida solamente. Amontona riquezas, pone su nombre a sus propiedades, sin pensar que de Dios es la tierra y su plenitud, el mundo y los que en él habitan.

Muere el rico, el sabio, el pobre y el insensato. Él debe devolver a la tierra todo lo que usó. Debe pagar desde la primera gota de leche que bebió, hasta el último bocado que comió. Debe pagar por la ropa, y todo lo que utilizó, porque todo era prestado. Todo debe volver al polvo.

Si no hizo provisión para el estado de su espíritu, es peor que las bestias, porque estas no tendrán que ir a Juicio, y él sí. ¿Dónde quedó la honra del rico de Lucas 16:19?

Versos 13-15: "Este su camino es locura; Con todo, sus descendientes se complacen en el dicho de ellos. Como a rebaños que son conducidos al Seol, La muerte los pastoreará. Y los rectos se enseñorearán de ellos por la mañana; Se consumirá su buen parecer, Y el Seol será su morada. Pero Dios redimirá mi vida del poder del Seol, Porque él me tomará consigo."

El camino del rico insensato, que piensa que todo se compra con dinero, hasta la salvación, es una verdadera locura. Es una carrera desenfrenada que conduce al infierno. Un ejemplo entre muchos fue el de una rica mujer, que controlaba el Empire Sate, el edificio más alto de Nueva York, entre otros. Ella murió y dejó una fortuna de 8 billones de dólares a los perros. No dejó nada a sus hijos o sus nietos.

Ninguna obra de caridad que hiciera en su vida, cuenta para nada. Si no buscó a Cristo en vida, se perdió; verdaderamente el infierno será su morada.

Versos 16- 20: "No temas cuando se enriquece alguno, Cuando aumenta la gloria de su casa; Porque cuando muera no llevará nada, Ni descenderá tras él su gloria. Aunque mientras viva, llame dichosa su alma, Y sea loado cuando prospere, Entrará en la generación de sus padres, Y nunca más verá la luz. El hombre que está en honra y no entiende, Semejante es a las bestias que perecen."

El creyente no debe mirar, ni sentirse mal cuando el rico, que no tiene a Cristo, prospera porque este es el único cielo que disfrutará. Cuando muera irá a las tinieblas, y nunca más verá la luz. Lo triste es que ese rico no entiende, que es parecido a las bestias.

SALMO # 50

Dios juzgará al mundo.

Salmo de Asaf

Versos 1-6: "El Dios de dioses, Jehová, ha hablado, y convocado la tierra, Desde al nacimiento del sol hasta donde se pone. De Sion, perfección de hermosura, Dios ha resplandecido. Vendrá nuestro Dios, y no callará; Fuego consumirá delante de él, Y tempestad poderosa le rodeará. Convocará a los cielos de arriba, Y a la tierra, para juzgar a su pueblo. Juntadme mis santos, Los que hicieron conmigo pacto con sacrificio. Y los cielos declararán su justicia, Porque Dios es el juez."

La Corte está en sesión. Dios es el Juez. El llama a todo el pueblo de Israel a estar de pie ante el tribunal. El juez aparece en la gloria del Shekinah sobre el monte Sion como apareció sobre el monte Sinaí.

Entonces llama a todos los pueblos de la tierra, así como los del cielo, a ser testigos mientras ordena a sus ayudantes traer a los santos de Israel, los que tiene pacto con él por medio de los sacrificios en el Monte Horeb, (Exo.24:3-8.)

Versos 7-13: "Oye, pueblo mío, y hablaré; Escucha, Israel, y testificaré contra ti: Yo soy Dios, el Dios tuyo. No te reprenderé por tus sacrificios, Ni por tus holocaustos, que están continuamente delante de mí. No tomaré de tu casa becerros, ni machos cabríos de tus apriscos. Porque mía es toda bestia del bosque, Y los millares de animales en los collados. Conozco a todas las aves de los montes, Y todo lo que se mueve en los campos me pertenece. Si yo tuviese hambre, no te lo diría a ti; Porque mío es el mundo y su plenitud. ¿He de comer yo carne de toros, O de beber sangre de machos cabríos?"

Aparentemente el pueblo de Israel comprendió el significado de los sacrificios, que serían tipo del Sacrificio de Cristo. Desde el pecado de Adán, Dios hizo pacto con él por medio del sacrificio de animales inocentes.

La piel cubriría su desnudez física, mientras la sangre cubriría su condición de muerte espiritual. Dios estableció el medio de acercamiento a él. Nadie puede acercase a él si no tiene un sacrificio de sangre. "Sin derramamiento de sangre no hay perdón de pecados" (Heb. 9:22).

Dios no se agradó de la ofrenda de Caín porque no tenía sangre. El trajo una ofrenda como a él le pareció; no como Dios ordenó. Esto es tipo de los que sirven a Dios a su manera.

Más tarde Dios estableció el pacto de Sangre con Abraham, (Gén. 15). Los animalitos sacrificados eran sustitutos por Jehová, hasta que Cristo derramara su sangre en la cruz. Los israelitas eran circuncidados, y esta era su entrada al pacto, (Gen. 17).

 422 años más tarde, (Éxodo 24; 3-8), Israel renovó al pacto con la sangre de becerros. 497 años más tarde Salomón dedicó el templo, y sacrificó 22 mil bueyes, y 120 mil ovejas. Estos eran sacrificio de

paz, (Lev.3). La grosura y la cola eran quemados en el altar. La carne era comida por los sacerdotes y el pueblo.

Después que Cristo derramó su sangre en la cruz, Dios no aceptó más sacrificios de animales. El Cordero que Dios dio, satisfizo plenamente los reclamos de la Suprema Corte de Justicia del Universo. Hoy, todo el que quiera acercarse a Dios, tiene que hacerlo mediante la Sangre de Cristo. Israel no comprendió el significado, por eso creía que mientras más animales sacrificaban, más Dios se agradaba.

Versos 14-15: "Sacrifica a Dios alabanza, y paga tus votos al Altísimo; E invócame en el día de la angustia; Te libraré, y tú me honrarás."

¿Qué pide Dios de nosotros? Alabanza y responsabilidad. Alabanza es también contar a otros sus maravillas. Hablar de Cristo, predicar el evangelio. Es bendecir su Nombre en la congregación. Elevar nuestra voz en adoración.

Es cantar alabanzas al Señor aunque estemos enfermos, (Salmo 149), es cantar en la prisión como Pablo y Silas en la cárcel de Filipos, (Hechos 16).

Versos 16-18: "Pero al malo dijo Dios: ¿Qué tienes tú que hablar de mis leyes Y que tomar mi pacto en tu boca? Pues tú aborreces la corrección, Y echas a tu espalda mis palabras. Si veías al ladrón, tú corrías con él, Y con los adúlteros era tu parte."

¿Cuál es el malo? El que se dice ser creyente, pero aborrece la corrección de la Palabra. No se somete a ella; tiene amistad con el mundo, es liberal y todo lo da por bueno.

Versos 19-21: "Tu boca metías en mal, Y tu lengua componía engaño. Tomabas asiento, y hablabas contra tu hermano; Contra el hijo de tu madre ponías infamia. Estas cosas hiciste, y yo he callado; Pensabas que de cierto sería yo como tú; Pero te reprenderé, y las pondré delante de tus ojos."

Este es el que llamándose creyente, es chismoso, mentiroso, calumniador y escarnecedor. Él no sabe que "los ojos de Dios están sobre los justos, y sus oídos atentos a sus palabras"

Versos 22-23: "Entended ahora esto, los que os olvidáis de Dios, No sea que os despedace, y no haya quien os libre. El que sacrifica alabanza me honrará; Y al que ordenare su camino, Le mostraré la salvación."

Este es un aviso de alerta a los descarriados para que regresen al redil. Si no lo hacen en el tiempo que Dios ha dispuesto, el juicio divino los alcanzará.

SALMO # 51

Arrepentimiento y plegaria pidiendo purificación. Al músico principal. Salmo de David, cuando después que se llegó a Betsabé, vino a él Natán el profeta.

Versos 1-5: "Ten piedad de mí, oh Dios, conforme a tu misericordia; Conforme a la multitud de tus piedades, borra mis rebeliones. Lávame más y más de mi maldad, Y límpiame de mi pecado. Porque yo reconozco mis rebeliones, y mi pecado está siempre delante de mí. Contra ti, contra ti solo he pecado, Y he hecho lo malo delante de tus ojos; Para que seas reconocido justo en tu palabra, Y tenido por puro en tu juicio. He aquí, en pecado me concibió mi madre."

En 2 Samuel 12: 1-15, tenemos la historia de David y Betsabé. Sabemos que la Biblia es inspirada por el Espíritu Santo, porque ella registra tanto las virtudes como las faltas de los personajes.

El pecado de David comenzó la lujuria, siguió con el adulterio, continuó con el engaño y terminó con el asesinato. El pecado da a luz pecados, y esto conduce a la muerte.

El Señor había descubierto el secreto de David. En un momento de debilidad y de abuso de autoridad, el rey cayó en el lazo del diablo. La sentencia fue que el hijo, producto de aquel pecado, moriría.

Ahora, arrepentido, ora a Dios por perdón, purificación, y restauración. Así el creyente que se debilita y cae en el lazo del diablo debe confesar a Cristo su pecado, pedir fortaleza, apartarse y regresar al redil.

David no volvió al ser el hombre victorioso. La espada estaba en su casa. El declaró que la maldad era heredada. Él había heredado la muerte espiritual de sus padres, pero también había heredado la misericordia de Dios. La misericordia de Dios se manifestó en la visita del profeta con su mensaje de parte del Señor.

David era el rey de Israel, el representante de la nación. Su pecado afectaba a todo el pueblo, porque Dios trataba con él. Así el pecado de un ministro afecta a toda la congregación, y a todo el Cuerpo de Cristo.

Versos 6- 9: "He aquí tú amas la verdad en lo íntimo, Y en lo secreto me has hecho comprender sabiduría. Purifícame con hisopo, y seré limpio; Lávame, y seré más blanco que la nieve. Hazme oír gozo y alegría, Y se recrearán los huesos que has abatido. Esconde tu rostro de mis pecados, Y borra todas mis maldades."

Esta es la maravillosa profecía de lo que el Sacrificio de Cristo hizo por nosotros. Su Sangre nos ha limpiado de todo pecado.

Versos 10-14: "Crea en mí, oh Dios, un corazón limpio, Y renueva un espíritu recto dentro de mí. No me eches de delante de ti, Y no quites de mí tu santo Espíritu. Vuélveme el gozo de tu salvación, y espíritu noble me sustente. Entonces enseñaré a los transgresores tus caminos, Y los pecadores se convertirán a ti. Líbrame de homicidios, oh Dios, Dios de mi salvación; Cantará mi lengua tu justicia."

La profecía continúa en la oración de David. En la misma está envuelto el nuevo nacimiento, que Cristo compró para nosotros. El rey penitente pide que no le sea quitado el Espíritu Santo. El creyente arrepentido hace suya esta petición. ¿Qué haremos si se nos quita el Espíritu Santo? Entonces promete hablar de Dios al pueblo. El dedicará el resto de su vida en predicar al pueblo, y cantarle alabanzas a Dios.

"Líbrame de homicidios" Para el creyente, el aborrecer a los hermanos es homicidio, porque es violación a la ley del amor.

Versos 15-19: "Señor, abre mis labios, Y publicará mi boca tu alabanza. Porque no quieres sacrificio, que yo lo daría; No quieres holocausto. Los sacrificios de Dios son el espíritu quebrantado; Al corazón contrito y humillado no despreciarás tu oh Dios.

Haz bien con tu benevolencia a Sion; Edifica los muros de Jerusalén. Entonces te agradarán los sacrificios de justicia, el holocausto u ofrenda del todo quemada; Entonces ofrecerán becerros sobre tu altar."

El rey pide que Dios abra sus labios. Así nosotros pedimos que el Señor nos de la capacidad de hablar, cantar, predicar a otros las maravillas del Evangelio.

¿Cuál es el sacrificio que debe dar el penitente a Dios? Un corazón genuinamente arrepentido y humillado, dependiendo de la misericordia divina. Sin esa constricción de espíritu, no vale ningún sacrificio.

SALMO # 52

Futilidad de la jactancia del malo

Al músico principal. Masquil de David, cuando vino Doeg edomita y dio cuenta a Saúl diciéndole: David ha venido a casa de Abimelec.

Versos 1-4: "¿Por qué te jactas de maldad, oh poderoso? La misericordia de Jehová es continua. Agravios maquina tu lengua; Como navaja afilada hace engaño. Amaste el mal más que el bien, La mentira más que la verdad. Has amado toda suerte de palabras perniciosas, Engañosa lengua."

En el año 1056 AC, David había visitado el tabernáculo, mientras huía de Saúl, (1 Sam. 22: 9-

10). El Sumo Sacerdote Abimelec le dio la espada de Goliat. Allí estaba escondido Doeg, el escudero de Saúl, quien le llevó la historia al rey Saúl. Doeg era un edomita, de la tribu de Esaú.

Versos 5-7: "Por tanto Dios te destruirá para siempre; Te asolará y te arrancará de tu morada, y te desarraigará de la tierra de los vivientes. Verán los justos, y temerán; Se reirán de él, diciendo: He aquí el hombre que no puso a Dios por su fortaleza, Sino que confió en la multitud de sus riquezas, Y se mantuvo en su maldad."

Cuando Saúl decidió matar los sacerdotes, ninguno de los israelitas quiso cumplir con el mandato del rey. Entonces Doeg fue y mató 85 sacerdotes. Con ellos mató también a los gabaonitas que servían al tabernáculo, con los cuales Josué había hecho pacto 389 años antes, (Josué 9:15).

La maldición de David se cumplió en Doeg seis años más tarde, en el año 1056 AC (1Sam. 31).

2 Sam. 21. En el año 1,022 AC, ya hacía 34 años que David estaba en el trono de Israel. Habían pasado tres años de hambre en la tierra. David consultó a Jehová por medio del Urim y Tumin en el pectoral del Sumo Sacerdote. Dios le dijo que era por causa de la violación del pacto de los gabaonitas, hecho 430 años antes.

Los gabaonitas demandaron la muerte de siete descendientes de Saúl. David entregó los cinco hijos Merab, los cuales había criado Mical, su mujer, y dos hijos de Zilpa, la concubina de Saúl. Estos siete fueron ahorcados, para satisfacer la justicia divina.

Versos 8-9: "Pero yo estoy como olivo verde en la casa de Dios; En la misericordia de Dios confío eternamente y para siempre. Te alabaré para siempre, porque lo has hecho así; Y esperaré en tu nombre, porque es bueno, delante de tus santos."

David concluye este Salmo con la afirmación de su confianza en Dios, y una alabanza en sus labios.

SALMO # 53

Insensatez y maldad de los hombres. Al músico principal; sobre Mahalat. Masquil de David.

Versos 1-4: "Dice el necio en su corazón: No hay Dios. Se han corrompido, e hicieron abominable maldad; No hay quien haga bien. Dios desde los cielos miró sobre los hijos de los hombres, Para ver si había algún entendido que buscara a Dios. Cada uno se había vuelto atrás; todos se habían corrompido; No hay quien haga lo bueno, no hay ni siquiera uno. ¿No tienen conocimiento todos los que hacen iniquidad, Que devoran a mi pueblo como si comiesen pan, Y a Dios no invocan?"

Un intelectual convertido en un ateo. El niega la existencia de Dios. Le ha buscado con sus sentidos físicos, y no ha podido encontrarle. Él ha ido a buscar piedras a la luna; ha enviado satélites a Marte. Se ha estremecido al ver la cara de hombre reflejada en las montañas y valles del planeta, pero no ha encontrado a Dios.

Dios es un Espíritu, y los sentidos no pueden verle, ni sentirle. El hombre, suelto el freno de la fe y el temor a Dios, se vuelve un animal irracional, corrupto e inicuo.

Versos 5-6: "Allí se sobresaltaron de pavor donde no había miedo, Porque Dios ha esparcido los huesos del que puso asedio contra ti; Los avergonzaste, porque Dios los desechó. ¡Oh, si saliera de Sion la salvación de Israel! Cuando Dios hiciere volver la cautividad de su pueblo, Se gozará Jacob, y se alegrará Israel."

El ateo huye sin que nadie lo persiga. Su espíritu lleno de pavor tiembla al movimiento de una hoja. Se vuelve cobarde y desconfiado. No hay paz en su corazón, y su inquietud contamina a los suyos.

Aquí también está el hambre del pueblo por el Mesías. El Mesías vino a ellos, mas ellos no le recibieron. La fe en el sacrificio del Mesías es el único que liberta al hombre de la cautividad del diablo.

SALMO # 5

Plegaria pidiendo protección contra los enemigos.

Al músico principal; en Neginot. Masquil de David, cuando vinieron los zifeos y dijeron a Saúl: ¿No está David escondido en nuestra tierra?

Versos 1-3: "Oh Dios, sálvame por tu nombre, Y con tu poder defiéndeme. Oh Dios, oye mi oración; Escucha las razones de mi boca. Porque extraños se han levantado contra mí, Y hombres violentos buscan mi vida; No han puesto a Dios delante de sí."

Era el año 1,062 AC. David había huido al desierto de Zif con sus hombres. Después de ayudarle a ellos y los de Keila a derrotar a los filisteos, los Zifeos le traicionaron ofrecieron entregarle en manos del rey Saúl, (1 Sam. 23:19-20). David oró, y Dios le libró a él y sus hombres milagrosamente de manos del rey.

Así también, cuando el creyente está en apuros puede clamar a Dios, y el Señor le librará.

Versos 4-7: "He aquí Dios es el que me ayuda; El Señor está con los que sostienen mi vida. El devolverá el mal a mis enemigos; Córtalos por tu verdad. Voluntariamente sacrificaré a ti; Alabaré tu nombre, oh Jehová, porque es bueno. Porque me ha librado de toda angustia, Y mis ojos han visto la ruina de mis enemigos."

David declaró que Dios estaba con los que le ayudaban. Entre ellos estaba Abiatar con el efod de Ahimelec, el sumo sacerdote. Así Dios está entre los creyentes.

SALMO # 55

Plegaria pidiendo la destrucción de enemigos traicioneros.

Al músico principal; en Neginot. Masquil de David.

Versos 1-5: "Escucha, oh Dios, mi oración. Y no te escondas de mi dúplica. Está atento, y respóndeme; Clamo en mi oración, y me conmuevo, A causa de la voz del enemigo, Por la opresión del impío; Porque sobre mí echaron iniquidad, y con furor me persiguen. Mi corazón está dolorido dentro de mí, Y terrores de muerte sobre mí han caído. Temor y temblor vinieron sobre mí, Y terror me ha cubierto."

En este Salmo David expresa la profunda angustia que le produjo la traición de Ahitofel, cuando se unió al usurpador Absalón. Él tuvo que huir del palacio porque sus enemigos buscaban su muerte, (2 Samuel caps. 15 y 17).

Versos 6-8: "Y dije; ¡Quién me diese alas como de paloma! Volaría yo, y descansaría. Ciertamente huiría lejos; Moraría en el desierto. Me apresuraría a escapar Del viento borrascoso, de la tempestad."

El primer impulso de David era de correr, volar y refugiarse en el desierto. Así nosotros nos sentimos cuando alguna calamidad nos deja perplejos. Sin embargo, debemos poner las cargas sobre Jesús, porque él está en control de nuestras vidas.

Versos 9-11: "Destrúyelos, oh Señor, confunde la lengua de ellos; Porque he visto violencia y rencilla en la ciudad. Día y noche la rodean sobre sus muros. E iniquidad y trabajo hay en medio de ella. Maldad hay en medio de ella.; Y el fraude y el engaño no se apartan de sus plazas."

La indignación ha echado fuera el terror, y David clama a Dios que destruya a sus enemigos. Mirando la ciudad que él conquistó, la ve llena de violencia y engaño. La ciudad de paz se ha convertido en ciudad de maldad.

Versos 12-1: "Porque no me afrentó un enemigo, Lo cual habría soportado; Ni se alzó contra mí el que me aborrecía, Porque me hubiera ocultado de él; Sino tú, hombre, al parecer mi íntimo, Mi guía, y mi familiar. Que juntos comunicábamos dulcemente los secretos, Y andábamos en amistad en la casa de Dios. Que la muerte los sorprenda; Desciendan vivos al Seol, Porque hay maldades en sus moradas, en medio de ellos."

Podemos comprender la indignación del David. Su mismo hijo; su favorito, unido a su consejero, eran los que habían dado el golpe de estado, y se habían apoderado del trono. Ahora lo perseguían para matarlo. Entonces David los maldice.

El creyente, no puede maldecir, sino dejar la venganza al Señor.

Versos 16-19: "En cuanto a mí, a Dios clamaré; Y Jehová me salvará. Tarde y mañana y a mediodía oraré y clamaré, Y él oirá mi voz. El redimirá en paz mi alma de la guerra contra mí. Aunque contra mí haya muchos. Dios oirá, y los quebrantará luego, El que permanece desde la antigüedad; Por cuanto no cambian, Ni temen a Dios."

"Orad sin cesar", es la orden al creyente. Aquí David declara su confianza en el Señor.

Versos 20-21: "Extendió el inicuo sus manos contra los que estaban en paz con él; Violó su pacto. Los dichos de su boca son más blandos que la mantequilla, Pero guerra hay en su corazón; Suaviza sus palabras más que el aceite, Mas ellas son espadas desnudas."

La identidad del hipócrita es difícil de descubrir, porque sus palabras son suaves, y dulces. Sin embargo en su corazón hay una tormenta de odio. Ahitofel violó su pacto con David. Las maldiciones del pacto las heredarían sus descendientes, porque él pagaría con su vida su traición, (2 Sam.17:23).

Versos 22-23: "Echa sobre Jehová tu carga, y él te sustentará; No dejará para siempre caído al justo. Más tú, oh Dios, harás descender aquéllos al pozo de perdición. Los hombres sanguinarios y engañadores no llegarán a la mitad de sus días; Pero yo en ti confiaré."

Aquí tenemos el consejo del Señor. No debemos llevar la carga solos. Él no dice que nos quitará la carga del todo, sino que nos dará fueras para soportar, y salir adelante.

Los malvados y los engañadores no duran mucho. Ellos son cortados a la mitad de sus días.

SALMO # 56

Oración de confianza. Al músico principal: sobre La paloma silenciosa en paraje muy distante. Mictan de David, cuando los filisteos le prendieron en Gat.

Versos 1-4: "Ten misericordia de mí, oh Dios, porque me devoraría el hombre; Me oprime combatiéndome cada día. Todo el día mis enemigos me pisotean; Porque muchos son los que pelean contra mí con soberbia. En el día temo, Yo en ti confío. En Dios alabaré su palabra; En Dios he confiado; no temeré; ¿Qué me puede hacer el hombre?"

1 Samuel 21: 13-15. David, huyó de Saúl, y se fue a la tierra de los filisteos, a Gad, la ciudad de Goliat. Allí fue reconocido como el que había matado al

gigante. Llevado a la presencia de Aquis, David se fingió loco, y fue echado de su presencia. Su confianza y su fe en Dios le sustentaban. Él no sabía que estaba en el campo de entrenamiento de Dios, quien le había ungido por rey de su pueblo.

Así el creyente, especialmente el que es llamado al ministerio, debe ser pulido primero en el campo de entrenamiento del Señor, por medio del estudio, la meditación, y la actuación en la Palabra, para poder ejercer con éxito en la milicia de Dios. Allí deja sus cobardías, sus dudas y sus niñerías, y se madura para el servicio. Entonces podrá declara con confianza; Mi confianza está en Dios. No temo a lo que me pueda hacer el hombre."

Versos5-7: "Todos los días ellos pervierten mi causa. Contra mí son todos sus pensamientos para mal. Se reúnen, se esconden, Miran atentamente mis pasos, como quienes acechan a mi alma. Pésalos según su iniquidad, oh Dios, Y derriba en tu furor a los pueblos."

Huyendo de Saúl, huyendo de los filisteos. No había refugio, ni descanso, pero había llegado el momento de Dios para ponerlo de comandante de un ejército. David entonces huyó a la cueva de Adulam. Allí se le unieron sus familiares, y todos los que tenían problemas. Su nuevo ejército contaba con 400 hombres. Así que de loco se graduó de comandante.

Versos 8-11: "Mis huidas tú has contado; Pon mis lágrimas en tu redoma; ¿No están ellas en tu libro? Serán luego vueltos atrás mis enemigos, el día en que yo clamare. Esto sé, que Dios está por mí, En Dios alabaré su palabra. En Jehová su palabra alabaré. En Dios he confiado; no temeré; ¿Qué me puede hacer el hombre?"

David ora, habla con Dios. Él sabe que sus lágrimas están en una copa delante del Señor. Así el creyente sabe que cada una de sus lágrimas está en la presencia de Dios. La fe le libra del temor. Si Dios es por nosotros, nada tendrá éxito contra nosotros.

Versos 12-13: Sobre mí, oh Dios, están tus votos; te tributaré alabanzas. Porque has librado mi alma de la muerte, Y mis pies de caída. Para que ande delante de Dios En la luz de los que viven."

La seguridad de su liberación hace que David afirme los votos que ha prometido a Jehová. Él le libró de sus enemigos los filisteos, y lo llevó a la compañía de sus seres amados.

SALMO # 57

Plegaria pidiendo ser librado de los perseguidores.

Al músico principal; sobre No destruyas. Mictam de David, cuando huyó de delante de Saúl a la cueva.

Versos 1-4: "Ten misericordia de mí, oh Dios, ten misericordia de mí; Porque en ti ha confiado mi alma, Y en la sombra de tus alas me ampararé Hasta que pasen los quebrantos. Clamaré al Dios Altísimo, Al Dios que me favorece. El enviará desde los cielos, y me salvará De la infamia del que me acosa; Dios enviará su misericordia y su verdad. Mi vida está entre leones; Estoy echado entre hijos de hombres que vomitan llamas; Sus dientes son lanzas y saetas, Y su lengua espada aguda."

David estaba escondido en la cueva de Adulam. Dos poderosos enemigos le persiguen para matarlo; Saúl y sus ejércitos, y los filisteos; pero él se refugia en el Señor, y esa fe inclina la balanza en su favor. El entrenamiento de David era fuerte, pero necesario para el trabajo que le esperaba.

Versos 5-6: "Exaltado seas hasta los cielos, oh Dios; Sobre la tierra sea su gloria. Red han armado a mis pasos; Se ha abatido mi alma; Hoyo han cavado delante de mí; en medio de él han caído ellos mismos.

David ora a Dios porque aplaste a sus perseguidores. Ellos le han puesto muchas trampas. Su alma está cansada y cargada por la preocupación. También sabe que sus enemigos han caído en el hoyo que le han preparado.

Versos 7-11: "Pronto está mi corazón, oh Dios, mi corazón está dispuesto; Cantaré, y trovaré SALMO. Despierta, alma mía, despierta, salterio y arpa, Me levantaré de mañana. Te alabaré entre los pueblos, oh Señor; Cantaré de ti entre las naciones, Porque grande es hasta los cielos, Y hasta las nubes tu verdad. Exaltado seas sobre los cielos, oh Dios; Sobre toda la tierra sea tu gloria."

Aquí el Salmista nos da una enseñanza de mucho valor. El remedio para la preocupación, el temor y la inquietud de espíritu y mente, así como la enfermedad, es alabar a Dios.

Pablo y Silas alababan a Dios estando con los pies y las manos en el cepo, en la cárcel de Filipos. Alabar a Dios cuando todo nos sale bien, es muy fácil; pero alabarle cuando estamos en problemas, es un sacrificio de alabanza; y esto trae a Dios a escena, como lo hizo con ellos.

SALMO # 58

Plegaria pidiendo el castigo de los malos. Al músico principal, sobre No destruyas. Mictam de David

Versos 1-5: Oh congregación, ¿Pronunciáis en verdad justicia? ¿Juzgáis rectamente, hijos de los hombres? Antes en el corazón maquináis iniquidades; Hacéis pesar la violencia de vuestras manos en la tierra. Se apartaron los impíos desde la matriz; Se descarriaron hablando mentira desde que nacieron. Veneno tienen como veneno de serpiente; Son como el áspid sordo que cierra el oído, Que no oyen la voz de los que los encantan, Por más hábil que el encantador sea."

Este Salmo es una vigorosa protesta contra los jueces, o los dirigentes del pueblo. Los grandes regentes de la tierra son puestos en la mirilla de Dios. ¿Han hecho decisiones justas? Muchos en sus corazones han maquinado maldad. Por eso la ciudad estaba llena de la perversión de la justicia. Es muy triste cuando los jueces venden sus conciencias por dinero.

Versos 6-9: "Oh Dios, quiebra sus dientes en sus bocas; Quiebra, oh Jehová, las muelas de los leoncillos. Sean disipados como aguas que corren; Pasen ellos como el caracol que se deslíe; Como el que nace muerto, no vean el sol. Antes que vuestras ollas sientan la llama de los espinos, Así vivos, así airados, los arrebatará él con tempestad."

Esta oración nos escandalizaría, si no conociéramos las condiciones en que fue hecha. La diferencia entre esta oración y la de Jesús, y Esteban es inmensa. David no había nacido de nuevo. Esteban sí. Esta es la diferencia entre lo creyentes del A.T. y los del N.T.

El creyente ora por sus enemigos para que Dios los salve. Podemos hacerlo, porque somos los hijos del Dios vivo, sacerdotes reyes. So orásemos en otras formas, seríamos culpables de abuso de autoridad.

Versos 10-11: "Se alegrará el justo cuando viere la venganza; Sus pies lavará en la sangre del impío. Entonces dirá el hombre; Ciertamente hay galardón para el justo; Ciertamente hay Dios que juzga en la tierra."

Los tratos de Dios con el pueblo de Israel eran revelados a sus sentidos físicos. Ellos estaban muertos espiritualmente, y no conocían que el diablo y los demonios operaban a través de sus enemigos, para destruir la nación. Ellos creían que era la idea de los hombres, y por eso pedían su destrucción.

Hoy el diablo usa hombres para destruir a los creyentes, pero éste sabe que el hombre es un taller donde Satanás trabaja. El creyente está vivo espiritualmente, y su espíritu capta el mundo espiritual que está desplegado en su contra.

La lucha no es contra el otro hombre, sino contra los demonios que lo controlan. Por eso oramos por la liberación del hombre y reprendemos los demonios en el Nombre de Jesús. La venganza más dulce para el creyente maduro, es ver sus enemigos convertidos a Cristo, y si llegan a ser pastores, ¡Mejor!

SALMO # 59

Oración pidiendo ser librado de los enemigos.

Al músico principal; Sobre No destruyas. Mictam de David, cuando envió Saúl y vigilaron su casa para matarlo.

Versos 1-4: "Líbrame de mis enemigos, oh Dios mío; Ponme a salvo de los que se levantaron contra mí. Líbrame de los que cometen iniquidad, Y sálvame de los hombres sanguinarios. Porque he aquí están acechando mi vida; Se han juntado contra mí poderosos. No por falta mía, ni pecado mío, oh Jehová; Sin delito mío corren y se aperciben."

El rey Saúl había enviado hombres a rodear la casa donde estaba David. Aquellos hombres tenían sed de sangre. David no era culpable de traición, ni de sedición, ni de deslealtad. Saúl le perseguía sin motivo. Por eso David clamaba al Señor Sabaot, Elohim, para que le guiara y le salvara. (1 Sam. 19:11).

Mientras tanto sus enemigos ladraban y aullaban. Dios se reía de su maldad. Él es la fortaleza de David. Él lo había llamado al trono, y lo conduciría al trono, aunque tuviera que cortar al rey y sus hombres fuertes.

Los celos de Saúl llevaban el sello del infierno. La mujer de David, la hija del rey Saúl, lo ayudó a escapar.

Versos 5-7: "Y tú, Jehová Dios de los ejércitos, Dios de Israel, Despierta para castigar a todas las naciones; No tengas misericordia de todos los que se revelan con iniquidad. Volverán a la tarde, ladrarán como perros, Y rodearán la ciudad. He aquí proferirán con su boca; Espadas hay en sus labios, Porque dicen: ¿Quién oye?"

El joven David estaba temeroso de los formidables enemigos que le perseguían. La lucha era muy desigual. Su preparación duraría siete años de constante persecución. Mientras tanto debía esconderse de las malignidades del rey loco, y confiar en Dios.

Versos 8-12: "Mas tú, Jehová, te reirás de ellos; Te burlarás de todas las naciones. A causa del poder del enemigo esperaré en ti, Porque Dios es mi defensa. El Dios de la misericordia irá delante de mí; Dios hará que vea en mis enemigos mi deseo.

No los mates, para que mi pueblo no olvide; Dispérsalos con tu poder, y abátelos, Oh Jehová, escudo nuestro. Por el pecado de su boca, por la palabra de sus labios, Sean ellos presos en su soberbia, Y por la maldición y mentira que profieren."

Los intrigantes de la corte, que por congraciarse con el rey, hablaban mentiras acerca de David, y por envidia del joven se le unieron en su búsqueda, recibirían su merecido.

Versos 13-17: Acábalos con furor, acábalos, para que nos sean; Y sépase que Dios gobierna en Jacob Hasta los fines de la tierra. Vuelvan, pues, a la tarde, y ladren como perros, Y rodeen la ciudad.

Anden errantes para hallar qué comer; Y si no se sacian, pasen la noche quejándose."

Pero yo cantaré de tu poder, Y alabaré de mañana tu misericordia; Porque has sido mi refugio en el día de mi angustia. Fortaleza mía, a ti cantaré; Porque eres mi Dios, mi refugio, el Dios de mi misericordia."

El apasionado joven, acosado por sus formidables enemigos, clama a Dios por venganza. Así el creyente, cuando se ve en problemas de persecución sin causa, es inclinado a pedir lo mismo, sin embargo, la oración es diferente.

Para vencer los enemigos que nos persiguen sin causa, oramos a Dios por misericordia para ellos, porque sabemos que están luchando contra Dios mismo. ¿Y quién tendrá éxito contra Dios?

Aquí aprendemos a alabar a Dios, no importan las circunstancias en que nos encontremos. Debemos preguntarle: ¿Qué lección debo aprender de esto?

SALMO # 60

Plegaria pidiendo ayuda contra el enemigo.

Al músico principal; sobre Lirios. Testimonio. Mictam de David, para enseñar, cuando tuvo guerra contra Aram-Naharaim, y contra Aram de Soba, y volvió Joab, y destrozó a doce mil de Edom en el valle de la sal.

Versos 1-5: "Oh Dios, tú nos has desechado, nos quebrantaste; Te has airado; ¡vuélvete a nosotros! Hiciste temblar la tierra, la has hendido; Sana sus roturas, porque titubea. Has hecho ver a tu pueblo cosas duras; Nos hiciste beber vino de aturdimiento. Has dado a los que te temen bandera Que alcen por causa de la verdad. Para que se libren tu amados, Salva con tu diestra, y óyeme."

De acuerdo al título de este Salmo, David había tenido guerra contra Mesopotamia y Siria; dos naciones poderosas. Joab, el general del ejército, había matado doce mil edomitas en el valle de la sal. (2 Sam. 8) Por la cantidad de enemigos y su fiereza, David clama a Dios por ayuda. Ya hacía 16 años que estaba en el trono.

Israel ha sufrido mucha pérdida de vidas en estas guerras. La nación había quedado como cuando pasa un terremoto.

Versos 6-8: "Dios ha dicho en su santuario: Yo me alegraré; Repartiré a Siquem, y mediré el valle de Sucot. Mío es Galaad, y mío es Manasés; Y Efraín es la fortaleza de mi cabeza; Judá es mi legislador. Moab, vasija para lavarme; Sobre Edom echaré mi calzado; Me regocijaré sobre Filistea."

La ayuda de Dios se apresura. El prometa libertar las ciudades tomadas y destruir a los enemigos. Promete dividir a Siquem en el oeste y el valle de Sucot en el este; poseer la tierra trans-jordana de

Galaad, y los dos territorios de Manases a ambos lados del Jordán.

Efraín, localizado en el centro de Israel, es el yelmo de su cabeza, la tribu que llevaría la dirección de la defensa de Israel. Judá mantendría el cetro de gobierno. Entonces Dios asegura su dominio sobre las tres naciones al sur-este del Mar Muerto; Moab, Edom, y Filistea.

Versos -12: "¿Quién me llevará a la ciudad fortificada? ¿Quién me llevará hasta Edom? ¿No serás tú, oh Dios, que nos habías desechado, y no salías, oh Dios, con nuestros ejércitos? Danos socorro contra el enemigo, Porque vana es la ayuda de los hombres. En Dios haremos proezas, Y él hollará a nuestros enemigos."

David anhelaba   el día que la capital de Edom, llamada Bosra, Sela y Petra, caigan en manos de Israel. Él sabe que sin la ayuda de Dios era imposible capturarla, ni derrotar a sus enemigos.

Los enemigos del creyente son el diablo, el mundo y los sentidos. Sin Cristo no es posible vencerlos. Los que confían en él, siempre obtienen la victoria.

SALMO # 61

Al músico principal; sobre Neginot. Salmo de David.

Versos 1-5: "Oye, oh Dios, mi clamor; A mi oración atiende. Desde el cabo de la tierra clamaré a ti, cuando mi corazón desmayare. Llévame a la roca que es más alta que yo, Porque tú has sido mi refugio, Y torre fuerte delante del enemigo. Yo habitaré en tu tabernáculo para siempre; Estaré seguro bajo la cubierta de tus alas. Porque tú, oh Dios, has oído mis votos; Me has dado la heredad de los que temen tu nombre."

¡Qué carga tan pesada llevaba el rey David! Su único refugio era Dios. Prov. 18:10 dice: "Torre fuerte es el nombre de Jehová; A él correrá el justo y será levantado." Oraciones como esta tocan el trono de Dios. La mención de las alas, parecen referirse a las de los querubines que cubrían el asiento de la misericordia en el arca del tabernáculo.

Versos 6-8: "Días sobre días añadirás al rey; Sus años serán como generación a generación. Estará para siempre delante de Dios; Prepara misericordia y verdad para que lo conserven. Así cantaré tu nombre para siempre. Pagando mis votos cada día."

Aquí el profeta David hace alusión al Rey Jesús, el Mesías.

SALMO # 62

Dios el único refugio

Al músico principal; a Jedutún. Salmo de David.

Versos 1-4: "En Dios solamente está acallada mi alma; De él viene mi salvación; El solamente es mi roca y mi salvación; Es mi refugio, no resbalaré mucho. ¿Hasta cuándo maquinaréis contra un hombre, Tratando todos vosotros de aplastarle Como pared desplomada y como cera derribada? Solamente consultan para arrojarle de su grandeza. Aman la mentira; Con su boca bendicen, pero maldicen en su corazón."

David confiaba ciegamente Dios. El reconocía que sin él no podría reinar sobre un pueblo tan grande y tan complicado. Algunos de ellos eran hipócritas y traidores, envidiosos, No podía confiar en sus sonrisas porque detrás de ellas estaba listo el puñal.

El mensaje de este Salmo es que Dios es la fuente de nuestra salvación, nuestra Roca, nuestra defensa, la base de nuestras expectativas, nuestra gloria, nuestro refugio, nuestro poder, y la fuente de misericordia.

Todo el que haga a Dios el fundamento de su confianza y su fortaleza, tendrá como resultado, valor para echar fuera demonios, y para ver sus estrategias y sus planes. No será movido de su fe, y va a desear que todos conozcan a Cristo.

Versos 5-8: "Alma mía, en Dios solamente reposa, Porque de él es mi esperanza. El solamente es mi roca y mi salvación y mi gloria en Dios está mi roca fuerte y mi refugio. Esperad en él en todo tiempo, oh pueblos; Derramad delante de él vuestro corazón; Dios es nuestro refugio."

Este es el consejo del Salmista a los pueblos. El creyente que conoce el poder de la oración, y la respuesta de la Palabra de Dios, vive en el reposo.

Versos 9-12: "Por cierto, vanidad son los hijos de los hombres, mentira los hijos de varón; Pesándolos a todos igualmente en balanza, Serán menos que nada. No confíes en la violencia, Ni en la rapiña os envanezcáis; Si se aumentan las riquezas, no pongáis el corazón en ellas.

Una vez habló Dios, Dos veces he oído esto; Que de Dios es el poder, Y tuya, oh Señor, es la misericordia; Porque tú pagas a cada uno conforme a su obra,"

Hay cinco cosas en que el hombre confía.

1: Hombres de bajo grado, hombres comunes, los cuales son tan transitorios como el vapor.

2: Hombres de alto grado, sean profesionales o ricos, son engaño, porque aunque parezcan ofrecer seguridad y ayuda; no se puede depender de ellos.

3: Opresión, es un método loco, porque atrae la maldición de Dios.

4: Robo, parece la ruta más rápida para obtener riquezas, pero la riqueza mal adquirida está condenada al juicio de Dios.

5: Aun las riquezas honestamente adquiridas debe ocupar el lugar del Señor en nuestro afecto y servicio. F.B. Meyer escribió: "Cuántas veces hemos buscado ayuda de hombres y dinero en vano, pero Dios nunca nos ha fallado."

SALMO # 63

Salmo de David cuando estaba en el desierto de Judá.

Versos 14: "Dios, Dios mío eres tú, De madrugada te buscaré, Mi alma tiene sed de ti, mi carne te anhela, En tierra seca y árida donde no hay aguas, Para ver tu poder y tu gloria., Así como te he mirado en el santuario. Porque mejor es tu misericordia que la vida: Mis labios te alabarán. Así te bendeciré en mi vida; En tu nombre alzaré mis manos."

David huía de su hijo Absalón, quien había usurpado el trono de Israel, (2 Sam. 15. 23-28, 16:2, 17:16). Estando en el exilio orando a Dios, Siba, el criado de Mefiboset le llevó alimento, agua y asnos.

Versos 5-8: "Como de meollo y de grosura será saciada mi alma, Y con labios de júbilo de alabaré mi boca. Cuando me acuerde de ti en las vigilias de la noche. Porque has sido mi socorro, Y así en las sombra de tus alas me regocijaré. Está mi alma apegada a ti: Tu diestra me ha sostenido."

El rey agradece a Dios por la ayuda recibida, y la provisión. Aquellos doscientos panes, cien racimos de pasas, cian panes de higos secos, y un cuero de vino, alimentaron a todos los que iban con David. Con él iba su familia, los cereteos; la policía. Los peleteos; la guardia personal del rey, y los geteos, seiscientos hombres que habían venido de Gat. Este era un milagro de grandes proporciones, como el que haría Jesús siglos más tarde con los cinco panes y dos peces.

Versos 9-11: "Pero los que para destrucción buscaron mi alma Caerán en los sitios bajo de la tierra. Los destruirán a filo de espada; Serán porción de los chacales. Pero el rey se alegrará en Dios; Será alabado cualquiera que jura por él: Porque la boca de los hablan mentira será cerrada."

Todo lo que dijo David en esta profecía se cumplió al pie de la letra. Ahitofel se ahorcó. Absalón fue pasado a espada, y los que iban con él cayeron a espada también.

SALMO # 64

Plegaria pidiendo protección contra los enemigos ocultos.

Al músico principal. Salmo de David.

Versos 1 -6: "Escucha, oh Dios, la voz de mi queja; Guarda mi vida del temor del enemigo. Escóndeme del consejo secreto de los malignos, De la conspiración de los que hacen iniquidad, Que afilan como espada su lengua; Lanzan cual saeta suya palabra amarga, Para asaetear a escondidas al íntegro; De repente lo asaetean, y no temen. Obstinados en su inicuo designio, Tratan de esconder los lazos, Y dicen: ¿Quién nos ha de ver? Inquieren iniquidades, hacen una investigación exacta; Y el íntimo pensamiento de cada uno de ellos, así como su corazón, es profundo."

La batalla es de un solo lado. El justo David tiene multitud de enemigos villanos. De estos hay muchos en el mismo palacio. Por eso le da a Dios una descripción inteligente de ellos. Sus lenguas son como saetas agudas. Se reúnen en secreto para descubrir cosas ocultas que usar contra el rey y derrocarlo.

Verso 7-10: "Mas Dios los herirá con saeta; De repente serán sus plagas, Sus propias lenguas los harán caer; Se espantarán todos los que los vean. Entonces temerán todos los hombres, Y anunciarán la obra de Dios, Y entenderán sus hechos. Se alegrará el justo en Jehová, y confiará en él; Y se gloriarán todos los rectos de corazón."

Aunque todo parece favorecer a los villanos, David se aferra a la promesa de Dios. "La batalla no es no es vuestra, sino de Dios," (2 Crón. 20:15)

SALMO # 65

La generosidad de Dios en la naturaleza.

Al músico principal. Salmo. Cántico de David.

Versos 1-4: "Tuya es la alabanza en Sion, Oh Dios, Y a ti se pagarán los votos. Tú oyes la oración; A ti vendrá toda carne. Las iniquidades prevalecen contra mí; Mas nuestras rebeliones tú las perdonarás. Bienaventurado el que tú escogieres y atrajeres a ti, Para que habite en tus atrios; Seremos saciados del bien de tu casa, De tu santo templo."

Se escucha a alabanza en la congregación de los santos, aquellos a quienes Dios ha atraído a él para que forme parte del Cuerpo de Cristo. Es muy bienaventurado aquel que Dios llama, porque nadie puede venir a Cristo si el Padre no le atrae.

El hombre tiene un hambre espiritual que no puede ser saciada con nada. El que es traído al Señor es para ser saciado de la Palabra, que es el alimento del espíritu.

Versos5-8: "Con tremendas cosas nos responderás tú en justicia, Oh Dios de nuestra salvación. Esperanza de todos los términos de la tierra, Y de los remotos confines del mar. Tú, el que afirma los montes con su poder, Ceñido de valentía; El que sosiega el estruendo de los mares, el estruendo de sus ondas, y el alboroto de las naciones. Por tanto, los habitantes de los fines de la tierra temen de tus maravillas, Tú haces alegrar las salidas de la mañana y de la tarde."

El rey David alaba a Dios por la liberación. Entonces ensalza a Dios por las obras maravillosas de la naturaleza. En todo el mundo el hombre tiembla de terror ante las fuerzas de la naturaleza y claman al Ser Supremo para que los salve de ellas.

¿Se da cuenta de la inmensa responsabilidad de la Iglesia? Romanos 10:13-15 dice: *"El Señor de todos es rico para con todos los que le invocan; porque todo aquel que invocare el nombre del Señor será salvo. ¿Cómo, pues, invocarán a aquel en el cual no han creído? ¿Y cómo creerán en aquel de quien no han oído? ¿Y cómo oirán sin haber quien les predique? ¿Y cómo predicarán si no fueren enviados?"*

Los creyentes han sido enviados a predicar el evangelio a toda criatura. Puede que no quieran oír, pero vendrá el problema, y entonces clamarán. El trabajo nunca es perdido.

Versos 9-13: "Visitas la tierra, y la riegas; En gran manera la enriqueces; Con el río de Dios lleno de aguas, Preparas el grano de ellos, cuando así lo dispones. Haces que se empapen sus surcos, Haces descender sus canales; la ablandas con lluvias, Bendices sus renuevos. Tú coronas el año con tus bienes, Y tus nubes destilas grosura. Destilan sobre los pastizales del desierto, Y los collados se ciñen de alegría. Se visten de manadas los llanos, Y los valles se cubren de grano. Dan voces de júbilo, y aun cantan."

¡La maravilla del amor de Dios y su cuidado a sus criaturas! La lluvia, el sol y el aire fresco son el mantel que Dios pone sobre su mesa para llenarla de alimento. Todo lo que el hombre y el animal necesitan, está en la mesa de Dios. Los animales, las aves y las bestias cantan agradecidos alabando a su Creador por la provisión. ¡Cuánto más agradecido debe estar el hombre!

Lamentablemente, en las tinieblas en que vive el hombre, no puede reconocer la grandeza de Dios y su dependencia vital de él. Es necesario que sea despertado a mirar su necesidad al enfrentarse a los desastres naturales, cuando sus fuerzas y su intelecto quedan paralizados de terror. Entonces, si han oído, clamarán a Dios.

SALMO #66

Alabanza por los hechos poderosos de Dios

Al músico principal. Cántico. Salmo.

Versos 1-7: "Aclamad a Dios con alegría, toda la tierra. Cantad la gloria de su nombre. Poned gloria en su alabanza. Decid a Dios; ¡Cuán asombrosas son tus obras! Por la grandeza de tu poder se someterán a ti tus enemigos. Toda la tierra te adorará, Y cantará a ti; Cantarán a tu nombre. Venid, y ved las obras de Dios, Temible en hechos sobre los hijos de los hombres. Volvió el mar en seco; Por el río pasaron a pie; Allí en él nos alegramos. El señorea con su poder para siempre; Sus ojos atalayan sobre las naciones; Los rebeldes no serán enaltecidos."

El Salmista invita a todos los hombres a venir a alabar a Dios por sus maravillas. Es necesario alabar a Dios. Sin embargo, sólo la Iglesia lo hace con conocimiento.

Jesús le dijo a la Samaritana: *"Vosotros adoráis lo que no sabéis; nosotros adoramos lo que sabemos, porque la salvación viene de los judíos." (Juan 4:22)*

La salvación, el Redentor, Jesús, vino por los judíos. Sin embargo el mundo odia la mención del Nombre de Jesús. Odia a los judíos, y a su vez odia a los creyentes de Jesús.

Moisés fue usado por Dios para abrir el mar, Josué, Elías y Eliseo, fueron usados por Dios y abrieron el Jordán. El Señor está en control del universo, y sus ojos están puestos en las naciones. Los rebeldes y orgullosos, no prosperarán espiritualmente.

Versos 8-12: "Bendecid, pueblos, a nuestro Dios, Y haced oír la voz de su alabanza. Él es quien preservó la vida a nuestra alma, y no permitió que nuestros pies resbalasen. Porque tú nos probaste, oh Dios; Nos ensayaste como se afina la plata. Nos metiste en la red; Pusiste sobre nuestros lomos pesada carga. Hiciste cabalgar hombres sobre nuestra cabeza; Pasamos por el fuego y por el agua, Y nos sacaste a abundancia."

Al hablar del fuego y del agua, parece referirse a la nube de fuego que se reflejaba a los lados del camino abierto del Mar Rojo. Ellos fueron bautizados en el fuego y en el mar, 81 Cor. 10:1-2) El Señor los había probado como el oro. Así el creyentes debe ser probado como el oro, (1 Ped. 1:7).

Versos 13-16: "Entraré en tu casa con holocaustos; Te pagaré mis votos. Que pronunciaron mis labios, Y habló mi boca, cuando estaba angustiado. Holocaustos de animales engordados te ofreceré, Con sahumerio de carneros; Ye ofreceré en sacrificio bueyes y machos cabríos."

El Salmista promete pagar sus votos. Así nosotros, cuando estamos en problemas, le prometemos a Dios muchas cosas, de las cuales muchas veces nos olvidamos, cuando todo regresa a la normalidad.

Sin embargo, Dios no se olvida. La Palabra nos aconseja a no hacer votos a la ligera.

Versos 17-20: "Venid, oído todos los que teméis a Dios, Y contaré lo que hecho a mi alma. A él clamé con mi boca, Y fue exaltado con mi lengua. Si en m i corazón hubiera yo mirado la iniquidad, El Señor no me habría escuchado. Mas ciertamente me escuchó Dios; Atendió mi súplica. Bendito sea Dios, Que no echó de sí mi oración, ni de mí su misericordia."

Vengan y vean, vengan y oigan. Podemos ver las obras de Dios en la historia. Pero sus tratos con el hombre solo pueden ser oídos. Los únicos que pueden estar seguros de oír la voz de Dios, son los que le escuchan a través de Su Palabra. En ella dice que Dios no oye al pecador, a menos que éste se arrepienta y venga a Cristo, el Mediador entre Dios y el hombre.

Dios atiende de oración de los creyentes. Él contesta todas sus peticiones. Unas veces le dice que sí. Otras que no, y otras: más tarde.

SALMO # 67

Exhortación a las naciones, para que alaben a Dios.

Al músico principal; en Neginot. Salmo. Cántico.

Versos 1-7:"Dios tenga misericordia de nosotros, y nos bendiga; Haga resplandecer su rostro sobre nosotros; Para que sea conocido en la tierra tu camino, En todas las naciones tu salvación. Te alaben los pueblos, oh Dios; Todos los pueblos te alaben.

Alégrense y gócense las naciones, Porque juzgarás los pueblos con equidad, Y pastorearás las naciones en la tierra. Te alaben los pueblos, oh Dios; Todos los pueblos te alaben. La tierra dará; Nos bendecirá Dios, el Dios nuestro. Bendíganos Dios, Y témanlo todos los términos de la tierra."

Aquí tenemos el llamado misionero a Israel y a la Iglesia. Es la bendición sacerdotal de los creyentes, (Num.6:24-26). Es también la alabanza de los creyentes a Dios.

SALMO # 68

El Dios del Sinaí y del santuario.

Al músico principal. Salmo de David. Cántico.

Versos 1-4: "Levántese Dios, sean esparcidos sus enemigos, Y huyan de su presencia los que le aborrecen. Como es lanzado el humo, los lanzarás; Como se derrite la cera delante del fuego, Así perecerán los impíos delante de Dios. Mas los justos se alegrarán; se gozarán delante de Dios, Y saltarán de alegría. Cantad a Dios, cantad SALMO a su nombre; Exaltad que cabalga sobre los cielos. JAH es su nombre; alegraos delante de él."

"El Señor marchando va". El vino desde el Sinaí, y se dirige hacia Sion. *"Cuando el arca se movía, Moisés decía: Levántate, oh Jehová, y sean dispersados tus enemigos, y huyan de tu presencia los que te aborrecen."* (Núm. 10:35).

"Al que cabalga en los cielos exaltad, Su Nombre es Jehová. Y ante él alegraos."

Versos 5-6: "Padre de huérfanos y defensor de viudas Es Dios en su santa morada. Dios hace habitar en familia a los desamparados; Saca a los cautivos a prosperidad; Mas los rebeldes habitan en tierra seca."

Este es un retrato del creyente viniendo a Cristo. Él era un huérfano, o una viuda en el campo del enemigo. Al venir a Cristo se unió a la Familia de Dios, y dejó de vivir desamparado. Entonces les condujo a la prosperidad espiritual, mental y material.

Los rebeldes al evangelio viven en un desierto, sin el agua de las bendiciones divinas. Es cierto que los que se unen a otras religiones, habitan en desiertos literales, donde no hay agua, ni comida. La bendición sólo viene por Cristo.

Si la persona es rica materialmente, vive en un desierto espiritual y mental, que es peor que el físico.

Versos 7-10: "Oh Dios, cuando tú saliste delante de tu pueblo, Cuando anduviste por el desierto, La tierra tembló; También destilaron los cielos ante la presencia de Dios; Aquel Sinaí tembló delante de Dios, del Dios de Israel. Abundante lluvia esparciste, oh Dios; A tu heredad exhausta tú la reanimaste. Los que son de tu grey han morado en ella; Por tu bondad, oh Dios, has provisto al pobre."

Dios habitaba en el arca del pacto. El anduvo por el desierto con los israelitas por cuarenta años. Durante ese tiempo no les faltaba nada. ¡Lluvia en el desierto! Esto era un milagro enorme. Nada les faltaba. Como no podían sembrar, ni cosechar, les daba maná del cielo. Ni la ropa, ni los zapatos se envejecían. En los niños los zapatos crecían con ellos. Dios era su proveedor.

Hoy los creyentes viven también de milagro en milagro. No importa cuánto suba la inflación, y el combustible, el Dueño de todo es Dios. El verá que nada falte a sus hijos. ¡Qué mejor Proveedor que nuestro Padre! ¡Maravilloso reposo disfruta el creyente que depende de Dios!

Verso 11: "El Señor daba palabra; Había grande multitud de las que llevaban buenas nuevas."

Aquí esta retratado el ministerio de la mujer. ¿Por qué algunos creen que la mujer no puede ejercer ningún ministerio? Por la mente cerrada de los ignorantes. ¿De dónde salió este concepto tan erróneo? Del mismo lugar que el Talibán; del miedo del hombre a que la mujer sea usada por Dios. Del machismo y de la inseguridad.

¿Puede la mujer predicar? Algunos han tomado la declaración de Pablo a los Corintios y a Timoteo como una doctrina, y la exhiben en el rostro de las mujeres, en cuya vida hay una llamado, y en cuyo corazón arde el fuego del ministerio.

Por desconocer la historia, toman aquellos versos de 1 Cor. 14:34-35, y le tapan las bocas a las mujeres que Dios ha llamado. Ellos dicen: La mujer calle en la congregación: si quieren saber algo pregunten en su casa a sus maridos.

¿Por qué Pablo le escribió esto a los Corintios? 1: La mujer en el medio oriente no era educada, como tampoco lo es la mujer bajo el Talibán. Mientras Pablo predicaba, ellas interrumpían, hablando entre ellas y con sus hijos. Sin embargo, aquel verso choca con el de 1 Cor. 11:5, que dice que la mujer debía predicar y orar en la congregación.

En 1 Tim. 2:12, tenemos el otro hueso de contienda. La mujer no debe enseñar, sino estar en silencio en la congregación. ¿Por qué Pablo declaró esto a Timoteo?

Timoteo era un ministro joven en Éfeso, donde las sacerdotisas de la diosa Diana eran las más celosas de aquel culto falso. Algunas de ellas, como en el caso de la iglesia de Tiatira, (Apoc.2:20), se habían introducido en el iglesia infante. Si no se les tapaba la boca, inducirían al pueblo a las costumbres del culto a Diana. En algunos grupos cristianos se adora a Diana. ¿Cuál es el culto a Diana? La idolatría, la fornicación con los ídolos.

Ahora bien: Si la mujer tiene un llamado a ser pastora. ¡Dios nos ayude! La crucifican. Sin embargo, en Hechos 16 vemos que la pastora de la iglesia de Filipos era Lidia. En Romanos 16, vemos los saludos de Pablo a las pastoras de Roma, Priscila, María, Junia, (apóstol), Trifena y Trifosa, Pérsida, Julia y Olimpas. La carta fue enviada con Febe, la diaconisa.

María Magdalena fue apóstol de los apóstoles. Ella fue la primera mensajera de Jesús después de resucitado, (Juan 20:17).

Los que se oponen al ministerio de la mujer dan señales de ser ignorantes de las Escrituras. "En Cristo ya no hay judío ni griego, no hay esclavo ni libre, no hay varón ni mujer, porque todos vosotros sois uno en Cristo Jesús." (Gal. 3:28).

Versos 12-14: "Huyeron, huyeron reyes de ejércitos, Y las que quedaban en casa repartían los despojos. Bien que fuisteis echados entre los tiestos, Seréis como alas de paloma cubiertas de plata, Y sus plumas con amarillez de oro. Cuando esparció el Omnipotente los reyes de allí, Fue como si hubiere nevado en el monte Salmón."

Estos versos nos recuerdan a Débora, la Juez de Israel, (Jueces 4:4). Débora, una mujer, fue la cuarta Juez de Israel. Jabín, rey de Canaán había venido con novecientos carros contra Israel. Los Israelitas clamaron a Dios, y él envió lluvia que hizo crecer el arroyo de Cisón. Los carros quedaron atascados en el fango. Débora, dirigiendo a Barac, derrotó a los cananeos, pero a su capitán Sísara, lo mató Jael, una mujer, cuando él buscó refugio en su tienda. (Jueces 4:22).

Versos 15-16: "Monte de Dios es el monte de Basán; Monte alto de Basán ¿Por qué observáis, oh montes altos, Al monte que deseó Dios para su morada? Ciertamente Jehová habitará en él para siempre."

David capturó a Jerusalén. Hoy es el sitio de tres religiones. Todos los jefes religiosos son celosos de la ciudad. Los judíos sólo tienen el Muro de los Lamentos, una pared del templo que quedó en pie.

Ellos esperan algún día edificar el templo de nuevo, pero debe ser donde está la Mezquita de Omar, de donde los musulmanes dicen que el yerno de Mahoma, el marido de Fátima, su hija, subió al cielo. Lo que es raro es que Mahoma esté aun enterrado en Medina, en Arabia. Para lograr edificar el templo en ese lugar, debe haber un conflicto que dará entrada a la Gran Tribulación.

Los católicos romanos y ortodoxos tienen varias iglesias. Entre ellos y los musulmanes existe la conexión de Fátima y del rosario. Todos esos "montes" observan al Monte Sión, la Iglesia, el lugar que Dios escogió para habitar, (Salmo 132: 13-18, Cant.1:7-8, Juan 14:23).

Versos 17-20: "Los carros de Dios se cuentan por veintenas de millares de millares; El Señor viene del Sinaí a su santuario. Subiste a lo alto, cautivaste la cautividad, Tomaste dones para los hombres, Y también para los rebeldes, para que habite entre ellos Jah Dios.

Bendito el Señor; cada día nos colma de beneficios El Dios de nuestra salvación. Dios, nuestro Dios ha de salvarnos, Y de Jehová el Señor es el librar de la muerte."

Es un gran privilegio que los rizos cubran nuestro rostro para que no veamos el despliegue del mundo espiritual que nos rodea. Si pudiéramos vislumbrar la gran cantidad de ángeles a nuestro alrededor, y la cantidad de demonios formidables que quieren atacarnos, nuestra mente no lo podría soportar; pero un día se nos cortarán los rizos, y entonces conoceremos como fuimos conocidos.

Efesios 4:8 dice que el Señor Jesús, en su resurrección "llevó cautiva la cautividad." El llevó con él los santos del Seno de Abraham, desde Abel hasta el buen ladrón de la cruz.

En 1 Ped. 3:18-20, tenemos una gran revelación: *"Porque también Cristo padeció una sola vez por los pecados, el justo por los injustos para llevarnos a Dios, siendo a la verdad muerto en la carne, pero vivificado en espíritu; en el cual también fue y predicó a los espíritus encarcelados, los que en otro tiempo desobedecieron, cuando una vez esperaba la paciencia de Dios en los días de Noé, mientras se preparaba el arca, en la cual pocas personas, es decir, ocho, fueron salvadas por agua."*

¿Quiénes eran estos espíritus encarcelados a los que Cristo le predicó en espíritu? Los antediluvianos. ¿Cuándo les predicó en espíritu? Durante los 120 años en que Noé preparaba el arca. ¿Cómo les predicó? Por medio de la Palabra dada a Noé.

Algunos creen que le predicó a los encarcelados del infierno, pero, ¿para qué? De allí no se sale. Tampoco a los del Seno de Abraham, porque ellos estaban justificados por la sangre de los sacrificios. A éstos los llevó con él al cielo. Esta fue la cautividad que él llevó. Por eso se encontraron muchos sepulcros vacíos cuando Cristo resucitó, (Mateo 27: 52-53).

Cristo descendió con dones para los hombres. En Romanos 12 leemos que el Señor da los ministerios, el Padre hace las operaciones de milagros, y el

Espíritu Santo reparte los dones. Estos dones son para la edificación de la Iglesia.

También los corazones de algunos que son rebeldes son tocados por el Señor para engrandecimiento de la Iglesia. El Señor es quien nos ha librado de la muerte espiritual.

Versos 21-23: "Ciertamente Dios herirá la cabeza de sus enemigos, la testa cabelluda de que camina en sus pecados. El Señor dijo: De Basán te haré volver: Te haré volver de las profundidades del mar; Porque tu pie se enrojecerá de la sangre de tu enemigos, Y de ella la lengua de tus perros."

Como Dios de guerra, destruirá a sus enemigos. El promete sacarlos de sus escondites, para que Israel lave sus pies en la sangre de ellos, y para que sus perros se sacien de ellos.

Versos 24- 27: "Vieron tus caminos, oh Dios; los caminos de mi Dios, de mi Rey, en el santuario. Los cantores iban delante, los músicos detrás; En medio, las doncellas con panderos. Bendecid a Dios en las congregaciones; Al Señor, vosotros de la estirpe de Israel. Allí estaba el joven Benjamín, señoreador de ellos, Loa príncipes de Judá en su congregación, Los príncipes de Zabulón, los príncipes de Neftalí."

Después que David capturó Jerusalén, trajo el arca al tabernáculo que había construido para ella. Aquí se describe la procesión camino al santuario. El coro al frente, las doncellas con panderos danzando en medio, y la banda atrás. Todas las tribus están presentes, desde Benjamín y Judá al norte, hasta Zabulón y Neftalí al sur.

Versos 28-31: "Tu Dios ha ordenado tu fuerza; Confirma, oh Dios, lo que has hecho para nosotros. Por razón de tu templo en Jerusalén Los reyes te ofrecerán dones. Reprime la reunión de gentes armadas, La multitud de toros con los becerros de los pueblos, Hasta que todos se sometan con sus piezas de plata; Esparce a los pueblos que se complacen en la guerra. Vendrán príncipes de Egipto; Etiopía se apresurará a extender sus manos hacia Dios."

A medida que el arca va penetrando en el tabernáculo, la gente se une en una plegaria en forma de cántico, llamando a los pueblos de la tierra alabar a Dios. La oración comienza con un llamado a Dios para que muestre su poder en beneficio de su pueblo. Esta oración será contestada en el Milenio, cuando el templo será la gloria de Israel, y los reyes de la tierra traigan presentes de oro e incienso al Gran Rey. (Isa. 60:6)

Versos 32-35: "Reinos de la tierra, cantad a Dios, Cantad al Señor; Al que cabalga en sobre los cielos de los cielos, que son desde la antigüedad; He aquí dará su voz, poderosa voz. Atribuid poder a Dios; Sobre Israel es su magnificencia, Y su poder está en los cielos. Temible eres, oh Dios, desde tus santuarios; El Dios de Israel, él da fuerza y vigor a su pueblo."

Aquí tenemos el llamado a las naciones a adorar al Dios de Israel: el Dios de toda la tierra. Bendecid a Dios.

SALMO # 69

Un grito de angustia

Al músico principal; sobre lirios. Salmo de David.

Versos 1-3: "Sálvame, oh Dios, Porque las aguas han entrado hasta el alma. Estoy hundido en cieno profundo, donde no se puede hacer pie; He venido a abismos de aguas, y la corriente me ha anegado. Cansado estoy de llamar; mi garganta se ha enronquecido; Han desfallecido mis ojos esperando en Dios."

En este Salmo, el profeta David habla de los sufrimientos y la muerte de nuestro bendito Redentor. Para él eran como estar sumergido en el océano de la ira divina. En Lucas 12:50, Cristo dijo: *"De un bautismo tengo que ser bautizado; y ¡cómo me angustio hasta que se cumpla!"*

Versos 4-5: "Se han aumentado más que los cabellos de mi cabeza los que me aborrecen sin causa Se han hecho poderosos mis enemigos, los que me destruyen sin tener por qué. ¿Y he de pagar lo que no robé? Dios, tú conoces mi insensatez, Y mis pecados no te son ocultos."

La multitud enardecida está ante la cruz, llena de veneno, amargura y crueldad. El Creador y Sustentador del Universo está colgando de la cruz de un criminal. Sus asesinos culpables están ante él. ¿Quiénes son? Hombres y mujeres que le deben a él su aliento, sin embargo lo odian sin causa. Ellos sólo quieren destruirle. Lo atacan con mentiras. Pero él conoce su condición de muerte espiritual, y sus pecados que son la consecuencia de ella.

Él dice que debe pagar lo que no robó. El pecado de Adán le robó a Dios el servicio, la honra, la adoración y la obediencia. Al hombre le robó la paz, el gozo y la comunión con Dios. Verdaderamente Cristo tuvo que pagar lo que no robó.

Versos 6-8: "No sean avergonzados por causa mía los que en ti confían, oh, Jehová Señor de los ejércitos; No sean confundidos por mí los que te buscan, oh Dios de Israel. Porque por amor de ti he sufrido afrenta; Confusión ha cubierto mi rostro. Extraño he sido para mis hermanos, Y desconocido para los hijos de mi madre."

Una sobra de terror pasa por la mente del Señor. El teme que sus seguidores pierdan la fe al ver que sus oraciones en la cruz eran contestadas. El oraba porque ninguno se avergüence por lo que le estaba sucediendo a él.

Era por amor y obediencia al Padre que estaba llevando este reproche. Sus seguidores no comprenderían en aquel momento que los sufrimientos suyos eran parte de aquella obediencia. Aun sus hermanos de madre se burlaban de él y le llamaban loco.

Versos 9-12: "Porque me consumió el celo de tu casa; Y los denuestos de los que vituperaban cayeron sobre mí. Lloré afligiendo mi alma, Y esto me sido por afrenta. Pues además cilicio por mi vestido, Y vine a serles por proverbio. Hablaban contra mí los se sentaban a la puerta, Y me zaherían en sus canciones los bebedores."

Cuando Jesús escuchaba a alguien hablar mal de Dios, lo tomaba como un insulto personal. El echó fuera los mercaderes del templo. El celo por la casa de Dios debe consumirnos a nosotros también. Los mercaderes que se han introducido en la congregación, deber ser echados fuera.

Hoy han un gran comercio en la Iglesia. Ya no venden indulgencias, pero venden psicología barata para robar a los que van buscando consuelo y espiritualidad. Estos malvados comerciantes de conciencias, no tienen escrúpulos en usar la Palabra de Dios para sus fines codiciosos y egoístas.

Ellos son como los fariseos, de Mateo 23; Hipócritas, ladrones, mentirosos y ciegos, guías de ciegos, cuyo dios es el vientre.

Versos 13- 18: "Pero yo a ti oraba, oh Jehová, al tiempo de tu buena voluntad; Oh Dios, por la abundancia de tu misericordia, Por la verdad de tu salvación escúchame. Sácame del lodo, y no sea yo sumergido; Sea yo libertado de los que me aborrecen, y de lo profundo de las aguas. No me anegue la corriente de las aguas, ni me trague el abismo. Ni el pozo cierre sobre mí su boca.

Respóndeme Jehová, porque benigna es tu misericordia; Mírame conforme a la multitud de tus piedades: No esconda de tu siervo tu rostro, Porque estoy angustiado, apresúrate y óyeme. Acércate a mi alma, redímela; Líbrame a causa de mis enemigos."

Jesús sabía que el mundo le odiaba, pero él se refugiaba en Dios. Hoy le odia también. Nada ha cambiado, el hombre continúa muerto, muerto espiritualmente, con su odio hacia Dios, y hacia Cristo. La diferencia es que ya el precio ha sido pagado. Ya Cristo no está colgando de la cruz. Hoy es Rey de reyes y Señor de Señores; y ocupa el Trono más sublime del universo.

Hay una salvación esperando por cada hombre, mujer y niño, que reciba a Cristo como Salvador y se someta a su señorío. ¿Quién se les enfrentará con el Evangelio?

¿Quién se atreverá tomar el toro enfurecido por los cuernos, y vencerlo con el amor de Cristo? A usted le venció. A mí me venció. ¿Por qué no a él? Es Cristo quien lo hará a través de usted. Permita que Jesús le use.

Versos 19-21: "Tú sabes mi afrenta, mi confusión y mi oprobio; Delante de ti están mis adversarios. El escarnio ha quebrantado mi corazón, y estoy acongojado. Esperé quien se compadeciese de mí, y no lo hubo; Y consoladores, y ninguno hallé. Me pusieron además hiel por comida, Y en mi sed me dieron a beber vinagre."

Desde su infancia, Jesús había sido perseguido por sus adversarios. El corazón que deseaba en bien del hombre fue roto por el odio de éste. Nadie se compadecía de él. Al fin le dieron a beber vinagre. (Mateo 27: 34-48)

Versos 22-28: "Sean su convite delante de ellos por lazo, Y lo que es para bien, por tropiezo. Sean oscurecidos sus ojos para que no vean, Y haz temblar continuamente sus lomos. Derrama sobre

---

ellos tu ira, Y el furor de tu enojo los alcance, Sea su palacio asolado: En sus tiendas no haya morador. Porque persiguieron al que tú heriste, Y cuentan del dolor de los que tú llagaste. Pon maldad sobre su maldad, Y no entren en tu justicia. Sean raídos del libro de los vivientes, Y no sean inscritos entre los justos."

Es difícil aplicar esto versos al Mesías, porque entran en conflicto con sus palabras en 23:34, "Padre, perdónalos porque no saben lo que hacen." Más bien se pueden aplicar al David, cuando era perseguido por sus enemigos.

Sin embargo, esta profecía se cumplió literalmente en el pueblo que rechazó a su Mesías. Pablo lo aplicó a ellos en Rom. 11:9-19. *"Sea vuelto su convite en trampa y en red. En tropezadero y en retribución; Sean oscurecidos sus ojos para que no vean, y agóbieles la espalda para siempre."*

Desde el año 70 DC al 1,947, el pueblo judío quedó sin nación. Donde quiera que iba, eran objeto de persecución y exterminio. Aun hoy, están rodeados de naciones que procuran su exterminación.

Versos 29-33: "Mas a mí, afligido y miserable, Tu salvación, oh Dios, me ponga en alto. Alabaré yo el nombre de Dios con cántico, Le exaltaré con alabanza. Y agradará a Jehová más que sacrificio de buey, O becerro que tiene cuernos y pezuñas; Lo verán los oprimidos, y se gozarán. Buscad a Dios, y vivirá vuestro corazón, Porque Jehová oye a los menesterosos, Y menosprecia a sus prisioneros."

Estos versos son el Redentor resucitado. Los oprimidos por el diablo clamarán a él y serán libertados. El consejo; Buscad a Dios, para que el espíritu muerto resucite, para que nazca de nuevo, y sea trasladado al reino del Amado.

Versos 34-36: "Alábenle los cielos y la tierra, Los mares, y todo lo que se mueve en ellos. Porque Dios salvará a Sion, y reedificará las ciudades de Judá; Y habitarán allí y la poseerán. La descendencia de sus siervos la heredará. Y los que aman su nombre habitarán en ella."

Esto se cumplió literalmente en el Israel actual, pero se ha cumplido en la Iglesia, la nueva Jerusalén espiritual. Ella es quien canta, alaba y adora al Señor. Hoy hay más de 120 iglesias mesiánicas en Israel.

SALMO # 70

Este Salmo es una repetición del Salmo 40:13-17.

SALMO # 71

Oración de un anciano.

Versos 1-5: "En ti, oh Jehová, me he refugiado; No sea yo avergonzado Jamás. Socórreme, y líbrame en tu justicia; Inclina tu oído y sálvame. Se para mí una roca de refugio, adonde recurra yo continuament4e. Tú has dado mandamiento para salvarme, Porque tú eres mi roca y mi fortaleza. Dios mío, líbrame de la mano del impío, De la mano del perverso y violento. Porque tú, oh Señor, eres mi esperanza, Seguridad mía desde mi juventud."

Aunque no se nos dice el nombre del Salmista, 'podemos pensar que era del anciano rey David. Algunos lo aplican a la oración del remanente de ancianos en Israel. Otros lo aplican al pueblo de Israel en tiempos del Anticristo.

Versos 6-11: "En ti he sido sustentado desde el vientre; De las entrañas de mi madre tú fuiste el que me sacó; De ti será siempre mi alabanza. Como prodigio he sido a muchos, Y tú mi refugio fuerte. Sea llena mi boca de tu alabanza. De tu gloria todo el día. No me deseches en el tiempo de la vejez; Cuando mi fuerza se acabare, no me desampares. Porque mis enemigos hablan de mí, Y los que acechan mi alma consultaron juntamente, Diciendo: Dios lo ha desamparado; Perseguidle y tomadle, porque no hay quien le libre."

El Señor había librado al rey David en muchas ocasiones. Él había sido testigo de las maravillas y prodigios de Dios en su favor. Pero había llegado la vejez; el tiempo de la debilidad. Los enemigos habían tomado ventaja de su vejez para tratar de usurpar el trono y destruirlo.

Para envejecer con hidalguía se necesita más gracia que lo que la naturaleza provee. La vejez es un mundo nuevo de extraños conflictos y temores secretos. Miedo a la soledad, a ser una carga a la familia, miedo a la invalidez, miedo a perder el control de la vida, miedo a ser abusado, asaltado, y a caídas.

Aquí se cumple el dicho "Hijo fuiste, padre serás; según lo hiciste, así lo verás." Y "Todo lo que el hombre sembrare, eso segará." Si hemos sido buenos hijos, y hemos ayudado a los padres es su vejez, el Señor nos suplirá personas que nos cuiden, o nos lleva de este mundo sin problemas de largas enfermedades.

Versos 12-16: "Oh Dios, no te alejes de mí; Dios mío, acude pronto en mi socorro. Sean avergonzados, perezcan los adversarios de mi alma. Sean cubiertos de vergüenza y de confusión los que mi mal buscan. Más yo esperaré siempre. Y te alabaré más y más. Mi boca publicará tu justicia Y tus hechos se salvación todo el día, Aunque no sé su número. Vendré a los hechos poderosos de Jehová el Señor; Haré memoria de tu justicia, de la tuya sola."

Hay una confianza serena en el creyente que depende de Dios. Si hemos dedicado nuestro tiempo a servir al Señor, sirviendo a los demás, podemos esperar una vejez tranquila, rodeada de seres amados.

Versos 17-21: "Oh Dios, me enseñaste desde mi juventud, Y hasta ahora he manifestado tus maravillas. Aun en la vejez y las canas, oh Dios, no me desampares, Hasta que anuncie tu poder a la posteridad, Y tu potencia a todos los que han de venir, Y tú justicia, oh Dios, hasta lo excelso. Tú has hecho grandes cosas; Oh Dios, ¿quién como tú? Tú que me has hecho ver muchas angustias y males, Volverás a darme vida, Y de nuevo me levantarás de los abismos de la tierra. Aumentarás mi grandeza y volverás a consolarme."

El temor se ha convertido en alabanza. Este el secreto de la vida victoriosa del creyente. David recuerda las victorias, los milagros pasados, por eso espera confiado en los milagros y la protección futura. ¿Cómo se obtiene? ¡Adorando a Dios ahora!

Es muy importante enseñar a la juventud y la niñez el evangelio de Cristo, para que ellos a su vez sean portadores del mismo a las generaciones futuras. No descuidemos a los jóvenes y los niños. Ellos son el futuro. Si los descuidamos, en la instrucción de la Palabra, serán presa fácil del diablo.

Muchos pastores descuidan la juventud y la niñez. Es cierto que los mantienen en la congregación, con programas y entretenimientos, pero esto no es tan necesario como sembrar el evangelio en sus corazones.

Por otra parte, si la familia en creyente, los padres tienen la sagrada obligación de enseñar a sus hijos, primero con el ejemplo, y como sacerdotes de su hogar, ministrarles la Palabra de Dios. Si no lo hacen, serán traspasados de muchos dolores al ver sus hijos cautivos por el diablo.

Versos 22-24: "Asimismo yo te alabaré con instrumento de salterio, Oh Dios mío; tu verdad cantaré a ti en el arpa, Oh Santo de Israel. Mis labios se alegrarán cuando cante a ti, Y mi alma, la cual redimiste. Mi lengua hablará también de tu justicia todo el día; Por cuanto han sido avergonzados, porque han sido confundidos los que mi mal procuraban."

Habiendo recibido la respuesta a la petición, el Salmista se dedica a la contemplación, la adoración y la alabanza a Dios. Así el creyente alaba y bendice a Dios por su liberación del poder del enemigo.

SALMO # 72

El reino de un rey justo. Para Salomón.

Versos 1-4: "Oh Dios, da tus juicios al rey, Y tu justicia al hijo del rey. El juzgará a tu pueblo con justicia, Y a tus afligidos con juicio. Los montes llevarán paz al pueblo, Y los collados justicia. Juzgará a los afligidos del pueblo, Salvará a los hijos del menesteroso, Y aplastará al opresor."

Este Salmo puede titularse: "El reino glorioso del Mesías." El salmista comienza esta oración por un monarca. Posiblemente Salomón, pero veremos que es realmente una profecía del Reino de Cristo, donde el cansado mundo, tendrá la edad de oro por la que tanto suspira. La Creación dejará de gemir, y la prosperidad florecerá.

Versos 5-8: "Te temerán mientras duren el sol Y la luna, de generación en generación. Descenderá como lluvia sobre la hierba cortada; Como el rocío que destila sobre la tierra. Florecerá en sus días la justicia, Y muchedumbre de paz, hasta que no haya luna. Dominará de mar a mar, Y desde los confines del río hasta los confines de la tierra.

Aquí el Salmista describe al verdadero Melquisedec, el Rey de paz y de Justicia. Durante el reino de Cristo la paz abundará y la justicia florecerá. Esto no puede verse bajo el reino de ningún rey humano.

Versos 8-11: "Dominará de mar a mar, Y desde el río hasta los confines de la tierra. Ante él se postrarán los moradores del desierto. Y sus enemigos lamerán el polvo. Los reyes de Tarsis y de las costas traerán presentes; Los reyes de Sabá y de Seba ofrecerán dones. Todos los reyes se postrarán delante de él, Todas las naciones le servirán."

Esto se cumplirá totalmente en la Nueva Jerusalén, (Apoc.21:24-26). Sin embargo hemos visto algo de su cumplimiento en la iglesia. Reyes, Presidentes y altos dignatarios, se han inclinado ante el Rey de reyes, a través de los siglos. Aquí está la profecía de la conversión de los árabes al Mesías en el milenio.

En tiempos de Salomón, los reyes traían presentes al rey. La reina de Seba, los de las islas, y de los países traían presentes al rey Salomón.

Versos 12-14: "Porque él librará al menesteroso que clamare, Y al afligido que no tuviere quien le socorra. Tendrá misericordia del pobre y del menesteroso, Y salvará la vida de los pobres. De engaño y violencia redimirá sus almas, Y la sangre de ellos será preciosa ante sus ojos."

Esta es una profecía de Cristo también. David, al bendecir a su hijo Salomón, da detalles del carácter del Mesías. Es cierto que Salmón fue muy sabio y justo en sus juicios, como lo vemos en 1 Reyes 3: 16-27, en el juicio de dos mujeres que decían ser suyo un niño.

Sin embargo, Cristo es quien libra al menesteroso que ora a él. Es quien socorre al afligido, tiene misericordia del pobre de espíritu, redime el alma que le busca.

Versos15-20: "Vivirá, y se le dará del oro de Sabá, Y se orará por él continuamente; todo el día se le bendecirá. Será echado un puñado de grano en la tierra, en las cumbres de los montes; Su fruto hará ruido como el Líbano, Y los de la ciudad florecerán como la hierba de la tierra. Será su nombre para siempre, Se perpetuará su nombre mientras dure el sol. Benditas serán en él todas las naciones; Lo llamarán bienaventurado. Bendito Jehová Dios, el Dios de Israel, El único que hace maravillas. Bendito su nombre glorioso para siempre, Y toda la tierra sea llena de su gloria. Amén y Amén.

Aquí terminan las oraciones de David, hijo de Isaí."

Las oraciones de David terminan con esta maravillosa profecía del reino del Mesías. Los Salmos son oraciones cantadas.

****

LIBRO TERCERO

SALMO # 73

El destino de los malos. Salmo de Asaf.

Versos 1-3: "Ciertamente es bueno Dios para con Israel, Para con los limpios de corazón. En cuanto a mí, casi se deslizaron mis pies; Por poco resbalaron mis pasos. Porque tuve envidia de los arrogantes, viendo la prosperidad de los impíos."

Asaf era un levita de la línea de Aarón. Él era músico y cantor en el tabernáculo de David. El sonaba los címbalos., (1 Crón. 16:5)

Asaf habla en este Salmo. El título puede ser "El dilema de la fe." Él sabía que Dios era bueno con Israel, con los de corazón puro, pero una vez la duda le llegó a su mente, y se puso a razonar. Los razonamientos son enemigos de la fe. (Rom.8:7). El miró que los malvados progresaban. Tenían mucho dinero, muchos placeres, no problemas, y por un momento deseó ser como ellos.

Versos 4-9: "Porque no tienen congojas por su muerte, Pues su vigor está entero. No pasan trabajos como los otros mortales, Ni son azotados como los demás hombres. Por tanto, la soberbia los corona; Se cubren de vestido de violencia. Los ojos se les saltan de gordura: Logran con creces los antojos del corazón. Se mofan y hablan con maldad de hacer violencia; hablan con altanería. Ponen su boca contra el cielo, Y su lengua pasea la tierra."

Asaf contempla a los ricos. Ellos no tienen tantos dolores físicos como los pobres, porque pueden pagar por los mejores médicos. Por eso son tan orgullosos como el pavo real, y tan peligrosos como los tigres. Así como su cuerpo engorda, su mente se derrama con planes morbosos. Tratan sus trabajadores como seres inferiores. Ni aun Dios escapa a su malicia. Su lengua se pasea por la tierra como diciendo: "Quítate del medio, porque aquí vengo yo."

Versos 10-14: "Por eso Dios hará volver a su pueblo aquí, Y aguas de abundancia serán extraídas para ellos. Y dicen: ¿Cómo sabe Dios? ¿Y hay conocimiento en el Altísimo? He aquí estos impíos, Sin ser turbados del mundo, alcanzaron riquezas. Verdaderamente en vano he limpiado mi corazón, Y lavado mis manos en inocencia; Pues he sido azotado todo el día, Y castigado todas las mañanas."

La fe de Asaf parece estar flaqueando. La mayoría de la gente piensa que los ricos son grandes y se inclinan ante ellos; los ven como sin faltas. Esto afirma a los opresores en su arrogancia. Ellos piensan que si hay Dios, no sabe lo ellos hacen. Así que se sienten como si estuvieran por encima de la ley.

Asaf, en sus razonamientos pensaba que estaba perdiendo su tiempo en servirle a Dios. Así muchos creyentes bebés creen que pierden el tiempo orando o estudiando la Palabra; o contribuyendo para la Obra de Dios, o hablando a los perdidos; pues todo lo que reciben son pruebas y más pruebas. Ellos no saben que han entrado a la escuela de Dios, donde deben ser pulidos para el servicio. Cada obra, cada oración, cada Palabra, la encontrará en el resto del camino al cielo. El remedio inmediato para esta situación está en el Salmo 37.

Versos 15-17: "Si dijera yo: Hablaré como ellos, He aquí, a la generación de tus hijos engañaría. Cuando pensé para saber esto, Fue duro trabajo para mí. Hasta que entrando en el santuario de Dios. Comprendí el fin de ellos."

El Levita no le dijo a nadie acerca de sus dudas. Él no quería hacer tropezar a los más débiles que él. Entonces entró al santuario; se sentó a los pies de los maestros, y allí le instruyeron en la Palabra. Entonces pudo comprender el misterio.

Así también, todas las incógnitas que tienen los nuevos convertidos, son contestadas por la Palabra de Dios. Ella es la luz que va iluminando la conciencia, alimentando el espíritu, desvaneciendo las dudas y desarrollando la fe.

En Juan 3, tenemos la historia de Jesús y Nicodemo. Jesús le dijo que debía nacer de nuevo del Espíritu para que pudiera ver el reino de Dios. El nuevo convertido ve el reino de Dios.

Entonces le dijo a Nicodemo que debía nacer del agua para poder entrar en el reino de Dios, (1 Ped. 1:23, Sant.1:18). Una cosa es ver y otra cosa es entrar. Para entrar debemos nacer del agua; la Palabra. Así que el creyente pasa por dos nacimientos: el nuevo nacimiento, cuando se convierte a Cristo, y el nacimiento del agua, la Palabra, la renovación de la mente, (Efesios 4:23).

El Levita había estado viendo el reino de Dios, pero no había entrado al santuario.

Versos 18-22: "Ciertamente los has puesto en deslizaderos; En asolamientos los harás caer. ¡Cómo han sido asolados de repente! Perecieron, se consumieron de terrores. Como sueño del que despierta, Así, Señor, cuando despertares menospreciarás su presencia. Se llenó de amargura mi alma Y en mi corazón sentía punzadas. Tan torpe era yo, que no entendía; Era como una bestia delante de ti."

Asaf al fin se dio cuenta que había estado mirando sombras. Había estado envidiando la prosperidad efímera de los ricos, sin darse cuenta que la verdadera riqueza es la espiritual. Entonces le pide perdón a Dios.

Por eso es un error tratar que los hermanos pongan su prioridad en las cosas materiales. Cuando lo hacemos, le estamos desviando la mirada de lo verdadero, y haciendo que miren sombras que pasan.

Versos 23-28: "Con todo, yo siempre estuve contigo; Me tomaste de la mano derecha. Me has guiado según tu consejo, Y después me recibirás en gloria. ¿A quién tengo yo en los cielos sino a ti? Mi carne y mi corazón desfallecen. Mas la roca de mi corazón y mi porción es Dios para siempre. Porque he aquí, los que se alejan de ti perecerán; Tú destruirás a todo aquel que de ti se aparta. Pero en cuanto a mí, el acercarme a Dios es el bien; He puesto en Jehová el Señor mi esperanza, Para contar todas sus obras."

Deja que los ricos y los que no tienen a Dios, disfruten de las riquezas y los placeres del mundo. Esa es su porción, (Lucas 1625). Mi porción es Dios.

Los que se alejan de Dios, los descarriados perecerán. Esta amenaza debe llenar de pavos a aquellos que se apartan de los caminos de Dios. Estos versos cortan de un tajo la doctrina de los que creen que "Salvos, siempre salvos." El Levita decidió dedicar el resto de su vida a predicar a los demás acerca de Dios.

SALMO # 74

Apelación a Dios en contra el enemigo.

Masquil de Asaf

Versos 1-3: "1-3: "¿Por qué, oh Dios, nos has desechado para siempre? ¿Por qué se ha encendido tu furor contra las ovejas de tu prado? Acuérdate de tu congregación, la que adquiriste desde tiempos antiguos, La que tú redimiste para hacerla para hacerla la tribu de tu herencia; Este monte de Sion, donde has habitado. Dirige tus pasos a los asolamientos eternos, A todo el mal que el enemigo ha hecho en el santuario."

Esta es la profecía de la oración que los judíos hacen en el Muro de los Lamentos. En el pasado habían sido oprimidos por los egipcios, Senaquerib, Nabucodonosor, Antioco, Tito, y al fin los serán del Anticristo.

El mal más terrible que se había hecho al santuario, lo habían hecho los mismos israelitas. Muchos de sus reyes idólatras, como Manasés, quien reinó sobre Judá cincuenta y cinco años, quien hizo altares a la astrología, (2 Reyes 21).

Desde el tiempo de los Jueces, Israel se había olvidado de Dios, abandonado el Tabernáculo. En tiempos de Jesús, los sacerdotes habían convertido el Templo en un mercado. En violación de la Ley que mandaba que sólo hubiera un Sumo Sacerdote, había cinco; Caifás, Anás, Juan y Alejandro, eran saduceos, o ateos (Hechos4:6).

En Eze. 8, el Señor le mostró en visión a Ezequiel las abominaciones que se hacían en el templo, lo cual provocó que la gloria de Dios abandonara el Templo, (Eze. 18), e hiciera su residencia el Monte de los Olivos.

Versos 4-8: "Tus enemigos vociferan en medio de tus asambleas; Han puesto divisas por señales. Se parecen a los que levantan el hacha en medio de tupido bosque. Y ahora con hachas y martillos Han quebrado todas sus entalladuras. Han puesto a fuego el santuario, Han profanado el tabernáculo de tu nombre, echándolo a tierra. Dijeron en sus corazón; destruyámoslos de una vez; Han quemado todas las sinagogas de Dios en la tierra."

Esta es la profecía de lo que sucedería cuando los babilonios quemaran a fuego el templo de Salomón, en la cautividad de los judíos. Más tarde, el año 70 DC, los romanos quemaron el templo de Zorobabel.

El escritor Josefo, cuenta que algunos trataron de volver a construir el templo el año 70, y cuando echaron el cimiento, salió fuego del suelo y lo quemó. Hoy en su lugar está la Mezquita de Omar, un lugar sagrado de los musulmanes.

Versos 9-14: "No vemos ya nuestras señales; No hay más profeta, Ni entre nosotros hay quien sepa hasta cuándo. ¿Hasta cuándo, oh Dios, nos afrentará el angustiador? ¿Ha de blasfemar el enemigo perpetuamente tu nombre? ¿Por qué retraes tu mano? ¿Por qué escondes tu diestra en tu seno?

Pero Dios es mi rey desde tiempo antiguo; El que obra salvación en medio de la tierra. Dividiste el mar con tu poder; Quebrantaste las cabezas de los monstruos en las aguas. Magullas te las cabezas del leviatán. Y lo diste por comida a los moradores del desierto."

La oración del pueblo de Israel era por tres cosas: 1: No había profeta. Durante 400 años desde Malaquías a Juan el Bautista, no hubo profeta entre ellos. 2: No había señales. 3: Nadie sabía cuánto tiempo duraría su miseria.

También el pueblo le hacía cuatro preguntas a Dios. 1: ¿Por cuánto tiempo los adversarios los ridiculizarían? 2: ¿Permitiría Dios que Su Nombre fuera difamado indefinidamente? 3: ¿Por qué Dios no actuaba para detener la destrucción? 4: ¿Por qué tenía su mano escondida en su seno?

Entonces le recuerda a Dios que él es su Rey Salvador. Que usó a Moisés para liberar al pueblo y derrotó al ejército que los perseguía, que eran como serpientes marinas. Destruyó el poder del Faraón cuyo símbolo eran los inmensos cocodrilos del río Nilo.

En Isaías 27: 1, se nos dice que el leviatán, serpiente veloz, era Asiria. El leviatán serpiente tortuosa, era Babilonia, y Egipto era el dragón.

Versos 15-19: "Abriste la fuente y el río; Secaste ríos impetuosos. Tuyo es el día, tuya también es la noche; Tú estableciste la luna y el sol. Tú fijaste todos los términos de la tierra; El verano y el invierno tú los formaste. Acuérdate de esto: que el enemigo ha afrentado a Jehová. Y el pueblo insensato ha blasfemado tu nombre. No entregues a las fieras el alma de tu tórtola, Y no olvides para siempre la congregación de tus afligidos."

El pueblo le recordó a Dios que él había abierto fuentes en el desierto, por eso le piden que no los abandone su tórtola en las garras del monstruo de Babilonia.

Versos 20-23: "Mira el pacto, Porque los lugares tenebrosos de la tierra están llenos de habitaciones de violencia. No vuelva avergonzado el abatido; El afligido y el menesteroso alabarán tu nombre. Levántate, oh Dios, aboga tu causa; Acuérdate de cómo el insensato te injuria cada día. No olvides las voces de tus enemigos; El alboroto de los que se levantan contra ti sube continuamente."

Los fieles entre los judíos le pedían a Dios que recordara el pacto de Abraham, y la destrucción de sus enemigos. En el final de esta oración, podemos vislumbrar el estado espiritual de aquellos religiosos. Tanto ellos como los paganos estaban muertos espiritualmente. Todos tenían la gran necesidad de que viniera el Redentor.

La diferencia entre ellos y la Iglesia, es que el creyente ora por los enemigos, para que Dios los salve, y que de enemigos pasen a ser hermanos.

SALMO # 75

Dios abate al malo y exalta al justo.

Al músico principal; sobre No destruyas. Salmo de Asaf. Cántico.

Versos 1-5: "Gracias te damos, oh Dios, Gracias te damos, Pues cercano está tu nombre; Los hombres cuentan tus maravillas. Al tiempo que señalaré Yo juzgaré rectamente. Se arruinaban la tierra y sus moradores; Yo sostengo sus columnas. Dije a los insensatos; No os infatuéis; Y a los impíos: No os enorgullezcáis; No hagáis alarde de vuestro poder; No habléis con cerviz erguida."

La oración del Salmo 74 sería contestada a su debido tiempo. El Señor les contestó que él está en control de universo. Cada ser humano estaba siendo pesado en la balanza. El aviso es dado a los insensatos, los orgullosos y a los poderosos, que hacen alarde de su poder independientes de Dios.

Versos 6-8: "Porque ni de oriente, ni de occidente, Ni del desierto viene el enaltecimiento. Mas Dios es el Juez; A éste humilla, y a aquel enaltece. Porque el cáliz está en la mano de Jehová, y el vino está fermentado, Lleno de mistura; y él derrama del mismo; hasta el fondo lo apurarán."

La copa de la ira está en la mano de Dios. Él es el Juez. Muchos en la historia de Israel, lo apuraron hasta el fondo. Egipto, Asiria, Babilonia, Antíoco Epífanes, y Roma en el pasado, lo apuraron hasta la última gota; y el Anticristo y el diablo la beberán en el futuro.

Versos 9-10: "Pero yo siempre anunciaré Y cantaré alabanzas al Dios de Jacob. Quebrantaré todo el poderío de los pecadores, Pero el poder del justo será exaltado."

El Salmo concluye con la seguridad del juicio de los pecadores ante el Trono Blanco al fin del Milenio, (Apoc. 20:11-15).

SALMO # 76

El Dios de la victoria y el juicio.

Al músico principal; sobre Neginot.

Salmo de Asaf. Cántico.

Versos 1-6: "Dios es conocido en Judá: En Israel es grande su nombre. En Salem está su tabernáculo, Y su habitación en Sion. Allí quebró las saetas del arco, El escudo, la espada y las armas de guerra. Glorioso eres tú, poderoso más que los montes de Caza. Los fuertes de corazón fueron despojados, durmieron su sueño; No hizo uso de sus manos ninguno de los varones fuertes. A tu reprensión, oh Dios de Jacob, El carro y el caballo fueron entorpecidos."

Este Salmo parece ser la profecía de la victoria de Judá sobre el Senaquerib, en tiempos del buen rey

Ezequías, (2 Reyes 18:13-19-37). En una sola noche el Ángel de Jehová mató 185,000 asirios, en repuesta a la oración del rey.

Versos 7-10: "Temible eres tú; ¿Y quién podrá estar en pie delante de ti cuando se encienda tu ira? Desde los cielos hiciste oír juicio; La tierra tuvo temor y quedó suspensa Cuando te levantaste, oh Dios, para juzgar, Para salvar a los mansos de la tierra. Ciertamente la ira del hombre te alabará; Tú reprimirás el resto de las iras."

Dios debe ser temido. Cuando pronuncia juicio en el cielo, la tierra queda en suspenso, como la calma antes de la tempestad. Entonces Dios da un paso adelante para salvar a su pueblo.

Él tiene una forma maravillosa de hacer que la ira de los hombres le alabe. Al que no le alaba, él, como un general, le pone la espada en el cuello.

Versos 11-12: "Prometed, y pagad a Jehová vuestro Dios; Todos los que están alrededor de él, traigan ofrendas al Temible. Cortará él el espíritu de los príncipes; Temible es a los reyes de la tierra."

En vista de la grandeza y la gloria de Dios, Judá es exhortada a hacer votos a y a pagarlos. Entonces las naciones gentiles que rodean a Israel son aconsejadas a traer presentes al Dios de Israel.

SALMO # 77

Meditación sobre los hechos poderosos de Dios.

Al músico principal; para Jedutún. Salmo de Asaf.

Versos 1-10: "Con mi voz clamé a Dios, A Dios clamé, y él me escuchará. Al Señor busqué en el día de mi angustia; Alzaba a él mis manos de noche, sin descanso; Mi alma rehusaba consuelo. Me quejaba, y desmayaba mi espíritu. Me acordaba de Dios, y me conmovía; No me dejabas pegar los ojos; Estaba yo quebrantado, y no hablaba.

Consideraba los días desde el principio, Los años de los siglos. Me acordaba de mis cánticos de noche; Meditaba en mi corazón, Y mi espíritu inquiría; ¿Desechará el Señor para siempre, Y no volverá a sernos propicio? ¿Ha cesado para siempre su misericordia? ¿Se ha acabado perpetuamente su promesa? ¿Ha olvidado Dios el tener misericordia? ¿Ha encerrado con ira sus piedades? Dije: Enfermedad mía es esta; Traeré, pues, a la memoria los años a la diestra del Altísimo."

En estos diez versos primeros, el Salmista Asaf tiene un gigantesco caso de introspección. Encontramos que hablaba consigo mismo, pues usaba las palabras "yo", "me", y "mis" veinte veces, y se refirió a Dios siete veces. Aquí vemos el retrato del creyente que no ha renovado su mente con la Palabra. El que no ha aprendido a entrar en el reposo en Cristo, ni a confiar en que Dios está en control.

Tal vez una enfermedad había tocado su cuerpo. En su miseria, sólo pensaba en él mismo. A pesar de su incesante oración, se quejaba de que no tenía descanso. Mientras más meditaba, más melancólico se tornaba.

Entonces acusó a Dios por su insomnio, y pensó que Dios le había abandonado; y preguntaba si Dios le había abandonado.

Así muchos de nosotros, cuando estamos en problemas, especialmente de salud, somos tentados a pensar que es un castigo de Dios por algún pecado, o que ya Dios no nos escucha. Queremos que Dios haga un milagro instantáneo, y si no lo hace, entonces empezamos a dudar de su amor y de su poder.

Se nos olvida que el cuerpo se desgasta, que hay millones de gérmenes de enfermedad, que muchas veces hemos violado la ley del cuerpo, que este cuerpo es de tierra, pero sobre todo, que el Señor es quien sana todas nuestras dolencias, (Salmo 103:3). Tenemos miedo a la muerte, sin darnos cuenta que para el creyente, la muerte es solo el mensajero que nos lleva de regreso al hogar celestial. (Esta es la mente sin renovar por la Palabra de Dios, que sólo piensa en el yo).

Versos 11-15: "Me acordaré de las obras de JAH; Si, haré yo memoria de tus maravillas antiguas. Meditaré en todas tus obras, Y hablaré de tus hechos. Oh Dios, santo es tu camino; ¿Qué dios es grande como nuestro Dios? Tú eres el Dios que hace maravillas; Hiciste notorio en los pueblos tu poder. Con tu brazo redimiste a tu pueblo, A los hijos de Jacob y de José."

El remedio de Asaf fue salir del yo, y enfocar sus pensamientos en las obras de Dios. Esta es la diferencia entre el creyente bebé, y el creyente maduro, el que tiene su mente renovada.

Versos 16-20: "Te vieron las aguas, oh Dios, las aguas te vieron, y temieron; Los abismos también se estremecieron. Las nubes echaron inundaciones de aguas; Tronaron los cielos, Y discurrieron tus rayos. La voz de tu trueno estaba en el torbellino; Tus relámpagos alumbraron el mundo; Se estremeció y tembló la tierra. En el mar fue tu camino, Y tus sendas en las muchas aguas; Y tus pisadas no fueron conocidas. Condujiste a tu pueblo como ovejas Por mano de Moisés y de Aarón."

Asaf cantó Dios en medio de su enfermedad. El recordó la Palabra que registraba las maravillas y los milagros del pasado. Descubrió el secreto de la fe que espera con paciencia el tiempo y la voluntad de Dios.

SALMO # 78

Fidelidad de Dios hacia su pueblo infiel.

Masquil de Asaf.

Versos 1-4: "Escucha, pueblo mío, mi ley; Inclinad vuestro oído a las palabras de mi boca. Abriré mi boca en proverbios; Hablaré cosas escondidas desde tiempos antiguos.´, las cuales hemos oído y entendido; Que nuestros padres nos contaron. No las encubrieron a sus hijos, Contando a la generación venidera las alabanzas de Jehová, Y su potencia, y las maravillas que hizo."

El Espíritu Santo parece decirnos: "Aprended de la historia." ¿Quién podrá enseñar mejor a sus hijos que los padres? Así nuestro Padre celestial nos instruye por medio de su Palabra, para que nosotros hagamos lo mismo con nuestros hijos.

Versos 5-8: "El estableció testimonio en Jacob, Y puso ley en Israel, La cual mandó a nuestros padres Que la notificasen a sus hijos; Para que lo sepa la generación venidera, y los hijos que nacerán; Y los que se levantarán lo cuenten a sus hijos, A fin de que pongan en Dios s confianza, Y no se olviden de las obras de Dios; Que guarden su mandamientos, Y no sean como sus padres, Generación contumaz y rebelde: Generación que no dispuso su corazón, Ni fue fiel para con Dios su espíritu."

Debemos instruir a nuestros hijos en la fe y la confianza en Dios. No debemos esconder de ellos las consecuencias funestas de la rebeldía y la desobediencia a su ley. Es muy importante dedicar tiempo a la Palabra, para que refine nuestra conducta, y así poder servir de ejemplo a los hijos.

Es muy peligroso dejar la instrucción de los hijos a los maestros de escuela dominical. Ellos, al fin nos imitarán a nosotros. ¡Qué responsabilidad tan grande tienen los padres! No es suficiente alimentar su cuerpo físico, ni desarrollar su intelecto. Esto es muy bueno, pero si descuidamos al espíritu, habremos perdido el tiempo, porque tanto el cuerpo como en intelecto se destruyen con la muerte, más el espíritu vive para siempre en el cielo o en el infierno.

Dios ha ordenado que el padre creyente sea el sacerdote de su hogar. Esto envuelve perfecta conducta, porque si enseñamos al niño; "Haz como yo digo; no como yo hago", estaremos engañándonos a nosotros mismos, porque ellos harán como nosotros hacemos, no lo que le decimos.

Versos 9-16: "Los hijos de Efraín, arqueros armados, Volvieron las espaldas en el día de la batalla. No guardaron el pacto de Dios, Ni quisieron andar en su ley; Sino que se olvidaron de sus obras. Y de sus maravillas que les había mostrado. Delante de sus padres hizo maravillas En la tierra de Egipto, en el campo de Zoan. Dividió el mar y los hizo pasar; Detuvo las aguas como en un montón. Les guio de día con nube, Y toda la noche con resplandor de fuego. Hendió las peñas en el desierto, Y les dio a beber como de grandes abismos, Pues sacó de la peña corrientes, E hizo descender aguas como ríos."

Las experiencias de los israelitas fueron dejadas en registro para que nos sirvan de ejemplo a nosotros. (1 Cor.10) No debemos pasar por alto el hecho que los israelitas que salieron de Egipto, era una nación de esclavos. Su cultura era de esclavitud. No conocían la libertad, mucho menos mantenerla. Dios vio que era necesario llevarlos al desierto, primero para quitarles la idolatría, darles legisladores y maestros, para hacer de ellos una nación poderosa.

La palabra no registra la historia de Israel para entretenernos como un cuento de hadas, sino para que la experiencia de ellos nos sirvan de instrucción y de experiencia. Ella nos hará vislumbrar algo de lo que nos espera en el camino al cielo. Nos mostrará tanto las victorias, como los fracasos, los problemas y las dificultades que encontraremos en nuestro viaje a la Canaán celestial.

El creyente salió de la esclavitud del diablo y de la cultura del mundo. Por tanto debe ser puesto bajo la tutela de pastores y maestros, quienes con la Palabra vayan formando un creyente maduro y útil. Deben habitar en la congregación, donde comerán el maná, y serán testigos de los milagros, hasta que estén maduros para entrar a la Canaán celestial. La Iglesia militante habita en el desierto del mundo, debajo de la nube, bebiendo agua de la Roca.

Ahora bien: ¿Por qué doce tribus, y no una sola tribu compuesta de todo el pueblo? Aquí está la sabiduría divina. Cada tribu tenía un lugar y un trabajo especial en beneficio de todo el pueblo. Así es en la iglesia. El cuerpo tiene muchos miembros y diversas funciones. Esto es para que nos necesitemos y nos ayudemos unos a otros, así como se ayudan los miembros de nuestro cuerpo físico.

Efraín era el hijo menor de José. Él fue quien heredó la primogenitura, (Gen. 48). Los israelitas marchaban por el desierto, pero acampaban en forma de cruz, Núm. 2 nos dice que al Este estaba Judá, Isacar, y Zabulón, uno detrás del otro. 186, 400. Estos formaban la parte más larga de la cruz.

Al Sur Estaba Rubén, detrás de él estaba Simeón seguido de Gad. 151, 450. Estos formaban uno de los brazos de la cruz. Los levitas estaban en el centro de la cruz con el tabernáculo.

Efraín acampaba en el Oeste. Seguidos de Manasés y Benjamín. Estos formaban la cabeza de la cruz; 108,100. Al Norte, estaba Dan, seguido de Aser, y Neftalí; 157,600. Estos formaban el otro brazo de la cruz, mirando hacia el Norte. Las doce tribus, contaban con un ejército de 603,550 soldados. ¿Se da cuenta por qué el brujo Balaán tuvo que bendecirlos? (Núm. 23 y 24).

Cuando las tribus se dividieron en tiempos de Roboam, (1 Reyes 12), las diez tribus se conocieron con el nombre de Efraín. Jeroboam se volvió rey de las diez tribus. El rey no quiso que las tribus fueran a Jerusalén al templo, por miedo a que se unieran a Judá y Benjamín. Por cuestiones políticas le hizo un altar de becerros en Dan y otro en Bet-el. Así las diez tribus se envolvieron en la idolatría. Su pecado mayor fue de ingratitud, rebelión, y violación de pacto.

El pueblo se olvidó de los milagros de Dios que los padres les habían contado de generación en generación, y los hijos comenzaron a adorar a Baal y Astoret, dioses de los países vecinos.

Versos 17-20: "Pero aún volvieron a pecar contra él, Rebelándose contra el Altísimo en el desierto; Pues tentaron a Dios en su corazón, Pidiendo comida a gusto. Y hablaron contra Dios, diciendo: ¿Podrá poner mesa en el desierto? He aquí ha herido la peña, y brotaron las aguas, Y torrentes inundaron la tierra. ¿Podrá dar también pan? ¿Dispondrá carne para su pueblo?"

El Dios que había dado agua de la peña, el que había herido la montaña, dando torrentes de aguas para tantas personas en el desierto; Se ha descubierto que debajo del desierto corren ríos gigantescos. ¿Sería capaz de dar carne para tres millones de personas?

Versos 21-31: "Por tanto oyó Jehová, y se indignó; Se encendió el fuego contra Jacob, Y el furor subió también contra Israel, Por cuando no habían creído a Dios, Ni habían confiado en su salvación. Sin embargo, mandó a las nubes de Arriba, Y abrió las puertas de los cielos, E hizo llover maná para que comiesen, Y les dio trigo de los cielos. Pan de nobles comió el hombre; Les envió comida hasta saciarlos. Movió el solano en el cielo, Y trajo con su poder el viento del sur, E hizo llover sobre ellos carne como polvo, Como arena del mar, aves que vuelan.

Las hizo caer en medio del campamento, Alrededor de sus tiendas. Comieron y se saciaron; Les cumplió su deseo. No habían quitado de sí su anhelo, Aún estaba la comida en su boca, Cuando vino sobre ellos el furor de Dios, E hizo morir a las más robustos de ellos, y derribó a los escogidos de Israel."

Dios les había dado el maná, pero ellos querían carne. Números 11 nos da la historia de las codornices. Del sur se levantó el viento que trajo del mar tantas aves que el que menos tomó tenía diez montones.

Con la carne vino la plaga. Aquel lugar se llamó; Kibrot-hataava, o Tumbas de los codiciosos. El pueblo no volvió a pedir carne. Dios no toleró el pecado de la codicia. ¿Cree usted que lo tolerará a los que disfrazan la codicia con el nombre de la prosperidad financiera, y se la predican a los creyentes?

La lección para nosotros es que los que se cansan de la Palabra y se van buscando emociones y satisfacciones de los sentidos, caerán en lazos de donde no podrán salir. El diablo está dispuesto a darles montones de cosas del ocultismo para destruirlos.

Versos 32-40: "Con todo esto, pecaron aún, Y no dieron crédito a sus maravillas. Por tanto, consumió sus días en vanidad, Y sus años en tribulación. Si Dios los hacía morir, entonces buscaban a Dios: Entonces se volvían solícitos en busca suya, Y se acordaban que Dios era su refugio, Y el Dios Altísimo su redentor.

Pero le lisonjeaban con su boca, Y con su lengua le mentían; Pues sus corazones no eran rectos con él, Ni estuvieron firmes en su pacto. Pero él, misericordioso, perdonaba su maldad, y no los destruía; Y apartó muchas veces su ira, Y no despertó todo su enojo. Se acordó de que eran carne, Soplo que va y vuelve. ¡Cuántas veces se rebelaron contra él en el desierto, Lo enojaron en el yelmo!"

La consecuencia de la desobediencia y la rebeldía del pueblo israelita, fue la idolatría, y la idolatría les trajo la tribulación del cautiverio. Cuando estaban en medio del conflicto, clamaban a Dios, pero era solo hipocresía religiosa. "Este pueblo, de labios me honra, pero su corazón está lejos de mí".

La misericordia de Dios era demostrada en que Dios sabía que eran carne, que estaban muertos espiritualmente. Como su cultura había sido de esclavitud, no podían esquivar sus inclinaciones.

El creyente, por el contrario, ha nacido de nuevo. Aunque su cultura pasada lo atraiga y quiera dominarlo, lo cierto es que ha entrado en otra cultura. La iglesia tiene una etiqueta diferente a la del mundo; un modo de pensar y ver las cosas muy diferente.

Versos 41-51: "Y volvían, y tentaban a Dios, Y provocaban al Santo de Israel. No se acordaron de su mano, del día que los redimió de la angustia; Cuando puso en Egipto sus señales, Y sus maravillas en el campo de Zoán; Y volvió sus ríos en sangre, Y sus corrientes para que no bebiesen. Envió entre ellos enjambres de moscas que los devoraban, Y ranas que los destruían. Dios también a la oruga sus frutos Y sus labores a la langosta.

Sus viñas destruyo con granizo, Y sus higuerales con escarcha; Entregó al pedrisco sus bestias, Y sus ganados a los rayos. Envió sobre ellos el ardor de su ira; Enojo, indignación y angustia. Un ejército de ángeles destructores. Dispuso su camino con furor; No eximió la vida de ellos de la muerte, sino que entregó su vida a la mortandad. Hizo morir a todo primogénito de Egipto, Las primicias de su fuerza en las tiendas de Cam."

Esta es la descripción de las diez plagas de Egipto, (Éxodo, capítulos 7-12).

Versos 52-55: "Hizo salir a su pueblo como ovejas, Y los llevó por el desierto como un rebaño. Los guio con seguridad, de modo que no tuvieran temor; Y el mar cubrió a sus enemigos. Los trajo después a las fronteras de su tierra santa. A este monte que ganó su mano derecha. Echó las naciones de delante de ellos; Con cuerdas repartió sus tierras en heredad, E hizo habitar en sus moradas a las tribus de Israel."

En Deut. 6:10-12, Dios le dijo a los israelitas que les daría casas, ciudades, viñas y olivares, con la condición de que no se olvidaran de él. En Deut. 7 1-4, la otra condición era de no hacer yugo desigual con los habitantes de Canaán. En Deut. 8 tienen la confirmación de la promesa condición para recibir y mantener la bendición.

Josué repartió las tierras entre las once tribus. En el territorio de cada tribu debía haber lugares para los levitas. El deber de ellos era instruirlos en la ley de Dios. El deber de las tribus era sostenerlos con sus diezmos y ofrendas. Así es en la Iglesia hoy. Los ministros son sostenidos con los diezmos y las ofrendas del pueblo.

Versos 56- 61: "Pero ellos tentaron y enojaron al Altísimo, Y no guardaron sus testimonios; Sino que se volvieron y se rebelaron como sus padres; Se volvieron como arco engañoso. Le enojaron con sus lugares altos, Y le provocaron a celo con sus imágenes de talla. Lo oyó Dios y se enojó. Y en gran manera aborreció a Israel. Dejó, por tanto, el tabernáculo de Silo, La tienda en que habitó entre los hombres, Y entregó a cautiverio su poderío, y su gloria en mano del enemigo."

Dios se enejó con el pueblo porque la codicia los llevó a abandonar la ley. Abandonaron a los levitas, y cayeron en la idolatría de las naciones. Esto fue en el tiempo de los Jueces.

Jehová abandonó el tabernáculo de Silo, el arca, la gloria, fue tomada por los filisteos, (1 Sam 4), a causa del gran pecado de Elí, el sumo sacerdote.

Versos 62-66: "Entregó también su pueblo a la espada, Y se irritó contra su heredad, El fuego devoró a sus jóvenes, Y sus vírgenes no fueron loadas en cantos nupciales. Sus sacerdotes cayeron a espada, Y sus viudas no hicieron lamentación. Entonces despertó el Señor como quien duerme, Como valiente que grita excitado por el vino. E hirió a sus enemigos por detrás; Les dio perpetua afrenta."

Ofni y Fines, hijos de Elí cayeron a espada. Su padre Elí sufrió la muerte de un asno, pues se desnucó. Donde quiera que los filisteos llevaban el arca, Dios peleaba contra ellos. Primero destruyó a su dios Dagón. Luego trajo plagas de hemorroides a los hombres en cinco ciudades. Entonces los filisteos desecharon el arca en un campo. Allí el Señor multiplicó los ratones. Cuando los filisteos devolvieron el arca con sus regalos, cinco reyes vinieron escoltándola.

Dios no necesita que nadie le defienda. El pelea sus batallas solo.

Versos 67- 72: "Desecho la tienda de José, Y no escogió la tribu de Efraín, Sino que escogió la tribu de Judá, El monte de Sion, al cual amó. Edificó su santuario a manera de eminencia, Como la tierra que cimentó para siempre. Eligió a David su siervo, Y lo tomó de las majadas de las ovejas; De tras las paridas lo trajo, Para que apacentase a Jacob su pueblo, Y a Israel su heredad. Y los apacentó conforme a la integridad de su corazón Los pastoreó con la pericia de sus manos."

Dios le dio a Saúl, el primer rey de Israel cuando lo pidieron. Él era de la tribu de Benjamín, el hijo menor de José. Dios lo desechó por rebelde, y puso a David en su lugar. David fue el rey conforme al corazón de Dios.

Su hijo Salomón construyó el templo. En tiempos del reino del hijo de Salomón, las diez tribus se dividieron, y se llamaron con el nombre de Efraín, el hijo de José. A estas diez tribus también Dios las desechó a causa de la idolatría, y fueron llevadas cautivas a Asiria.

La línea justa continuó por la tribu de Judá, hasta que vino el Redentor.

UN ALTO EN EL CAMINO: TIEMPO DE REFLEXIÓN

¡Cómo nos hemos emocionado al ver la relación tan intensa que hay en los tratos de Dios con el pueblo del Pacto y con la Iglesia! En 1 Corintios 10: 1-6, leemos: *"Porque no quiero, hermanos, que ignoréis que nuestros padres todos estuvieron bajo la nube,* *y todos pasaron el mar; y todos en Moisés fueron bautizados en la nube y en el mar, y todos bebieron la misma bebida espiritual; porque bebían de la roca espiritual que los seguía, y la roca era Cristo. Pero de los más de ellos no se agradó Dios; por lo cual quedaron postrados en el desierto. <u>Más estas cosas sucedieron como ejemplo para nosotros, para que no hagamos cosas malas, como ellos</u>"*

El Señor inspiró a Moisés a escribir cánticos; (Éxodo 15 y Deut.32). El pueblo lo debía aprender, y trasmitirlo a sus hijos en las generaciones siguientes. En ellos se registraba la historia y la cultura del pueblo israelita.

Estos cánticos clásicos los mantendrían recordando sus raíces, y el Pacto de Abraham. Más tarde David compondría muchos de los cánticos. Los hijos de Coré con Asaf, continuarían componiendo el himnario de Israel.

Es cierto que una predicación es fácilmente olvidada, pero un cántico es más fácil de recordar y trasmitir a otros. Es por eso que en el servicio cristiano, se cantan las alabanzas al Señor. Esto es una parte muy importante del servicio cristiano.

No todo el mundo es Cantor, ni todos los coros adoran a Dios. El servicio de adoración y alabanza es lo que el creyente le da a Dios junto con las ofrendas y los diezmos. La predicación, la exhortación y la enseñanza, es lo que Dios nos da a nosotros.

La Iglesia va caminando por el desierto del mundo, cubierta por la nube del Espíritu Santo. Cristo suple para todas sus necesidades hasta que llegue al hogar celestial. Cuando comprendemos esto, entramos al reposo. El Señor está en control.

SALMO # 85

Súplica por la misericordia de Dios sobre Israel. Al músico principal. Salmo para los hijos de Coré.

Versos 1-7: "Fuiste propicio a tu tierra, oh Jehová; Volviste la cautividad de Jacob. Perdonaste la iniquidad de tu pueblo; Todos los pecados de ellos cubriste. Reprimiste todo tu enojo; Te apartaste del ardor de tu ira. Restáuranos, oh Jehová nuestra salvación, Y haz cesar tu ira de sobre nosotros.

¿Estarás enojado contra nosotros para siempre? ¿Extenderás tu ira de generación en generación? ¿No volverás a darnos vida, Para que tu pueblo se regocije en ti? Muéstranos, oh Jehová, tu misericordia, Y danos tu salvación."

El salmista oraba por un avivamiento. Los judíos cautivos regresarían de Babilonia. Allí se curarían de la idolatría para siempre. Las diez tribus se mezclarían entre las naciones para cumplir un propósito divino. Entre ellos había algunos que tenían conocimiento del Dios de Israel. Ese conocimiento, aunque pervertido, sería el cimiento de muchas religiones. En todas ellas hay visos de la verdad, que solo pudieron haberla obtenido de labios de los israelitas.

Ejemplo: Se cree que Nazareto Asirius, quien fue tutor de Pitágoras, era Ezequiel. Los sacrificios de jóvenes entre los aztecas, eran una desviación de los sacrificios de animales de los israelitas. La misericordia del Buda, era un reflejo de la misericordia de Dios.

El pueblo israelita había violado el pacto, y anhelaban volver a sentir el amor de Dios hacia ellos. Deseaban tener profetas que les hablaran la Palabra de Dios, pero Dios estaba en silencio. Durante 400 años no hubo profeta en Israel. Ellos estuvieron bajo la dinastía de los Seleucidas.

Seleuco, uno de los cuatro generales de Alejandro el Grande, estableció su reino en Siria. En el año 160 AC comenzó a reinar Antíoco Epífanes, en Siria. Este fue un verdadero azote para los judíos. Estudie los libros apócrifos de los Macabeos. Estos contienen la historia durante aquellos años. (Biblia Católica)

Así el creyente que viola la ley del amor, y rompe su comunión con Dios, se siente triste, muerto y acongojado.

Versos 8-13: "Escucharé lo que hablará Jehová
Dios; Porque hablará paz a su pueblo y a sus
santos, Para que no se vuelvan a la locura.
Ciertamente cercana está su salvación a los que le
temen, Para que habite la gloria en nuestra tierra.
La misericordia y la verdad se encontraron, la
justicia y la paz se besaron. La verdad brotará de la
tierra, Y la justicia mirará desde los cielos. Jehová
dará también el bien, Y nuestra tierra dará su fruto.
La justicia irá delante de él Y sus pasos nos pondrá
por camino."

El resultado del encuentro entre la misericordia y la
verdad; y del beso entre la justicia y la paz fue la
venida del Redentor.

SALMO #86

Oración pidiendo la continua misericordia de Dios. Oración
de David.

Versos 1-7: "Inclina, oh Jehová, tu oído, y
escúchame, Porque estoy afligido y menesteroso.
Guarda mi alma, porque soy piadoso; Salva tú, oh
Dios mío, a tu siervo que en ti confía. Ten
misericordia de mí, oh Jehová; Porque a ti clamo
todo el día. Alegra el alma de tu siervo, Porque a ti,
oh Señor, levanto mi alma. Porque tú, Señor eres
bueno y perdonador, Y grande en misericordia para
con todos los que te invocan. Escucha, oh Jehová
mi oración. Y está atento a mis ruegos. En el día de
mi angustia te llamaré, Porque tú me respondes."

Algo muy hermoso vemos en el rey David. Él era el rey de una nación poderosa, sin embargo, le vemos como un mendigo ante Dios. En el verso 1, pide por una audiencia con el Señor. En el verso 2, por una salvación temporal. El verso 3, por misericordia. En el verso 4: por gozo y alegría.

En el verso 5 describe la razón por la que le pide. El verso 6: Por una audiencia con el Señor. Verso 7: Por ayuda en el día del problema.

Versos 8-13: "Oh Señor, ninguno hay como tú entre los dioses. Ni obras que se igualen a tus obras. Todas las naciones que hiciste vendrán y adorarán delante de ti, Señor, Y glorificarán tu nombre. Porque tú eres grande, y hacedor de maravillas. Sólo tú eres Dios.

Enséñame, oh Jehová, tu camino; caminaré yo en tu verdad; Afirma mi corazón para que tema tu nombre. Te alabaré, oh Jehová Dios mío, con todo mi corazón, Y glorificaré tu nombre para siempre. Porque tu misericordia es grande para conmigo Y has librado mi alma de las profundidades del Seol."

David persistía en su oración todo el día. Su esperanza estaba en el Señor. Entonces le alababa y la daba gracias por su misericordia. El pedía que Dios le dirigiera en su camino, y prometió servirle y glorificarle para siempre.

Versos 14-17: "Oh Dios, Los soberbios se levantaron contra mí, Y conspiración de violentos ha buscado mi vida, Y no te pusieron delante de sí. Más tú, Señor, Dios misericordioso y clemente, Lento para la ira, y grande en misericordia y verdad, Mírame, y ten misericordia de mí; Da tu poder a tu siervo, Y guarda al hijo de tu sierva. Haz conmigo señal para bien, Y véanla los que me aborrecen, y sean avergonzados; Porque tú, Jehová, me ayudaste y me consolaste."

Los versos siguientes describen el eminente peligro en que estaba el Salmista. Una turba arrogante y violenta había conspirado contra David. Estas eran personas que no contaban con el Señor.

El pidió una señal de que Dios estaba de su parte. Entonces adoró a Dios por su cuidado, su protección y su misericordia.

SALMO # 87

El privilegio de morar en Sion. A los hijos de Coré. Salmo. Cántico.

Versos 1-3: "Su cimiento está en la monte santo. Ama Jehová las puertas de Sion. Más que todas las moradas de Jacob. Cosas gloriosas se han dicho de ti, Ciudad de Dios."

Esta es una profecía de la Iglesia. El Señor ama a Jerusalén a pesar de no estar situada junto puertos importantes, ni posee ricos depósitos de minerales, ni está en los puntos estratégicos de los antiguos guerreros mundiales, sino que es una montaña anónima con un destino muy distinto al de los pueblos que hace tiempo han desaparecido.

La razón para su grandeza es que Dios la escogió y la fundó para sí. Entonces Sion se ha convertido en la gloriosa metrópolis del resto del mundo. Las religiones mundiales tienen allí sus lugares de adoración.

Versos 4-7: "Yo me acordaré de Rahab y de Babilonia entre los que me conocen; He aquí Filistea y Tiro con Etiopía; Este nació allá. Y de Sion se dirá: Este y aquel ha nacido en ella, Y el Altísimo mismo la establecerá. Jehová contará al inscribir a los pueblos: Este nació allí. Y cantores y tañedores en ella dirán: Todas mis fuentes están en ti."

Esto parece referirse más bien a la Iglesia, pues en ella se encuentran representantes de todas las naciones. Todos los creyentes pueden decir que han nacido en la Nueva Jerusalén.

SALMO # 88

Súplica por la liberación de la muerte. Profecía de Jesús en el corazón de la tierra. (Mateo 12:40)

Cántico. Salmo para los hijos de Coré. Al músico principal, para cantar sobre Mahalat. Masquil de Hermán ezraíta.

Versos 1-6: "Oh Jehová, Dios de mi salvación, Día y noche clamo delante de ti. Llegue mi oración a tu presencia; inclina tu oído a mi clamor. Porque mi alma está hastiada de males, Y mi vida cercana al Seol. Soy contado entre los que descienden al sepulcro, Soy como hombre sin fuerza, Abandonado entre los muertos. Como los pasados a espada que yacen en el sepulcro, De quienes no te acuerdas ya. Y que fueron arrebatados de tu mano. Me has puesto en hoyo profundo, En tinieblas, en lugares profundos."

En este Salmo está la profecía de la angustia, el dolor y la tristeza del Señor durante los tres días y tres noches que estuvo en el vientre de la tierra. (Efesios 4:9, Mateo 12:40).

Versos 7-12: "Sobre mí reposa tu ira, Y me has afligido con todas tus ondas. Has alejado de mí mis conocidos; Me has puesto por abominación a ellos; Encerrado estoy, y no puedo salir. Mis ojos enfermaron a causa de mi aflicción; Te he llamado, oh Jehová, cada día; He extendido a ti mis manos.

¿Manifestarás tus maravillas a los muertos? ¿Se levantarán los muertos para alabarte? ¿Será contada en el sepulcro tu misericordia, O tu verdad en el Abadón? ¿Serán reconocidas en las tinieblas tus maravillas, Y tu justicia en la tierra del olvido?"

¿Dónde estuvo el espíritu de Jesús durante los tres días y tres noches que su cuerpo estuvo en la tumba? ¿Sería suficiente su crucifixión para pagar la deuda que el hombre debía a la Suprema Corte de Justicia del Universo? Este ha sido el hueso de contienda del pueblo cristiano por los siglos. Para poder contestar todas estas preguntas tenemos que ir a la Biblia.

1: Lucas 11:21.-22. *"Cuando el hombre fuerte, armado guarda su palacio, en paz está todo lo que posee. Pero cuando viene otro más fuerte que él y le vence, le quita todas sus armas en que confiaba y reparte el botín."*

El hombre fuerte es el diablo. El más fuerte es Cristo. Las armas son las llaves del infierno y de la muerte, (Apoc. 1:18).

2: 2 Cor. 5:21. *"Al que no conoció pecado por nosotros lo hizo pecado, para que nosotros fuésemos hechos justicia de Dios en él"* ¿Dónde debe ir el pecado? Al infierno.

3: Hebreos 2:14. *"Así que, por cuanto los hijos participaron de carne y sangre, él también participó de los mismo, para destruir por medio de la muerte al que tenía el imperio de la muerte, esto es, al diablo, y librar a todos los que por el temor de la muerte estaban durante toda la vida sujetos a servidumbre."*

Jesús, la vida, tuvo que volverse hombre para poder morir y penetrar al palacio del hombre fuerte para despojarlo de la autoridad que había usurpado sobre la raza humana.

4: Mateo 12:39-40: *"Porque como estuvo Jonás en el vientre del gran pez tres días y tres noches, así estará el Hijo del hombre en el corazón de la tierra tres días y tres noches."*

¿Qué vieron los ninivitas? Un hombre que había estado batallando con los jugos gástricos del estómago de un pez durante tres días y tres noches. ¿Cuál es el corazón de la tierra? La cárcel municipal del Rey; el infierno. De allí, los presos irán a la prisión federal de la eternidad, el Lago de Fuego.

Si la crucifixión de Jesús hubiera sido suficiente para pagar por el pecado de la raza humana, cada hombre podía hacer lo mismo. Dios es justo. Un hombre, Adán había vendido la raza humana, no era justo que la rescatara un Dios.

Jesús dijo: "Dios mío; ¿por qué me has desamparado?" La divinidad se había separado de él. Se había vuelto pecado. Jesús hombre, murió en la cruz. Jesús hombre fue al vientre de la tierra.

5: Cuando se cumplió el tiempo que reclamaba la Corte, el Padre le justificó, (1 Tim.3:16) Esa es nuestra justificación.

6: El Padre le engendró de nuevo, (Hechos 13:33).

7: Le vivificó, 1 Ped. 3:18.

8: En el poder de su Deidad, derrotó al diablo en su palacio, frente a todas las huestes del infierno, y lo exhibió ante los tres mundos; cielo, tierra e infierno. Col. 2:15, dice: *"Y despojando a los principados y a las potestades, los exhibió públicamente triunfando sobre ellos en él."* (Versión King James).

Versos 13-18: "Más yo a ti he clamado, oh Jehová, Y de mañana mi oración se presentará delante de ti. ¿Por qué, oh Jehová, desechas mi alma? ¿Por qué escondes de mí tu rostro? Yo estoy afligido y menesteroso; Desde la juventud he llevado tus terrores, he estado medroso. Sobre mí han pasado tus iras, Y me oprimen tus terrores. Me han rodeado como aguas continuamente; A una me han cercado. Has alejado de mí al amigo y al compañero, Y a mis conocidos has puesto en tinieblas."

Sólo en este Salmo en toda la Biblia, se habla de esta rara experiencia. En él tenemos la seguridad de que Dios nunca abandona a los más afligidos.

SALMO # 89

Pacto de Dios con David. Masquil de Etán ezraíta.

Versos 1-4: "Las misericordias de Jehová cantaré perpetuamente; De generación en generación haré notoria tu fidelidad con mi boca. Porque dije: Para siempre será edificada misericordia; En los cielos mismos afirmarás tu verdad. Hice pacto con mi escogido; Juré a David mi siervo, diciendo: para siempre confirmaré tu descendencia, Y edificaré tu trono por todas las generaciones."

En el año 1,042 AC, Dios hizo el pacto con David. Hacía catorce años que David era el rey de Israel. Entonces decidió edificarle casa a Dios. El Señor le envió un mensaje con el profeta Natán diciendo que el hijo suyo le edificaría el templo, (2 Sam. 7).

Versos 5-9: "Celebrarán los cielos tus maravillas, oh Jehová, Tu verdad también en la congregación de los santos. Porque ¿quién en los cielos se igualará a Jehová? ¿Quién será semejante a Jehová entre los hijos de los potentados? Dios temible en la gran congregación de los santos, Y formidable sobre todos cuantos están alrededor de él. Oh Jehová, Dios de los ejércitos, ¿Quién como tú? Poderoso eres, Jehová Y tu fidelidad te rodea.

Tú tienes dominio sobre la braveza del mar;
Cuando se levantan sus ondas, tú las sosiegas. "

El rey entona alabanzas a Dios. Él lo había sacado
de detrás de las ovejas, y lo había puesto por rey
sobre una gran nación. El reconocía que la Palabra
estaba en la congregación de los santos. Así debe
estar siempre en la congregación de los santos hoy.
Aquí tenemos el secreto de qué hacer cuando se
acerca una tempestad, o un terremoto, que traerá
una tromba marina. Orar al Señor, clamar a él, que
es quien tiene el poder de sosegar el poder de la
naturaleza.

Versos 10-18: "Tú quebrantaste a Rahab como a
herido de muerte; Con tu brazo poderoso esparciste
a tus enemigos. Tuyos son los cielos, tuya también
la tierra; El mundo y su plenitud, tú los fundaste. El
norte y el sur, tú los creaste; El Tabor y el Hermón
cantarán a tu nombre. Tuyo es el brazo potente;
Fuerte es tu mano, exaltada tu diestra. Justicia y
juicio son el cimiento de tu trono; Misericordia y
verdad van delante de tu rostro.

Bienaventurado el pueblo que sabe aclamarte;
Andará, oh Jehová, a la luz de tu rostro. En tu
nombre se alegrará todo el día, y en tu justicia será
enaltecido. Porque tú eres la gloria de su potencia,
Y por tu buena voluntad acrecentarás nuestro
poder. Porque Jehová es nuestro escudo, Y nuestro
rey es el Santo de Israel. "

El Salmista continúa alabando al Señor por sus maravillas. El quebrantó el reino de Egipto, la nación que había esclavizado a los israelitas.

Es bienaventurado el pueblo que sabe clamar a Dios. Ese pueblo siempre andará a la luz del rostro de Dios.

Versos 19-21: "Entonces hablaste en visión a tu santo, Y dijiste: He puesto el socorro sobre uno que es poderoso; He exaltado a un escogido de mi pueblo. Hallé a David mi siervo; Lo ungí con mi santa unción. Mi mano estará siempre con él, Mi brazo también lo fortalecerá."

En 1 Samuel 16, tenemos la historia de Samuel ungiendo a David por mandato divino, para ser rey sobre Israel. Sin embargo, David debió entrar el entrenamiento de Dios que duró siete largos años.

Así el que es llamado a un ministerio, no entra inmediatamente al mismo, porque va al fracaso. Después del llamado, debe entrar en el campo de entrenamiento de Dios, esto es, el estudio, la oración, y la práctica de la Palabra de Dios; y esperar pacientemente bajo la autoridad de otros ministerios, hasta que el Señor le abra la puerta, y le ponga en el lugar donde quiere que ejerza su ministerio.

Ser ministro es un oficio de autoridad. Nadie puede ser autoridad, si no se ha sometido a la autoridad.

Versos 22-27: "No lo sorprenderá el enemigo, Ni hijo de iniquidad lo quebrantará; Sino que quebrantaré delante de él a sus enemigos, Y heriré a los que le aborrecen. Mi verdad y mi misericordia están con él, Y en mi nombre será exaltado su poder. Asimismo pondré su mano sobre el mar, Y sobre los ríos su diestra.

El me clamará: Mi padre eres tú, Mi Dios, y la roca de mi salvación. Yo también le pondré por primogénito, El más excelso de los reyes de la tierra."

David es un tipo de Cristo. Él es el Rey más excelso de la tierra. Él es el primogénito de entre los muertos. Aunque algunos dicen que Cristo fue una creación de Dios, "El primogénito de toda creación", Col. 1:15, lo cierto es que en él fue fueron creadas todas las cosas……todo fue creado por medio de él y para él. Hebreos 1:1-14, El Padre exaltando al Hijo, declara en los versos 10-13, que el Hijo es el Creador.

Cuando la Palabra declara que Jesús es el primogénito, se refiere a Apoc. 1:5: "El primogénito de entre los muertos." El primero que pasó de muerte a vida eterna. De María él fue el primogénito, (Mat. 1:25), pero de Dios fue el unigénito, (Juan 3:16).

Versos 28-33: "Para siempre le conservaré mi misericordia, Y mi pacto será firme con él. Pondré su descendencia para siempre, Y su trono como los días de los cielos. Si dejaren sus hijos mi ley, Y no anduvieren en mis juicios. Si Profanaren mis estatutos, Y no guardaren mis mandamientos, Entonces castigaré con vara su rebelión, Y con azotes sus iniquidades."

En el pacto de David, Dios le prometió que su trono permanecería para siempre. Esta era una promesa condicional. Sus hijos permanecieron en el trono hasta que fueron llevados cautivos a Babilonia por su rebelión. Luego hubieron reyes, aunque no de los de la familia de David, como la familia de los Herodes; que eran edomitas, descendientes de Esaú, más después del año setenta, no hubieron tronos en Israel.

Así que esto también se refiere a la simiente de Cristo, la Iglesia. Debemos esperar la vara, y los azotes, si no obedecemos la ley de Dios, (Heb. 12).

Versos 34-37: "Mas no quitaré de él mi misericordia, Ni falsearé mi verdad. No olvidaré mi pacto, Ni mudaré lo que ha salido de mis labios. Una vez he jurado por mi santidad, Y no mentiré a David. Su descendencia será para siempre, Y su trono como el sol delante de mí. Como la luna será firme para siempre, Y como testigo fiel en el cielo."

Cristo cumplió el Pacto de Sangre entre Dios y Abraham. Los beneficiarios eran los israelitas. Ellos entraban al pacto por medio de la circuncisión.

Jesús estableció el Nuevo Pacto en su sangre, entre él y el Padre, y los beneficiarios son los miembros del cuerpo de Cristo, la Iglesia. Ellos entran al Nuevo Pacto por medio de la circuncisión del corazón, o el nuevo nacimiento.

El pacto de David, estaba basado en el Pacto de Sangre de Abraham.

Versos 38-45: "Más tú desechaste y menospreciaste a tu ungido, Y te has airado con él. Rompiste el pacto de tu siervo; has profanado su corona hasta la tierra. Aportillaste todos sus vallados; has destruido sus fortalezas. Lo saquean todos los que pasan por el camino; Es oprobio a sus vecinos.

Has exaltado la diestra de sus enemigos; Has alegrado a todos sus adversarios. Embotaste asimismo el filo de su espada, Y no lo levantaste en la batalla. Hiciste cesar su gloria, Y echaste su trono por tierra. Has acortado los días de su juventud; Le has cubierto de afrenta."

Etán dice que Dios invalidaría el pacto de David porque Judá sería invadido por los babilonios. Nadie se ha sentado en el trono de David hasta hoy. ¿Por qué los desecharía Dios? Porque ellos eran violadores del pacto. Por esto vendrían sobre ellos las maldiciones del pacto, registradas en Deut. 28.

Versos 46-51: "¿Hasta cuándo, oh Jehová? ¿Te esconderás para siempre? ¿Arderá tu ira como el fuego? Recuerda cuán breve es mi tiempo; ¿Por qué habrás creado en vano a todo hijo de hombre? ¿Qué hombre vivirá, y no verá muerte? ¿Librará si vida del poder del Seol?

Señor, ¿dónde están tus antiguas misericordias, que juraste a David por tu verdad? Señor, acuérdate del oprobio de tus siervos; Oprobio de muchos pueblos, que llevo en mi seno. Porque tus enemigos, oh Jehová, han deshonrado los pasos de tu ungido. Bendito sea Jehová para siempre. Amén, y Amén."

La oración de Etán es porque Dios recuerde el pacto de David, y las promesas hechas a él. Realmente Dios las cumplió enviando al Redentor.

****

LIBRO # 4

SALMO # 90

La eternidad de Dios y la transitoriedad del hombre. Oración de Moisés, varón de Dios.

Versos 1-8: "Señor, tú nos has sido por refugio De generación en generación. Antes que naciesen los montes Y formases la tierra y el mundo. Desde el siglo y hasta el siglo, tú eres Dios. Vuelves al hombre hasta ser quebrantado, Y dices: Convertíos, hijos de los hombres, Porque mil años delante de tus ojos Son como el día de ayer que pasó, Y como las vigilias de la noche.

Los arrebatas como con torrente de aguas; son como sueño, como la hierba que crece en la mañana. En la mañana florece y crece; A la tarde es cortada, y se seca. Porque con tu furor somos consumidos, Y con tu ira somos turbados. Pusiste nuestras maldades delante de ti. Nuestros yerros a la luz de tu rostro."

Esta oración de Moisés es el sonido de las campanas de la muerte. Por cuarenta años estuvo dejando tumbas en el desierto. Dios le había dicho que todos los que habían sido testigos de las señales hechas en Egipto, caerían en el desierto, (Núm. 14: 20-35).

El hombre, que en su propia opinión se cree tan importante, es comparado a la hierba. Del campo, que hoy crece y florece, y por la tarde es cortada y se seca.

Versos 9-10: "Porque todos nuestros días declinan a causa de tu ira; Acabamos nuestros años como un pensamiento. Los días de nuestra edad son setenta años; Y si en los más robustos son ochenta años, Con todo, su fortaleza es molestia y trabajo, Porque pronto pasan y volamos."

¿Cuántos años dura el hombre? Aunque muchos creen que son 120 años, de acuerdo a Gén. 6:3, lo cierto es que ese número se refería a los años que le quedaban a aquella generación antediluviana. Noé tenía 600 años cuando entró al arca, y vivió 350 años más.

Es cierto también que algunos pasan de los 80, pero la mayoría muere antes de esa edad. Los que pasan de los setenta, comienzan a sentir dolores, molestias y temores. Sus órganos se van desgastando y tienen la muerte en sus pensamientos. Saben que van para su morada eterna; cielo o infierno. De una cosa están seguros, no importa la religión que profesen; de que comparecerán a un juicio.

Job 14:1-2, dice: *"El hombre, nacido de mujer, Corto de días y lleno de sinsabores, Sale como una flor y es cortado, Y huye como la sombra y no permanece."*

El hombre es el ser más débil de la creación. Los animales, los insectos y los reptiles, buscan su comida por sí solos cuando nacen. El hombre debe ser cuidado, de lo contrario se muere. Los animales vinieron primero, el hombre es el bebé de la creación.

Versos 11-12: "¿Quién conoce el poder de tu ira, Y tu indignación según debes ser temido? Enséñanos de tal modo a contar nuestros días, Que traigamos al corazón sabiduría."

Nadie conoce a Dios realmente. Lo que sabemos de él es por medio de nuestro Señor Jesucristo. El vino a revelarnos al Padre, a quien nadie vio jamás, (Juan 1:18). Los profetas del A.T. que hablaron con Dios, lo hicieron con Cristo. Él se ha paseado por los siglos, y ha dejado sus huellas en cada generación.

Cristo ha sido hecho sabiduría en nosotros, 1 Cor. 1:30. Teniendo en cuenta que la vida es tan corta, debemos vivir como si mañana sonara la trompeta llamándonos a comparecer ante el Trono de Justicia.

Versos 13- 17: "Vuélvete, oh Jehová; ¿hasta cuándo? Y aplácate para con tus siervos. De mañana sácianos de tu misericordia, Y cantaremos y nos alegraremos todos nuestros días. Alégranos conforme a los días que nos afligiste, Y los años que vimos el mal. Aparezca en tus siervos tu obra, Y tu gloria sobre sus hijos. Sea la luz de Jehová nuestro Dios sobre nosotros, Y la obra de nuestras manos confirma sobre nosotros, Si, la obra de nuestras manos confirma."

Moisés terminó esta oración intercediendo por el pueblo que Dios había puesto a su cuidado. Así el líder de la congregación debe interceder por las ovejas del Señor puestas bajo su cuidado.

SALMO # 91

Morando bajo la sombra del Omnipotente.

Verso 1: "El que habita al abrigo del Altísimo morará bajo la sombra del Omnipotente."

En este Salmo podemos oír claramente la voz del Espíritu Santo hablando a nuestros corazones. El mismo contiene veinticinco promesas. Estos son cheques en blanco para que el creyente los firme en el Nombre de Jesús. Es el creyente el que habita bajo la sombra de las alas del Omnipotente, el Altísimo, o El Elyon. El requisito para disfrutar de estas promesas es el haber aceptado a Cristo y someterse bajo su señorío.

Verso 2: "Diré a Jehová; Esperanza mía y castillo mío; Mi Dios, en quien confiaré."

El Señor cuida de sus santos; esos que van camino al cielo bajo la nube protectora del Espíritu Santo. El Señor es nuestro refugio protector y nuestra confianza.

Verso 3: "Él te librará del lazo del cazador, De la peste destructora."

El Señor nos libra de los lazos que el diablo nos pone en camino, y de la peste que aniquila al ser humano sea enfermedad o plaga.

Verso 4: "Con sus plumas te cubrirá, Y debajo de sus alas estarás seguro; Escudo y adarga es su verdad:"

El creyente está como el pollito bajo las alas de la gallina. La Palabra es como un escudo de metal y un escudo de cuero. Ella es nuestra protección, nuestro alimento y nuestra defensa.

Versos 5-6: "No temerás el terror nocturno, Ni saeta que vuele de día, Ni pestilencia que ante en oscuridad, Ni mortandad que en medio del día destruya."

No temeremos a las sorpresas de terror como las invasiones de enemigos, sean humanos o demoníacos, ni a las plagas como las de Egipto; ni tendremos terror a los huracanes, tornados, temblores, ni trombas marinas, porque todas estas calamidades están sujetas a la mano de nuestro Padre.

Versos 7-8: "Caerán a tu lado mil, Y diez mil a tu diestra; Mas a ti no llegará. Ciertamente con tus ojos mirarás, y verás la recompensa de los impíos."

Mil demonios, o diez mil, todos caerán a nuestra mano derecha, abatidos por el poder del Nombre de Jesús en nuestros labios de fe. Llegará el día, sea ahora, o después, o frente el trono de juicio, veremos la recompensa de los enemigos de Dios.

Versos 9.10: "Porque has puesto a Jehová, que es mi esperanza, Al Altísimo por tu habitación, No te sobrevendrá mal, Ni plaga tocará tu morada."

El creyente está escondido en Cristo, es parte del Cuerpo del Cordero. (Col. 2:3, Efesios 2:15, y 4:13). No es parte de la novia, pues no hay novia, como creen algunos, pero hay esposa. La esposa es Israel, a quien Jehová había dado carta de divorcio, y con quien se vuelve a casar. (Jer. 3: 6-15, Oseas 2:19). Ese es el Cuerpo de Moisés, por quien el diablo contendía, (Judas 9). Las bodas del Cordero, es la reunión de los dos pueblos, la Iglesia y los santos del A.T. (Apoc. 19-9, Cant. 6:13).

Verso 11-12: "Pues a sus ángeles mandará acerca de ti, Que te guarden en todos tus caminos. En las manos te llevarán, Para que tu pie no tropiece en piedra."

Son más los ángeles que están con nosotros, que los demonios que están en contra de nosotros. De acuerdo a un científico cristiano, que hizo un cálculo matemático de Daniel 7:10; si la mitad de las personas fueran creyentes, le tocarían por lo menos 40 mil ángeles a cada uno. No siendo este el caso, pues sólo hay el uno por ciento, ¿se imagina cuántos ángeles hay a nuestro alrededor? La piedra en la Biblia son los inconversos.

Versos 13: "Sobre el león y el áspid pisarás; Hollarás al cachorro de león y al dragón."

En la tentación de Jesús, el diablo le citó los versos 11 y 12, pero aquí se detuvo. Si lo hubiera citado, hubiera descrito su fin fatal. 1 Ped. 5:8 lo describe como un león. Como león es ruidoso y usa de violencia física. Apoc. 12:9, lo describe como una serpiente. Como cobra emplea estratagemas para engañar y destruir.

Verso 14: "Por cuanto en mí ha puesto su amor, yo también lo libraré; Le pondré en alto, por cuanto ha conocido mi nombre."

Esto se refiere a la vida cristiana. El testimonio del creyente debe ser limpio para poder tener valor de hablar de Cristo.

Verso 15-16: "Me invocará, y yo le responderé; Con él estaré yo en la angustia; Lo libraré y le glorificaré. Lo saciaré de larga vida, y le mostraré mi salvación."

El creyente orará, y el Señor contestará su oración. Y aunque en el mundo tenga aflicción, el Señor estará con él consolándole y dándole valor para que siga adelante. En la angustia de la muerte eminente, el Señor le librará de esos temores, con la seguridad de la resurrección.

El Señor le dará larga vida, con abundancia de paz mental, física y espiritual. Y así le mostrará la salvación cada día, y por la eternidad.

SALMO # 92

Alabanza por la bondad de Dios. Salmo. Cántico para el día de reposo.

Versos 1- 4: "Bueno es alabarte, oh Jehová, Y cantar SALMO a tu nombre, oh Altísimo. Anunciar por la mañana tu misericordia, Y tu fidelidad cada noche. En el decacordio en el salterio, En tono suave con el arpa. Por cuanto me has alegrado, oh Jehová, con tus obras; En las obras de tus manos me gozo."

Es un gran privilegio el que tienen los creyentes de alabar y glorificar a Dios. Los inconversos no pueden hacerlo. Sus cánticos son acerca del amor de las mujeres o los hombres, pero no de Dios. Cuando la persona se convierte al Señor y nace de nuevo, con ello le viene un cántico de gozo a su corazón. Se ha firmado la paz con la Sangre de la cruz de Cristo. Entonces puede apreciar las maravillas de la creación, que antes veía entre sombras.

Versos 5-9: "¡Cuán grandes son tus obras, oh Jehová! Muy profundos son tus pensamientos. El hombre necio no sabe, Y el insensato no entiende esto. Cuando brotan los impíos como la hierba, Y florecen todos lo que hacen iniquidad, Es para ser destruidos eternamente. Más tú, Jehová para siempre eres Altísimo. Porque he aquí tus enemigos, oh Jehová, Porque he aquí, perecerán tus enemigos; Serán esparcidos todos los que hacen maldad."

No debemos esperar que los hombres naturales comprendan las cosas profundas de Dios, que deben ser discernidas espiritualmente. Ellos no pueden por su condición de muerte espiritual.

Él nunca llega a comprender el hecho de que las leyes morales fijas del universo prescriben la destrucción de los malvados. Aunque prospere por un tiempo, su éxito es de corta duración como la hierba. Tan seguro como que Dios está en su trono para siempre, sus enemigos serán destruidos.

Versos 10-11: "Pero tú aumentarás mis fuerzas mis fuerzas como las del búfalo; Seré ungido con aceite fresco. Y mirarán mis ojos sobre mis enemigos; Oirán mis oídos de los que se levantaron contra mí, de los malignos."

El otro lado de la moneda es que Dios exalta el cuerno de los justificados por la Sangre de Cristo, y les da fuerzas como las del búfalo. Son ungidos con el Espíritu Santo. Cuando se escriba el último capítulo, los santos habrán sido testigos del fin fatal de los malos.

Versos 12-15: "El justo florecerá como la palmera; Crecerá como cedro en el Líbano. Plantados en la casa de Jehová, En los atrios de nuestro Dios florecerán. Aun en la vejez fructificarán; Estarán vigorosos y verdes, Para anunciar que Jehová mi fortaleza es recto Y que en él no hay injusticia."

La prosperidad de los justos es comparada a las palmeras y los cedros. La palmera es símbolo de fruto y belleza, mientras que el cedro es emblema de fuerza y larga vida. La vejez del creyente no destruye su capacidad de dar fruto.

Ellos continúan latiendo con la sabia espiritual y su testimonio se mantiene siempre verde. Su prosperidad es la evidencia de que Dios es justo. Los impíos son comparados con la hierba que se seca, pero los justos van de fortaleza en fortaleza. Este es el orden de la botánica espiritual.

SALMO # 93

La majestad de Jehová

Versos 1-2: "Jehová reina; se vistió de magnificencia; Jehová se vistió, se ciñó de poder. Afirmó también el mundo, y no se moverá. Firme es tu trono desde entonces; Tú eres eternamente."

Este es el cántico de alabanza a Dios por su majestad. El afirmó el universo. A pesar del constante movimiento de cada planeta, y de cada constelación, ninguno choca con el otro, ni se salen de su curso.

La tierra gira a una velocidad inusitada, mientras se proyecta a través del espacio con la velocidad de una bala de cañón. Esto es lo que produce la ley de gravedad. Jehová controla desde Su Trono tanto el macrocosmos, como el microcosmos; tanto lo infinitamente grande, como lo infinitamente pequeño.

Versos 3-5: "Alzaron los ríos, oh Jehová, Los ríos alzaron su sonido; Alzaron los ríos sus ondas. Jehová en las alturas es más poderoso que el estruendo de las muchas aguas, Más que las recias ondas del mar. Tus testimonios son muy firmes La santidad conviene a tu casa. Oh Jehová, por los siglos de los siglos, y para siempre."

Aquí se hace referencia al ruido que hacen las naciones en contra de Israel, así como la amenaza del diablo contra la Iglesia. El Señor está sobre todo; Él está en control.

SALMO # 94

Oración clamando por venganza.

Versos 1-3: "Jehová, Dios de las venganzas, Dios de las venganzas, muéstrate. Engrandécete, oh Juez de la tierra; Da el pago a los soberbios. ¿Hasta cuándo los impíos, Hasta cuándo, oh Jehová, e gozarán los impíos?"

En ese Salmo tenemos la profecía del pueblo de Israel de los últimos días de la tribulación. Ha llegado el tiempo de que el Juez de toda la tierra se revele y tome venganza de los malvados. Ellos se preguntan: ¿Hasta cuándo? Ellos no saben que pronto aquellos han de ser silenciados para siempre.

Versos 4-7: ¿Hasta cuándo pronunciarán, hablarán cosas duras, Y se vanagloriarán todos los que hacen iniquidad? A tu pueblo, Oh Jehová, quebrantan, Y a tu heredad afligen. A la viuda y al extranjero matan, Y a los huérfanos quitan la vida. Y dijeron: No verá JAH, Ni entenderá el Dios de Jacob."

Ellos le dicen a Dios: "Mira su insolencia, mira su arrogancia. Ellos muelen a tu pueblo bajo sus talones; a las viudas, los extranjeros y los huérfanos. Y dicen que tú no entiendes."

Versos 8-11: "Entended, necios del pueblo; Y vosotros, fatuos, ¿cuándo seréis sabios? El que hizo el oído, ¿no oirá? El que formó el ojo, ¿no verá? El que castiga las naciones, ¿no reprenderá? ¿No sabrá el que enseña al hombre la ciencia? Jehová conoce los pensamientos de los hombres, Que son vanidad."

¡Qué necios son pensando que Dios no se da cuenta de lo que ellos hacen! El Creador del ojo y el oído, ¿estará ciego y sordo a lo que le hacen a su pueblo? La historia ha sido testigo del castigo que Dios le ha dado a las naciones opresoras.

Versos 12-15: "Bienaventurado el hombre a quien tú JAH, corriges, Y en tu ley lo instruyes, Para hacerle descansar en los días de aflicción, En tanto que para el impío se cava el hoyo. Porque no abandonará Jehová a su pueblo, ni desamparará su heredad, Sino que el juicio será vuelto a la justicia, Y en pos de ella irán todos los rectos de corazón."

La fe permite que el Salmista vea que sus problemas son parte de la educación de Dios a él. Es maravilloso ser instruido por el Señor, y ser capacitado para comprender sus leyes. El hoyo se está cavando poco a poco para los malos. Él puede tener la seguridad que Dios nunca abandona a sus hijos. Inevitablemente la justicia será restaurada al lugar que le pertenece, y los hombres honrados la mostrarán a los demás.

Versos 16-19: "¿Quién se levantará por mí contra los malignos? ¿Quién estará por mí contra los que hacen iniquidad? Si no me ayudará Jehová, Pronto moraría mi alma en el silencio. Cuando yo decía: Mi pie resbala, Tu misericordia, oh Jehová, me sustentaba. En la multitud de mis pensamientos dentro de mí, Tus consolaciones alegraban mi alma."

En varias ocasiones el Salmista se preguntaba, quien le defendería de poder abrumador de los malvados. La respuesta a esa pregunta para el creyente está registrada en el capítulo 8 de romanos. (Estúdielo).

Versos 20-23: "¿Se juntará contigo el trono de iniquidades Que hace agravio bajo forma de ley? Se juntan contra la vida del justo, Y condenan la sangre inocente. Más Jehová me ha sido por refugio, Y mi Dios por roca de mi confianza. Y él hará volver sobre ellos su iniquidad, y los destruirá en su propia maldad; Los destruirá Jehová nuestro Dios."

¿Podrá haber amistad entre Jehová y estos malvados regentes? ¿Podrá haber fraternidad entre Cristo y el anticristo? ¿Podrá Dios aprobar hombres que imponen leyes y ordenanzas que legalizan el pecado? Los embriagados de poder condenan al inocente, y libertan al malvado. Venden su conciencia por dinero. Seguro que Dios los destruirá del todo.

SALMO # 95

Cántico de alabanza y de adoración.

Versos 1-5: "Venid, aclamemos alegremente a Jehová; Cantemos con júbilo a la roca de nuestra salvación. Lleguemos ante su presencia con alabanza; Aclamémosle con cánticos. Porque Jehová es Dios grande, y Rey sobre todos los dioses. Porque en su mano están las profundidades de la tierra, Y las alturas de los montes son suyas, Suyo también el mar, pues él lo hizo; Y sus manos formaron la tierra seca."

Aquí tenemos el llamado del Espíritu Santo a cantar al Señor y alabarle por sus bendiciones. El pueblo gozoso se acerca a la roca de la salvación, consciente de que está refugiado en la Roca herida. Cant. 2: 14, dice: *"Paloma mía, que estás en los agujeros de la peña. En lo escondido de escarpados parajes, Muéstrame tu rostro, hazme oír tu voz; Porque dulce es la voz tuya, y es hermoso tu parecer."*

La paz que disfruta la iglesia se debe a que está escondida en los agujeros de las manos y el costado herido de Cristo.

Versos 6-11: "Venid, adoremos y postrémonos; Arrodillémonos delante de Jehová nuestro Hacedor. Porque él es nuestro Dios; Nosotros el pueblo de su prado, y ovejas de su mano.

Si oyereis hoy su voz, No endurezcáis vuestro corazón, como en Meriba, Como en el día de Masah en el desierto, Donde me tentaron vuestros padres, Me probaron, y vieron mis obras. Cuarenta años estuve disgustado con la nación, Y dije: Pueblo es que divaga de corazón, Y no han conocido mis caminos. Por tanto juré en mi furor Que no entrarían en mi reposo."

Después de la segunda invitación a adorar a Dios, a arrodillarse ante él como pueblo de su prado y ovejas de su mano, el Espíritu nos da un aviso muy importante. Después de oír la Palabra de Dios, Su voz; no debemos endurecer nuestro corazón para no hacer lo que en ella nos dice, porque los resultados son funestos.

Durante cuarenta años Dios estuvo enojado con el pueblo israelita que sacó de la esclavitud de Egipto. La inconformidad, murmuración y quejas del pueblo, dieron como resultado que quedaron enterrados en el desierto. Todos los que fueron testigos de los milagros de la liberación, por sus dudas y falta de fe, fueron castigados a marchar por el horrible desierto hasta pagar con sus vidas su rebelión.

El mismo Moisés no pudo entrar a la tierra prometida por causa de su desobediencia, (Núm 20: 1-13). Él debía hablar a la peña, no golpearla de nuevo, como lo hizo en Éxo. 17. Aquella Roca era Cristo, (1 Cor. 10:4). El Redentor sería herido una sola vez.

SALMO # 96

Cántico de alabanza

Versos 1-6: "Cantad a Jehová cantico nuevo: Cantad a Jehová toda la tierra. Cantad a Jehová, bendecid su nombre; Anunciad de día en día su salvación. Proclamad entre las naciones su gloria, En todos los pueblos sus maravillas. Porque grande es Jehová, y digno de suprema alabanza; Temible sobre todos los dioses. Porque los dioses de los pueblos son ídolos; Pero Jehová hizo los cielos. Alabanza y magnificencia delante de él; Poder y gloria en su santuario."

El Rey viene. Este Salmo nos da diecisiete formas de alabar a Dios. Note la repetición de cantar, anunciar, bendecir, proclamar, tributar, dar, adorar, temer, alegrar, regocijar, gozar, decir, magnificar, venid, bramar traer y alabar. Es deber de cada creyente adorar a Dios en todas estas formas. Nuestro Dios es el único que resucitó, y está sentado a la diestra del Padre. Él es Dios Vivo.

Ni Buda, ni Krishna, ni Laotsé, ni Mahoma, ni ninguno de llamados santos, ha resucitado. Lo cierto es que algunos ni han existido. El diablo se inventa cada año nuevos santos. Algunos los sacan los papas, otros la imaginación de los hombres. En Méjico se adora la santa muerte y al santo de los narcos etc.

Versos -13: "Tributad a Jehová, oh familias de los pueblos, Dad a Jehová la gloria y el poder. Dad a

Jehová a honra debida a su nombre; Traed ofrendas, y venid a sus atrios. Adorad a Jehová en la hermosura de la santidad; Temed delante de él, toda la tierra.

Decid entre las naciones: Jehová reina. También afirmó el mundo, no será conmovido; Juzgará a los pueblos en justicia. Alégrense los cielos, y gócese la tierra, Brame el mar y su plenitud. Regocíjese el campo y todo lo que en él está; Entonces todos los árboles rebosarán de contento, Delante de Jehová que vino; Porque vino a juzgar la tierra. Juzgará al mundo con justicia, Y a los pueblos con su verdad."

El Juez viene a juzgar a los pueblos con su Palabra. Este Salmo tendrá su pleno cumplimiento durante el Milenio. Entre tanto, la Iglesia le adorará con las 17 formas de adoración.

SALMO # 97

CRISTO EN EL TRONO

El dominio y el poder de Jehová.

Versos 1- 5: "Jehová reina; regocíjese la tierra, Alégrense las muchas costas. Nubes y oscuridad alrededor de él; Justicia y juicio son el cimiento de su trono. Fuego irá delante de él, Y abrasará a sus enemigos alrededor. Sus relámpagos alumbraron el mundo; La tierra vio y se estremeció. Los montes se derritieron como cera delante de Jehová, Delante del Señor de toda la tierra.

Cristo en el Trono. Ha llegado el día de su coronación. Todo el mundo se alegra. Él está rodeado de nubes de oscuridad. Esto muestra lo poco que el conocemos. La justicia es el fundamento de su Trono.

Grandes lenguas de fuego irán delante de él consumiendo a los que no conocen a Dios ni creen en su evangelio, (2 Tes. 1:8). Los relámpagos de sus juicios iluminarán al mundo y llenarán de terror a la gente.

Es aquí cuando cumple Isaías 40:4, *"Todo valle sea alzado, y bájese todo monte y collado; y lo torcido se enderece, y lo áspero se allane."*

Versos 7-9: "Los cielos anunciaron su justicia, Y todos los pueblos vieron su gloria. Avergüéncense todos los que sirven a las imágenes de talla. Los que se glorían en los ídolos. Póstrense a él todos los dioses. Oyó Sion y se alegró; Y las hijas de Judá, Oh Jehová, se gozaron por tus juicios. Porque tú, Jehová, eres excelso sobre toda la tierra; Eres muy exaltado sobre todos los dioses."

Si estudiamos detenidamente las diez plagas de los egipcios, nos daremos cuenta que cada una de ellas fue un juicio a un dios, (Éxodo 12: 12). Había que sacar del corazón de los israelitas el temor y la fe que tenían en ellos.

Las serpientes: Juicio a Hécate, la diosa de la mitología egipcia de las brujas y los cementerios, representada por una serpiente enroscada en un asta. Este es tipo de Esculapio, o Asclepios, el dios de la medicina de la mitología griega. Es símbolo de la medicina moderna. Hoy se celebra el día de Halloween.

1: Plaga de sangre. Juicio a Hapy dios cocodrilo y Nut, dios búfalo de agua.

2: Ranas: Juicio a la diosa Heki, con cuerpo de mujer y cabeza de rana.

3: Piojos; juicio a Thot, artes secretas de magia.

4: Moscas: juicio a Belzebub dios de las moscas y los escarabajos.

5: Ganado. Juicios a Sutec, el dios mitad burro y mitad cerdo. Apis, el buey sagrado, Moloc. A Hator, la vaca con estrellas en la cola de los griegos.

6: Úlceras: juicio a Isis, Thot y Ptah, dioses de la medicina egipcia.

7: Granizo. Juicios Respu, dios del trueno. Júpiter de los romanos y Zeus dios de los griegos

8: Langostas. Juico a Min y Pan, el fauno, dioses de los sembrados. Pan es representado como un fauno con cuernos, cola y patas de cabro, que toca un instrumento.

9: Tinieblas. Juicio a Rah, y a Osiris, hijo del dios sol.

10: Primogénitos. Juicio a Isis. Un mujer con un el niño Osiris en sus brazos, y a Horus, el dios sol. Se creía que el faraón era la encarnación de Horus.

Hoy hay un culto muy grande María, sin embargo realmente es a las diosas de mitología, egipcia, griega y romana. Algunas de ellas son representadas por mujeres con niños en brazos. Isis y Tamuz. Egipto. Indrani, India. Shing Mu, China. Artemisa, Grecia. Diana, Éfeso. Venus, Roma. Fátima, Arabia. Astoret, Canaán. Devaki, India. María, antiguos católicos y ortodoxos griegos.

Todos estos dioses y santos, son mitos. No existieron. María la madre humana de Jesús, era una anciana, no una preciosa joven. 250 años DC, en Éfeso, la declararon "Madre de Dios". Una de las cabezas heridas de la Hidra, la de la idolatría, fue revivida. El diablo está en competencia contra Cristo por el corazón de los hombres.

Hoy muchos católicos romanos han estudiado la Biblia y están rechazado la idolatría. No debemos olvidar que todos creen en Cristo. Lo que sucedía era que no creían que se podían acerca a Jesús si no era a través de un mediador. Ya se han dado cuenta de que sólo hay un Mediador entre Dios y el hombre, Jesucristo Hombre.

Versos 10-12: "Los que amáis a Jehová, aborreced el mal; El guarda las almas de sus santos; De mano de los impíos los libra. Luz está sembrada para el justo, Y alegría para los rectos de corazón. Alegraos, justos, en Jehová, Y alabad la memoria de sus santos."

Este es el aviso a los creyentes a aborrecer el pecado. También está registrada la seguridad de que Dios guarda nuestras almas, o nuestro intelecto para que no penetren en él cosas que nos conduzcan al pecado. Él nos guarda de los ataques de los impíos.

La luz de la palabra ilumina la mente y el corazón de los que la aman. Esto da como resultado, el gozo y el reposo en el creyente.

SALMO # 98

Alabanza por la justicia de Dios.

Versos 1- 3. "Cantad a Jehová cántico nuevo, Porque ha hecho maravillas; Su diestra lo ha salvado, y su santo brazo. Jehová ha hecho notoria su salvación; A vista de las naciones ha descubierto su justicia. Se ha acordado de su misericordia y su verdad para con la casa de Israel; Todos los términos de la tierra han visto la salvación de nuestro Dios.

Este el cántico de la creación. La Segunda venida de Cristo es la liberación de Israel de sus perseguidores y opresores. Esto inspirará una nueva canción en el corazón de ellos. Las naciones han sido testigos del cumplimiento del pacto de Dios con Israel. En Lucas 1:54-55, María cantó: *"Socorrió a Israel su siervo, Acordándose de la misericordia, De la cual habló a nuestros padres, Para con Abraham, y su descendencia para siempre.*

Versos 4-6: "Cantad alegres a Jehová, toda la tierra; Levantad la voz, y aplaudid, y cantad SALMO. Cantad SALMO a Jehová con arpa; Con arpa y voz de cántico. Aclamad con trompetas y sonidos de bocina, Delante del rey Jehová."

Los israelitas salvos son exhortados a cantar a Jehová con instrumentos. Los levitas con arpas y trompetas, los sacerdotes sonando los cuernos. El pueblo se une al inmenso coro.

Versos 7-9: "Brame el mar y su plenitud, El mundo y los que en él habitan; Los ríos batan las manos, Los montes todos hagan regocijo Delante de Jehová que vino a juzgar la tierra. Juzgará al mundo con justicia, Y a los pueblos con rectitud."

Las naciones y la naturaleza son invitadas a unirse al coro. El mar y sus habitantes braman de alegría.

Los ríos baten las manos al chocar contra las rocas. Los montes levantan sus cabezas como en cánticos de éxtasis. Toda la creación reacciona a la vez cuando el Rey viene a juzgar y a reinar sobre la tierra para darle a este pobre mundo sollozante y gimiente, un reino de justicia y equidad. ¿Quién no se alegrará por ello?

SALMO # 99

Fidelidad de Jehová para con Israel

Versos 1-5: "Jehová reina; Temblarán los pueblos. Él está sentado sobre los querubines, se conmoverá la tierra. Jehová en Sion es grande, Y exaltado sobre todos los pueblos. Alaben tu nombre grande y temible; Él es santo. Y la gloria del rey ama el juicio; Tú confirmas la rectitud; Tú has hecho en Jacob juicio y justicia. Exaltad a Jehová nuestro Dios, Y postraos ante el estrado de sus pies, Él es Santo.

La santidad del Rey es el cordón de tres dobleces que corre en este Salmo. El Salmista lo ve establecido en su reino. Le ve sentado sobre los querubines. Estos son como seres humanos con alas. Ellos son asignados para vindicar la santidad de Dios contra el pecado del hombre. La visión del Monarca en el Trono es tan gloriosa que las naciones y la tierra tiemblan.

Versos 6-7: "Moisés y Aarón entre sus sacerdotes, Y Samuel entre los que invocaron su nombre; Invocaban a Jehová, y él les respondía. En columna de nube hablaba con ellos; Guardaban sus testimonios, el estatuto que les había dado."

Este es el mismo Rey que había guiado a Moisés y al pueblo en el pasado. Aunque ni Moisés ni Samuel eran sacerdotes, ambos funcionaron como tales por permiso divino. Ellos clamaban a Dios, y él les contestaba desde la nube.

Es probable que estos tres héroes representen la porción de creyentes de Israel, y que lo que fue cierto para ellos lo sea para los creyentes de todos los tiempos. Ellos clamaron al nombre del Señor y fueron salvos. Así todo el que clame por el nombre del Señor será salvo hoy.

Versos 8-9: "Jehová Dios nuestro, tú les respondías; Les fuiste un Dios perdonador, Y retribuidor de sus obras. Exaltad a Jehová nuestro Dios, Y postraos ante su santo monte, Porque Jehová nuestro Dios es santo."

A pesar de las imperfecciones de estos varones de Dios, él les respondía. Aunque él es un Dios perdonador, no pasaba por alto sus pecados. Aunque la pena era perdonada, las consecuencias seguían. La gracia de Dios perdonó a Moisés por su pecado en las aguas de Meriba, pero el gobierno de Dios no le permitió entrar a la tierra prometida.

Así también Aarón, fue perdonado por la gracia, pero el gobierno de Dios le despojó de su ministerio y murió. El creyente que peca, debe confesar su pecado al Señor, y recibe perdón, pero el pecado trae consecuencias que el creyente debe hacer frente.

"Santo, Santo, Santo, Señor omnipotente; siempre el labio mío loores te dará. Santo, Santo; te adora todo hombre, Dios en tres Personas, Bendita Trinidad."

SALMO # 100

Exhortación a la gratitud.

Salmo de alabanza

Versos 1-3: Cantad alegres a Dios, habitantes de toda la tierra. Servid a Jehová con alegría; Venid ante su presencia con regocijo. Reconoced que Jehová es Dios; Él nos hizo, y no nosotros a nosotros mismos; Pueblo suyo somos y ovejas de su prado.

Entrad por sus puertas con acción de gracias, Por sus atrios con alabanza; Alabadle, bendecid su nombre. Porque Jehová es bueno, para siempre es su misericordia, y su verdad por todas las generaciones."

Este Salmo es un llamado a todo el mundo, no solamente a Israel; a alabar a Jehová. El mismo se divide en cuatro grupos. Versos 1-2: Llamado a alabar a Dios. Verso 3: Por qué Dios debe ser alabado. Verso 4: Llamado a la adoración. Verso 5: Por qué Dios debe ser adorado.

Se sugieren varios elementos para la adoración. 1: Cantar a Dios. 2: Servir a Dios con gozo. 3: Venir a Dios con regocijo. 4: Entrar por sus puertas con acción de gracias. 5: Entrar a sus atrios con alabanza. 6 Bendecir su nombre.

SALMO # 101

Promesa de vivir rectamente. Salmo de David

Versos 1-5: "Misericordia y juicio cantaré; A ti cantaré yo, oh Jehová. Entenderé el camino de la perfección Cuando vengas a mí. En l integridad de mi corazón andaré en medio de mi casa. No pondré delante de mis ojos coa injusta. Aborrezco las obras de los que se desvían; Ninguno de ellos se acercará a mí. Corazón perverso se apartará de mí; no conoceré al malvado. Al que solapadamente infama a su prójimo, yo lo destruiré; No sufriré al de los ojos altaneros y de corazón vanidoso."

El rey David había determinado que reinaría con corazón íntegro. En su vida doméstica actuaría correctamente. Cuando dijo que no miraría cosa injusta, quería decir que no aprobaría ninguna persona o plan o actividad injusta.

Tampoco se contaminaría con los apóstatas, ni tendría comunión con ellos. No tendría entre sus consejeros a los de corazón perverso, ni a los calumniadores, mentirosos y orgullosos.

Versos 6-8: "Mis ojos pondré en los fieles de la tierra, para que estén conmigo; El que ande en el camino de la perfección, éste me servirá. No habitará dentro de mi casa el que hace fraude; El que habla mentiras no se afirmará delante de mis ojos. De mañana destruiré a todos los impíos de la tierra, Para exterminar de la ciudad de Jehová a todos los que hagan iniquidad."

Aunque esta parece una resolución de David, realmente es una profecía del reino de Cristo. No podemos conocer lo que hay en el corazón del hombre. El único que puede hacerlo es el Señor. Es por eso que al creyente se le prohíbe hacer juicios a la ligera.

Aunque el rey David propuso en su corazón hacer lo que declara en este Salmo, en su reino se introdujeron personas como Ahitofel, consejero, Joab, general de su ejército, y aun sus hijos Ammón y Absalón.

SALMO # 102

Oración de un afligido. Oración del que sufre, cuando está angustiado, y delante de Jehová derrama su lamento.

Versos 1-11: "Jehová, escucha mi oración, Y llegue a ti mi clamor. No escondas de mí tu rostro en el día de mi angustia; Inclina a mí tu oído; Apresúrate a responderme el día que te invocare. Porque mis días se han consumido como humo, Y mis huesos cual tizón están quemados. Mi corazón está herido, y seco como la hierba, Por lo cual me olvido de comer mi pan.

Por la voz de mi gemido Mis huesos se han pegado a mi carne. Soy semejante al pelícano del desierto; Soy como el búho de las soledades; Velo, y soy Como el pájaro solitario sobre el tejado. Cada día me afrentan mis enemigos; Los que contra mí se enfurecen, se han conjurado contra mí. Por lo cual yo como ceniza a manera de pan, Y mi bebida mezclo con lágrimas, A causa de tu enojo y de tu ira; Pues me alzaste, Y me has arrojado. Mis días son como sombra que se va, Y me he secado como la hierba."

Este Salmo se puede llamar: "La Trinidad en el Calvario. La llave para entenderlo está en notar los cambios de los que hablan en él. Aquí vemos al Señor Jesús colgando de la cruz, hablándole a Dios.

Este es un modelo de oración para el creyente que está pasando por una dura prueba. Es especialmente la queja de uno que ha predicado sanidad, y se enfrenta a la enfermedad. Uno que ha predicado santidad, y ha caído de la gracia. La gente la pregunta: ¿Tú no predicabas sanidad? ¿Por qué Dios no te sana? A Jesús le decían: "Si eres el Hijo de Dios, desciende de la cruz."

Los creyentes también se enferman, aunque sean buenos ministros. Pablo dijo en 2 Cor. 11:29: ¿Quién enferma, y yo no enfermo? Este cuerpo es de tierra, es de abajo. La diferencia es que en el Salmo 103 está la promesa del Señor, en la cual el creyente está anclado: "El que sana todas tus dolencias." Así que si tarda, espéralo.

Versos 12-22: "Más tú, Jehová permanecerás para siempre, Y tu memoria de generación en generación. Te levantarás y tendrás misericordia de Sion, Porque es tiempo de tener misericordia de ella, porque el plazo ha llegado. Porque tus siervos aman sus piedras, Y del polvo de ella tienen compasión. Entonces las naciones temerán el nombre de Jehová, Y todos los reyes de la tierra tu gloria; Por cuanto Jehová habrá edificado a Sion, Y en su gloria será visto;

Habrá considerado la oración de los desvalidos, Y no habrá desechado el ruego de ellos. Se escribirá esto para la generación venidera; Y el pueblo que está por nacer alabará a JAH, Porque miró desde lo alto de su santuario; Jehová miró desde los cielos a la tierra, para oír el gemido de los presos, Para soltar a los sentenciados a muerte; para que publique Sion el nombre de Jehová Y su alabanza en Jerusalén. Cuando los pueblos y los reinos se congreguen En uno para servir a Jehová."

El Padre responde al Hijo, Heb. 1:8. El tendrá misericordia de Sion. Esta es la profecía del establecimiento de la Iglesia, donde todos los pueblos se reúnen en uno para adorar a Dios, sin diferencia de banderas, políticas, o fronteras.

Versos 23-28: "Se debilitó mi fuerza en el camino; Acortó mis días. Dije: Dios mío, no me cortes a la mitad de mis días; Por generación de generaciones son tus años. Desde el principio tú fundaste la tierra, Y los cielos son obra de tus manos. Ellos perecerán, más tú permanecerás; Y todos ellos como una vestidura se envejecerán, Como un vestido los mudarás y serán mudados. Pero tú eres el mismo, Y tus años no se acabarán. Los hijos de tus siervos habitarán seguros, Y su descendencia será establecida delante de ti."

Estos versos fueron citados en Hebreos 1:10-12. En ellos vislumbramos la angustia de Jesús al enfrentarse a la muerte en tan temprana edad, aunque sabemos que él conocía muy bien el proceso por el que debía pasar como el Cordero sacrificado. El Cordero de Dios no podía ser un cordero viejo, sino uno lleno de la juventud y de vida, un Cordero Perfecto. Estamos siendo testigos de la angustia del Creador siendo hecho pecado por nosotros, (1 Cor. 5:21).

Así se siente el creyente ante la muerte, porque aunque tal vez conozca intelectualmente lo que le espera porque lo registra la Palabra, lo cierto es que no ha tenido la experiencia. La vida es agradable y nadie quiere perderla. En la parte más profunda de nuestro ser, está la duda: ¿será, o no será? Sólo la fe puede hacer que nuestra partida sea en paz.

El Espíritu Santo habla al Hijo, dándole la seguridad de lo que le espera. La Resurrección. ¿Qué le espera al creyente? La resurrección. ¿Qué pasa con nuestro espíritu, mientras esperamos la resurrección? Los creyentes duermen en Cristo, dice 1 Tes. 4:14. ¿Será un sueño como el de la anestesia? No. Lucas 16: nos da la historia del rico y Lázaro. Esta no es una parábola, pues tiene nombre propio, y la parábola no lo tiene.

El rico ve, oye, siente, piensa y entiende. Tiene todos sus sentidos físicos e intelectuales están intactos, más su cuerpo físico se está pudriendo en la tumba. Él es trino; fue creado a imagen de Dios. El cuerpo número uno quedó en la tumba, ahora está funcionando con el cuerpo dos y tres.

Esto da a entender que los muertos en Cristo estarán en un delicioso movimiento. ¿Recordarán a los que dejaron en la tierra? Si, el rico recordaba que tenía cinco hermanos. ¿Podrán ayudar a los que quedaron en la tierra? No. Al rico se le dijo que los que estaban en la tierra tenían a Moisés y a los profetas.

Los que están ahora en la tierra tienen a Moisés, los profetas y a Cristo, en la Biblia. ¡OIGANLOS!

Allá no se reciben noticias de acá. No hay satélite que lleve información de lo que sucede en la tierra. Entonces; ¿puede mi abuelita ser mi ángel guardián? No, ese es un invento de los que creen en la necromancia, la madre del espiritismo. Los ángeles fueron creados de una vez, y son diferentes de los humanos. Así también los demonios. Ellos fueron creados antes que el hombre.

Lucas 16: 26 dice: *"Además de esto, una gran sima está puesta entre nosotros y vosotros, de manera que los que quisieren pasar de aquí a vosotros, no pueden, ni de allá para acá."* Esto es lo que dice la Biblia al respecto.

Salmo 103

Alabanza por las bendiciones de Dios.

Salmo de David.

Versos 1-5: "Bendice, alma mía, a Jehová, Y bendiga todo mi ser su santo nombre. Bendice, alma mía, a Jehová Y no olvides ninguno de sus beneficios. Él es quien perdona todas tus iniquidades, El que sana todas tus dolencias; El que rescata del hoyo tu vida, El que te corona de favores y misericordias; El que sacia de bien tu boca De modo que te rejuvenezcas como el águila."

El Salmista bendice al Señor. Nosotros debemos bendecir al Señor porque hemos sido bendecidos con toda bendición espiritual en los lugares celestiales en Cristo, (Efesios 1:3).

Primera bendición: La de la salvación. Cristo nos redimió de la maldición de la Ley que estaba contra nosotros. La ley le da armas a la muerte para destruir al pecador. El pecado es el veneno del dardo; es el padre de la muerte. Aunque la muerte física hiere al creyente, no lo retiene.

Segunda bendición: Después de ser creyentes, tenemos el perdón de los pecados que cometemos siendo creyentes por nuestra infancia espiritual. Cuando confesamos a Cristo nuestros pecados, recibimos el perdón, (1 Juan 2:1). El perdón le quita el poder a la muerte, la desarma y le quita el aguijón, (1Cor. 15: 51-55).

La tercera bendición: El Señor sana todas nuestras dolencias, sean enfermedades físicas, mentales o espirituales. Cuando el creyente se enferma, trata de desesperarse porque Dios no lo sana inmediatamente. El espera un milagro instantáneo, como en las campañas de sanidad.

Es cierto que hay milagros instantáneos, pues es el método de propaganda del evangelio. Sin embargo, Dios demanda la fe en el creyente. En todo tiempo debemos confiar que el Señor está en control de nuestras vidas. Nuestra fe debe estar basada en que

Él nos sana todas las dolencias, no cuándo las va a sanar. Y si nos va a llevar, mucho mejor.

Cuarta bendición: El rescata del hoyo nuestra vida. ¿De qué hoyo? Del infierno. Cristo pagó la deuda que debíamos a la Suprema Corte de Justicia del Universo por el delito de alta traición de Adán, el cual habíamos heredado de él. El hombre no se pierde por lo que hace, sino por herencia. Es por eso que necesita aceptar a Cristo, y su trabajo de redención, para que entre en el Pacto en su sangre y sea salvo del hoyo tenebroso.

Quinta bendición: Nos corona de favores y misericordias. Tenemos una invitación permanente al Trono de la gracia, para hallar gracia, alcanzar misericordia para el oportuno socorro.

Sexta bendición: El sacia de bien nuestra boca. Tenemos el beneficio de la oración, la adoración. Como somos sacerdotes santos, podemos interceder por los demás. Como sacerdotes regios, podemos ministrar el evangelio a los perdidos. Tenemos el poder de abogado de usar el Nombre de Jesús en nuestras oraciones, peticiones, y conflictos con las huestes de tinieblas.

Séptima bendición: Nos rejuvenecemos como las águilas. Confesamos la Palabra, y esta nos rejuvenece. La vida y la muerte están en poder de la lengua, dice Prov. 18:21. Nos enlazamos con las palabras de nuestras bocas, y quedamos presos en los dichos de nuestros labios, dice Prov. 6:2. La confesión negativa nos mantiene cautivos. La confesión de lo que Dios dice, nos da vida, salud, juventud, y victoria.

Estas siete bendiciones son el eje y puntal de la vida victoriosa del creyente.

Versos 7-10: "Jehová es el que hace justicia Y derecho a todos los que padecen violencia. Sus caminos notifico a Moisés, Y a los hijos de Israel sus obras. Misericordioso es Jehová; Lento para la ira, y grande en misericordia; No contenderá para siempre, Ni para siempre guardará el enojo. No ha hecho con nosotros conforme a nuestras iniquidades, Ni nos ha pagado conforme a nuestros pecados."

Dios cuida de su creación. Los que hacen violencia a su prójimo comparecerán ante el Trono de Dios. Él le dio a Moisés la Ley de los mandamientos, y los 613 mandamientos sub siguientes. En ellos expresó su voluntad absoluta para el hombre.

El Talit, el manto de oración de los israelitas, contiene 613 flequillos, representando los mandamientos; 4 flecos en sus esquinas con 15 nudos, representando los nombres de Dios. Tiene cinco franjas azules representando los cinco libros del Pentateuco, la Tora, los libros de Moisés: Génesis, Éxodo, Levítico, Números y Deuteronomio. En la parte de arriba tiene un bordado, que debe ir en la frente, para recordar los mandamientos. Esta es la Biblia escrita en tela.

A los doce años el niño recibe el Talit. Él lo usará sobre su cabeza cada vez que ore a Dios. Con la estrella de David al centro, se convierte en la bandera de Israel. Los israelitas han sido los bibliotecarios de la Iglesia. Ellos guardaron la Biblia en toda su pureza y la han dado a la Iglesia.

Aunque Dios es misericordioso y clemente, lento par la ira, y grande en misericordia; y que no guarda el enojo para siempre; no contenderá para siempre con el hombre que persiste en su negativa y rechazo del plan de salvación por la Sangre de Cristo. El hombre no debe dejar pasar la oportunidad de salvación que el Señor le ofrece, porque puede que nunca más la vuelva a tener.

Versos 11-14: "Porque como la altura de los cielos sobre la tierra, Engrandeció su misericordia sobre los que le temen. Cuanto está lejos el oriente del occidente, Hizo alejar de nosotros nuestras rebeliones. Como el padre se compadece de los hijos, Se compadece Jehová de los que le temen. Porque él conoce nuestra condición; Se acuerda que somos polvo."

"El principio de la sabiduría es el temor de Jehová." ¿Qué tan importante es el temor de Dios? El temor a Dios nos mantiene en el camino. Él nos detiene de hacer cosas que no le agraden a Dios, y de hacer daño al prójimo. Además del temor a la ira divina, el creyente ama al Señor, quien pagó un precio tan grande por nuestra salvación. ¿Cómo podremos ofender a Alguien que nos ama tanto y que sólo nos hace bien?

Versos 15-18: "El hombre, como la hierba son sus días; Florece como la flor del campo, Que pasó el viento por ella, y pereció, Y su lugar no la conocerá más. Más la misericordia de Jehová es desde la eternidad y hasta la eternidad sobre los que le temen, Y su justicia sobre los hijos de los hijos; Sobre los que guardan su pacto, Y los que se acuerdan de sus mandamientos para ponerlos por obra."

Es una gran ventaja el hecho de que el Señor se acuerda que nuestro cuerpo físico es de barro, (Job 4:19). Por eso no nos paga de acuerdo a nuestros pecados, sino que envió el remedio en la persona del Redentor.

Su misericordia es desde la eternidad hasta la eternidad. Dios también sabe que aunque nuestro cuerpo es de polvo, somos seres eternos, porque él puso eternidad en nuestros espíritus, (Ecle.3:11). Su misericordia alcanza a nuestros descendientes porque son herederos del pacto. Ellos vendrán al evangelio.

Versos 19-20: "Jehová estableció en los cielos su trono, Y su reino domina sobre todos. Bendecid a

Jehová, vosotros sus ángeles, Poderosos en fortaleza que ejecutáis su palabra, obedeciendo a la voz de su precepto."

¿Cuál es el trabajo de los ángeles hacia los creyentes? Ellos son la guardia de honor del Señor que mora en nuestros corazones. Son ministradores de los herederos de salvación, (Heb. 1:14).

Cuando el creyente usa la Palabra de Dios y el Nombre de Jesús, los ángeles ejecutan la orden. Mientras el creyente no usa la Palabra, los ángeles, que son espíritus sin cuerpo, mantienen sus alas plegadas y sus brazos cruzados. Ellos solo ejecutan la Palabra de Dios en los labios de fe del creyente.

Versos 21-22: "Bendecid a Jehová, vosotros todos sus ejércitos, Ministros suyos, que hacéis su voluntad. Bendecid a Jehová, vosotras todas sus obras, En todos los lugares de su señorío, Bendice, alma mía, a Jehová."

Los ejércitos de Dios no tienen número. Las constelaciones, las galaxias, las estrellas y los planetas, y los asteroides, son algunos de sus ejércitos. Los ángeles, querubines, serafines, y todos los seres espirituales, son otros ejércitos.

Entonces están los ejércitos de sanidad de este planeta, las moscas, los buitres, los gusanos que limpian la tierra, y las criaturas que limpian los mares. Los ejércitos que cuidan los países de invasiones extranjeras, y ¿quién sabe cuántos millones de ejércitos en otros lugares que el hombre no ha podido descubrir aun? La Biblia nos habla de habitantes del mar. Si no son hombres, ¿qué son?, (Apoc. 12.12, 20.13).

SALMO # 104

Dios cuida de su creación.

Versos 1-4: "Bendice, alma mía a Jehová. Jehová Dios mío, mucho te has engrandecido; Te has vestido de gloria y magnificencia. El que se cubre de luz, como de vestidura, Que extiende los cielos como una cortina, Que establece sus aposentos entre las aguas, El que pone las nubes por su carroza, El que anda sobre las alas del viento, El que hace a los vientos sus mensajeros, Y a las flamas de fuego sus ministros."

Pensemos por un momento en lo que envuelve la administración de nuestro planeta. Dios debe proveer agua, comida y habitación para los hombres, las bestias, los animales, los insectos, las aves y los peces. Dios sustenta cada especie individualmente.

Entonces Dios administra desde cada estrella, planeta, constelación y galaxia, y cada copo de nieve y cada partícula de polvo, cada planta y cada hoja, cada célula, y cada germen. ¡Qué grande es Dios!

Ese mismo Dios Creador y Sustentador del universo, se transfiguró en el monte Tabor, ante algunos de sus discípulos, rodeado de luz.

Ezequiel 1:14 dice que los querubines se movían a manera de relámpagos. Los serafines son seres ardientes.

Versos 5-9: "El fundó la tierra sobre sus cimientos; No será jamás removida. Con el abismo, como con vestido, l cubriste; Sobre los montes estaban las aguas. A tu reprensión huyeron; Al sonido de tu trueno se apresuraron; Subieron los montes, descendieron los valles, Al lugar que tú les fundaste. Le pusiste término, el cual no traspasarán, ni volverán a cubrir la tierra."

En estos versos nos parece ver Génesis capítulo uno, donde se nos dan detalles de la reorganización de la tierra. Si meditamos en ello, nos damos cuenta que fueron periodos larguísimos.

La tierra estaba desordenada y vacía. Entre el primer verso y el segundo, vemos que ha sucedido un cataclismo. Fue durante este período que Dios creó los ángeles. Parece que el juicio de Satanás y los ángeles que se rebelaron con él, dio como resultado el caos que mezcló los cuatro elementos de fuego, agua, tierra y aire. La tierra quedó desordenada y vacía.

Esta tierra vacía y sin luz viajaba a través del espacio. El Espíritu Santo, como una paloma madre la cubría. Entonces dijo Dios: Sea la luz. Al instante la vibración del Espíritu en el éter, dio como resultado una luz muy poderosa.

La prueba de ello es que en las islas más frías del planeta hay minas de carbón. Estos son restos de árboles inmensos, que existieron antes que nuestro sol fuera iluminado. En el desierto de Sahara, así como en las altas montañas del mundo se han encontrado fósiles de peces.

En el periodo cuarto vemos que las semillas estaban en la tierra original; el periodo cinco vemos la creación de los dinosaurios, los cuales semejantes a las aves y los peces se reproducen por medio de huevos. Ellos desaparecieron durante la noche antes del periodo sexto.

En el periodo sexto, fueron creados los animales de hoy, y al fin de aquel periodo fue creado el bebé, el hombre. Esto parece haber ocurrido después de la edad de hielo, ocurrida hace diez mil años, (Instituto. United States). Honor a la Palabra de Dios, que dice que el hombre lleva menos de seis mil años en la tierra.

El mar recibió la orden de no volver a cubrir la tierra. Aquel bebé recién nacido fue puesto en su cuna, envuelto en fajas, encerrado en puertas con cerrojo, con la orden de no traspasar sus linderos, (Job 38: 8-11).

Las tinieblas que existían en las noches de los primeros cuatro períodos, fueron el resultado de los volcanes que impulsaban la tierra hacia arriba, en algunos lugares, mientras en otras se bajaba para recibir la abundancia de las aguas.

Con el volcán Tombora, en Indonesia, en el 1800, no se veían las manos al medio día a 1500 millas de distancia.

El volcán Yellowstone, en EE.UU. tiene una caldera de 1500 millas cuadradas Es el más grande del mundo, y está activo. ¿Será por eso que no aparece América en el Apocalipsis? Cuando eso suceda, ya la Iglesia se habrá ido con Cristo.

Versos 10-13. "Tú eres el que envía las fuentes por los arroyos; Van entre los montes; Dan de beber a todas las bestias del campo; Mitigan su sed los asnos monteses. A sus orillas habitan las aves de los cielos; Cantan entre las ramas. El riega los montes desde sus aposentos; Del fruto de sus obras se sacia la tierra."

Ecle. 1:7 dice: "Los ríos todos van al mar, y el mar no se llena, al lugar de donde los ríos vinieron allí vuelven para correr de nuevo."

Amós 5:8 dice: "Buscad al que hace las Pléyades y al Orión, y vuelve las tinieblas en mañana, y hace oscurecer el día como la noche; el que llama las aguas del mar, y las derrama sobre la faz de la tierra; Jehová es su nombre."

Por estos versos nos damos cuenta de la maravillosa ley de evaporización; el filtro perfecto de Dios. El agua de la tierra está medida. Es la misma que midió en el hueco de su mano, (Isaías 40:12).

Versos 14-18: "El hace producir el heno para las bestias, Y la hierba para el servicio del hombre, Sacando el pan de la tierra, Y el vino que alegra el corazón del hombre, El aceite que hace brillar el rostro, Y el pan que sustenta al hombre.

Se llenan de sabia los árboles de Jehová, Los cedros del Líbano que él plantó. Allí anidan las aves; En las hayas hace su casa la cigüeña. Los montes altos para las cabras monteses; las peñas, madrigueras para los conejos.

El Señor preparó la tierra para que sirviera de hogar a su hombre. Él le suplió para todas sus necesidades. La primera fue el alimento. En la mesa de Dios hay alimento para todas sus criaturas. ¡Cuánto depende el hombre de Dios! Todo lo que necesitamos sale de la tierra. Nada se importa de otros planetas.

Los árboles son tipo de los diversos ministerios que alimentan el rebaño del Señor con la Palabra de Dios; no con emociones de los sentidos, ni con filosofías ni psicologías, experiencias ni cuentos. Lo que el creyente necesita es conocer la Palabra para actuar en ella. En los servicios donde hay tanta emoción y movimiento, que no hay tiempo de dar la Palabra, Dios quedó fuera. Él se manifiesta por medio de su Palabra.

Marcos 15:20 dice que las señales siguen a la Palabra, no antes de ella. Es por eso que el pastor debe estar saturado de la savia de la Palabra, para no poner a ministrarle a su congregación a árboles raquíticos y secos, que deben usar sus sentidos para entretener la gente y al fin enviarlos vacíos.

Versos 19- 23: "Hizo la luna para los tiempos; El sol conoce su ocaso. Pones las tinieblas, y es la noche; En ella corretean todas las bestias de la selva. Los leoncillos rugen tras la presa, Y para buscar de Dios su comida. Sale el sol y se recogen, Y se echan en sus cuevas. Sale el hombre a su labor, Y a su labranza hasta la tarde."

En los versos anteriores vimos los animales del día; en estos vemos los animales nocturnos. Ellos se esconden para dar lugar al hombre. El sol y la luna conocen sus tiempos y sus ocasos; el hombre, no.

Versos 24'30: "¡Cuán innumerables son tus obras, oh Jehová! Hiciste todas ellas con sabiduría; La tierra está llena de tus beneficios. He allí el grande y anchuroso mar, En donde se mueven seres innumerables, Seres pequeños y grandes. Allí andan las naves; Allí este leviatán que hiciste para que jugase en él."

La inmensidad de los mares nos emociona. Pensar que todas esas aguas fueron medidas en el hueco de la Mano del Creador. Nos emociona más saber que es la misma mano del Creador que formó los planetas, los soles y las galaxias, fue la misma que traspasada por los clavos, colgó de la cruz del Calvario, pagando por los pecados de la raza humana.

En el idioma hebreo, el leviatán se llama Plliegue, y significa; "Pez espiral". La palabra "espiral," significa, curva espiral que parte de un punto y aumentando progresivamente su radio, da vueltas en torno a sí misma a manera de caracol.

Versos 27-30: "Todos ellos esperan en ti, Para que les des su comida a su tiempo. Les das, recogen; Abres tu mano, se sacian de bien. Escondes tu rostro, se turban; Les quitas el hálito, dejan de ser, Y vuelven al polvo. Envías tu Espíritu, son creados, Y renuevas la faz de la tierra."

Todas las criaturas se alimentan de la mesa de Dios. La cadena de alimentación está muy bien organizada. El hombre es la corona de esa cadena. Es triste que nuestros cuerpos, que deben servir de alimento a las criaturas más pequeñas, deba ser quemado, rompiendo así la cadena. Los judíos entierran a sus muertos en cajas de pino, el cual se descompone fácilmente en la tumba. Así debe ser enterrado el creyente.

El Señor renueva y abona la tierra con residuos de asteroides. El agua de lluvia viene llena de nutrientes que alimentan las plantas.

Versos 31-35: "Se la gloria de Jehová para siempre; Alégrese Jehová en sus obras. El mira la tierra, y ella tiembla; Toca los montes, y humean. A Jehová cantaré en mi vida; A mi Dios cantaré SALMO mientras viva. Dulce será mi meditación en él; Yo me regocijaré en Jehová. Sean consumidos de la tierra los pecadores. Y los impíos dejen de ser. Bendice, alma mía, a Jehová."

Este Salmo concluye con la adoración al Creador y Preservador del universo.

SALMO # 105

Maravillas de Jehová a favor de Israel

Versos 1-6: "Alabad a Jehová, invocad su nombre; Cantadle, cantadle SALMO; Hablad de todas sus maravillas. Gloriaos en su santo nombre. Alégrese el corazón de los que buscan a Jehová. Buscad a Jehová y su poder; Buscad siempre su rostro. Acordaos de las maravillas que él ha hecho, De sus prodigios y de los juicios de su boca, Oh vosotros, descendencia de Abraham su siervo, Hijos de Jacob, sus escogidos."

En este Salmo tenemos ocho mandamientos para la Iglesia. Alabad, invocad, Dad a conocer, cantadle, Hablad, Alégrense, Buscad, acordaos. El creyente tiene el sagrado privilegio de alabar a Dios y de invocar el Nombre de Jesús. Entonces debe cantar y hablarle a las almas de Cristo. Gloriarse en el Señor, y estar alegre en todo tiempo. Buscar a Dios, en consagración, recordando sus maravillas y milagros pasados. Este es el secreto de la fe.

Versos 7-15: "Él es Jehová nuestro Dios; En toda la tierra están sus juicios. Se acordó para siempre de su pacto, De la palabra que mandó para mil generaciones, La cual concertó con Abraham, y de su juramento a Isaac. La estableció a Jacob por decreto, A Israel por pacto sempiterno, Diciendo: A ti daré la tierra de Canaán Como porción de vuestra heredad. Cuando ellos eran pocos en número, Y forasteros en ella, Y andaban de nación en nación, De un reino a otro pueblo, No consintió que nadie los agravase, Y por causa de ellos castigó a los reyes. No toquéis, dijo, a mis ungidos, Ni hagáis mal a mis profetas."

Detrás de Israel está el sagrado Pacto de Sangre entre Dios y Abraham, (Gén. 15 y 17). El pacto fue confirmado a Isaac, Jacob, e Israel. Más tarde fue confirmado a Moisés, David y Salomón. 1950 años más tarde Jesús estableció el Nuevo Pacto en su Sangre con la Iglesia.

El secreto aquí es que cuando Dios estableció el Pacto de Sangre con Abraham, usó animalitos como sustitutos por él. Esto continuó por los siglos hasta que El mismo vino a derramar Su propia Sangre para cumplir el Antiguo Pacto y establecer el Nuevo Pacto; y poner el Antiguo a un lado, con sus sacerdocios y ordenanzas, como dice Hebreos 8:13. Hoy hay un nuevo sacerdocio, conforme al orden de Melquisedec, (Heb. 7). Es la Iglesia la que es beneficiaria del Nuevo Pacto.

El pacto de sangre ha sido practicado en el mundo, a través de los siglos, en todos los países del globo. Los gitanos, los de los mares del sur, las islas del Pacífico, los Balcanes y los africanos; los aztecas, los mayas y los Incas y los indios americanos. Claro que el rito había degenerado en prácticas grotescas.

En África por ejemplo, en tiempos del Dr. Livingston, era así. Stanley, un periodista de Inglaterra, fue a África en busca del misionero, en el año 1879. El y su comitiva fueron capturados por una tribu guerrera y caníbal, cerca de Tayanyika.

El intérprete le dijo que entrara en el pacto con el cacique para salvar la vida de su comitiva. Este accedió. El primer paso era intercambiar regalos, demostrando con ello que lo que uno tenía era del otro, pero éste no pediría nada a menos que tuviera una gran necesidad.

Stanley le dio la cabra, el único alimento que su estómago resistía. El cacique le dio la lanza. Al día siguiente, vinieron ante el brujo de la tribu. El intérprete iba a actuar como sustituto por Stanley, y el hijo del cacique por su padre.

El brujo de la tribu trajo una copa de vino, e hizo una pequeña herida en la muñeca de los dos jóvenes. Una gota de sangre cayó en la copa, la cual bebieron ambos. Luego frotaron las heridas con pólvora. Ya Stanley y el cacique eran hermanos de pacto.

Entonces cada uno de los sustitutos pronunció las maldiciones más fuertes sobre los socios y sus familiares si violaban el pacto. (Vea las maldiciones y las bendiciones del Pacto de Sangre en los caps. 27-y 28 de Deut.) Luego los jóvenes plantaron árboles como memorial del pacto. En Gén. 21: 22.34, está la historia del pacto de Abraham con Abimelec, rey de los filisteos. Vea como plantaron árboles e intercambiaron regalos como memorial del pacto.

Si los misioneros comprendieran el significado del pacto de sangre, se les haría fácil evangelizar aquella gente. Para ellos es lo más sagrado que existe. Nadie lo viola, porque la tierra que pisa el violador es maldita. Hasta su madre le busca para matarle.

Sobre los hombros del sumo sacerdote había dos piedras de ónice con los nombres de las doce tribus de Israel. Eran el memorial del pacto. Éxodo 3:15.

Ahora entendemos lo que Jesús quiso decir en Mateo 26:26-29. *"Porque esto es mi sangre del nuevo pacto, que por muchos es derramada para remisión de los pecados."* Ahora podemos comprender Hebreos 8:

1: Memorial: Nombre de Dios. (Ex.3:15).

2: Consagración de primogénitos, Símbolo de conversión del creyente, (Ex 13.9)

3: Piedras de hombros del sumo Sacerdote: (Ex 28 12). Nuestra posición en Cristo.

4: Ofrenda encendida, de consagración: Lev. 2: 1-2.)

El creyente tiene dos memoriales. La liberación del reino de las tinieblas por la Sangre del Pacto de Cristo, y su lugar de honor como hijo del Dios vivo.

En la Santa Cena, estamos recordando el Pacto, y a la vez entrando en un pacto de amor con los hermanos. La Biblia se conoce como los dos Testamentos, o "Los dos Pactos."

"No toquéis, dijo mis ungidos ni hagáis mal a mis profetas." Esto se refiere al pueblo de Israel. Los ungidos eran los reyes, quienes eran ungidos por los profetas. En la Iglesia todos los creyentes son ungidos por el Espíritu Santo.

Versos 16-22: "Trajo hambre sobre la tierra, y quebrantó todo sustento de pan. Envió un varón delante de ellos; A José. Que fue vendido por siervo. Afligieron sus pies con grillos; En cárcel fue puesta su persona. Hasta la hora que se cumplió su palabra, el dicho de Jehová le probó. Envió el rey y le soltó; El señor de los pueblos, y le dejó ir libre. Lo puso por señor de su casa, Y por gobernador de todas sus posesiones, para que reprimiera a sus grandes como él quisiese, Y a sus ancianos enseñara sabiduría."

Como Dios siempre está en control, y su plan era hacer una gran nación de los descendientes de Abraham por Isaac y Jacob, permitió que José fuera vendido como esclavo a los egipcios. Entonces hubo hambre en el mundo, lo que permitió que se mudaran a Egipto. ¿Se da cuenta por qué el pueblo de Dios está en el mundo?

Sería muy bueno que enseguida que nos convertimos, nos fuésemos al cielo. Sin embargo, el Señor nos envía al mundo a multiplicarnos. Nos manda a llevar el evangelio a toda criatura para que la Iglesia, el pueblo de Dios, se multiplique.

En José tenemos varios tipos de Cristo. 1: José era el amado del padre. El Padre ama a Cristo. 2: Jesús es el Primogénito de entre los muertos. El padre le daría la primogenitura a José. 3: José fue enviado a los hermanos. 4: Los hermanos no le recibieron, sino que lo vendieron. Eso le hicieron los judíos a Jesús. 5: En Egipto fue acusado y condenado injustamente. Jesús fue acusado injustamente y ejecutado. 6:   José fue enterrado en la prisión. Cristo en la tumba. 7:   En la prisión, José conoció dos presos, uno bueno, otro malo; tipo de los dos ladrones.

8: De la prisión fue exaltado al trono, Cristo fue de la cruz al trono. 9: Estando en el trono se casó con una gentil. Cristo está formando su cuerpo, la Iglesia desde el trono. 10: Sus familiares sufrieron la tribulación del hambre, vinieron a José por trigo. Los judíos sufrirán la Gran Tribulación.

11: José los conocía, pero no se reveló a ellos en la primera venida. Jesús no se reveló a los judíos en su primera venida, para poder llevar a cabo la redención. 12: José se les reveló en la segunda venida. Cristo se revelará en la segunda venida. Los hermanos reconocen a José, y les invita a establecerse en la tierra de Gosén. 13: Cristo invitará a los judíos a reinar con él por mil años, y luego a habitar en la Nueva tierra.

Versos 23- 28 "Después entró Israel en Egipto, Y Jacob moró en la tierra de Cam. Y multiplicó su pueblo en gran manera, Y lo hizo más fuerte que sus enemigos. Cambió el corazón de ellos para que aborreciesen a su pueblo, para que contra sus siervos pensaran mal. Envió a su siervo Moisés, Y a Aarón, al cual escogió. Puso en ellos las palabras de sus señales, Y sus prodigios en la tierra de Cam. Envió tinieblas que lo oscurecieron todo; No fueron rebeldes a su palabra."

La explicación de las plagas las vimos en el Salmo 97. Ahora veremos que las cuatro razas raíces vinieron en el arca de Noé, (Gén. 10).

Jafet: Blancos: Europeos. Gomer - Irlanda, Javan-Grecia. Madai- Media. Mesec, Magog y Tubal-Rusia. Titas- Asia Menor. Askenaz-Armenia. Rifat-Escandinavia. Togarma- Turquía. Tarsis- España, Francia, Italia, Portugal

Amarilla. Chinos, esquimales.

Cam: Negros, Mizraim-Egipto. Fut- Libia. Cus-Etiopía. Canaán. Aborígenes de Australia.

Rojos. Havila- India, Arabia

Brown, Malasia, Hawái.

Sem: Blancos, Elam, Persia o Irán. Asiria: Irak, Kuwait, Mesopotamia, Ur, Lidia, Turquía. Los israelitas son descendientes de Abraham, que era de Mesopotamia.

Dios le dio la tierra de Canaán, a los israelitas, cuando la copa de maldad de los cananeos se llenó. Gén. 15:16-18.

Versos 29:-36 "Volvió sus aguas en sangre, Y mató sus peces. Su tierra produjo ranas Hasta en las cámaras de sus reyes. Habló, y vinieron enjambres de moscas, Y piojos en todos sus términos. Les dio granizo por lluvia, Y llamas de fuego en su tierra. Destrozó sus viñas y sus higueras, Y quebró los árboles de su territorio. Habló, y vinieron langostas, Y pulgón sin número; Y comieron toda la hierba de su país, Y devoraron el fruto de su tierra. Hirió de muerte a todos los primogénitos en su tierra, Las primicias de toda su fuerza."

En estos versos el Salmista recuerda algunas de las plagas más fuertes que vinieron a los egipcios. Si las estudiamos detenidamente, nos daremos cuenta que cuando los castigos suaves no surtían efecto, venían castigos mucho más severos.

Así el Señor trata con los creyentes. Cuando la disciplina no surte el efecto deseado, vienen disciplinas más fuertes para lograr el desarrollo deseado.

Versos 37-45: "Los sacó con plata y oro; Y no hubo en sus tribus enfermo. Egipto se alegró de que salieran, Porque su terror había caído sobre ellos. Extendió una nube por cubierta, Y fuego para alumbrar la noche. Pidieron, e hizo venir codornices; Y los sació de pan del cielo. Abrió la peña, y fluyeron aguas; Corrieron por los sequedales como un río.

Porque se acordó de su santa palabra Dada a Abraham su siervo. Sacó a su pueblo con gozo; Con júbilo a sus escogidos. Les dio las tierras de las naciones, Y las labores de los pueblos heredaron; Para que guardasen sus estatutos, Y cumpliesen sus leyes. "

El pueblo esclavo salió de Egipto por la mano divina. Dios los llevó al desierto llevando el oro y la plata de los egipcios. Podemos preguntar: ¿Por qué Dios le permitió despojar a los egipcios? Era el pago por los días de esclavitud. Además, de las ofrendas voluntarias, se construiría el Tabernáculo, y los vasos del mismo.

Así la Iglesia fue sacada del mundo del pecado, y ahora camina bajo la Nube por el desierto, hasta que esté preparada para entrar a su vasta herencia en el Jerusalén celestial.

SALMO # 106

La rebeldía de Israel.

Versos 1-5: "Aleluya. Alabad a Jehová, porque él es bueno; Porque para siempre es su misericordia. ¿Quién expresará las poderosas obras de Jehová? ¿Quién contará sus alabanzas? Dichosos los que guardan juicio, Los que hacen justicia en todo tiempo.

Acuérdate de mí, oh Jehová, según tu benevolencia para con tu pueblo; Visítame con tu salvación, Para que yo vea el bien de tus escogidos, Para que me goce en la alegría de tu nación, Y me gloríe con tu heredad."

Es deber de los ministros hablar de la grandeza del Señor, y enseñar a las ovejas a alabar a Dios. El Salmista anhela la visita del Señor. Esto se cumplió en la primera venida de Cristo, aunque muchos de ellos ni lo notaron.

Así muchos creyentes piden que el Señor les haga una visita especial, sin conocer la Palabra que dice que ya Cristo mora en su corazón. Para otros, que conocen la Palabra, pero que no la creen, lo esperan como una visita de Santa Claus.

Versos 6-12: "Pecamos nosotros, como nuestros padres; Hicimos iniquidad, hicimos impiedad. Nuestros padres en Egipto no entendieron tus maravillas; No se acordaron de la muchedumbre de tus misericordias, Sino que se rebelaron junto al Mar Rojo.

Pero él los salvó por amor de su nombre, Para hacer notorio su poder. Reprendió el Mar Rojo y lo secó Y les hizo ir por el abismo como por un desierto. Los salvó de mano del enemigo, Y los rescató de mano del adversario. Cubrieron las aguas a sus enemigos; No quedó ni uno de ellos. Entonces creyeron a sus palabras Y cantaron sus alabanzas."

El pueblo, lleno de amargura, no estaba acostumbrado a la libertad. Lo único que sabían hacer era quejarse y murmurar. Al encontrarse frente al mar, y seguido por los ejércitos egipcios, se olvidaron de las plagas, y de la poderosa mano que les había sacado, y comenzaron a murmurar.

¿Murmurarán los creyentes? ¡Claro que sí! Cada vez que dejamos que la duda se apodere de nosotros; cuando miramos las circunstancias en vez de mirar las promesas del Señor, estamos murmurando.

Versos 13-18: "Bien pronto olvidaron sus obras; no esperaron su consejo. Se entregaron a un deseo desordenado en el desierto; Y tentaron a Dios en la soledad. Y él les dio lo que pidieron; Mas envió mortandad sobre ellos. Tuvieron envidia de Moisés en el campamento, Y contra Aarón, el santo de Jehová. Entonces se abrió la tierra y tragó a Datán, Y cubrió la compañía de Abiram. Y se encendió fuego en su junta; La llama quemó a los impíos."

¿Por qué aquel pueblo era tan rebelde? Era por causa de su condición de muerte espiritual. Ellos eran hombres naturales, que no comprendían las cosas espirituales. Pidieron carne, teniendo Maná. La consecuencia fue una plaga de ¿salmonella? que mató mucha gente. Dios no toleraría el pecado de codicia en ellos, (Núm. 11).

Coré, Datán y Abiram, hicieron un partido político para darle un golpe de estado al gobierno de Moisés, (Núm. 16). Ellos, junto a los hombres que se unieron, sus familias y sus animales, descendieron vivos al infierno. Dios no tolera el pecado de rebelión contra su autoridad delegada.

Versos 19-23: "Hicieron becerro en Horeb, Se postraron ante una imagen de fundición. Así cambiaron su gloria Por la imagen de un buey que como hierba. Olvidaron al Dios de su salvación, Que había hecho grandezas en Egipto, Maravillas en la tierra de Cam, Cosas formidables sobre el Mar Rojo. Y trató de destruirlos, De no haberse interpuesto Moisés su escogido delante de él, A fin de apartar su indignación para que no los destruyese.

El Dios vivo y verdadero no toleraría la idolatría en su pueblo. A pesar que Dios había destruido a Apis, el dios del ganado, en la quinta plaga, evidentemente los israelitas lo llevaban sus corazones.

Así muchos llamados cristianos tienen sus corazones llenos de los ídolos. Allí el Dios vivo y verdadero no tiene cabida, porque él no comparte su gloria con nadie.

De no haberse interpuesto Moisés con un valor que se compara al de Cristo, el Mediador, la nación entera hubiera quedado enterrada en el desierto.

Versos 24-27: "Pero aborrecieron la tierra deseable; No creyeron a su palabra, Antes murmuraron en sus tiendas, Y no oyeron la voz de Jehová. Por tanto, alzó su mano contra ellos para abatirlos en el desierto, Y humillar su pueblo entre las naciones, Y esparcirlos por las tierras." (Núm. 14).

Los doce espías habían regresado de reconocer la tierra de Canaán. Aún no se había cumplido un año de su salida de Egipto. El pueblo creyó al informe de diez de los espías; un informe negativo. Dos espías, Josué y Caleb, trajeron un informe positivo.

El Señor dio el decreto como castigo a la falta de fe. Todos los de veinte años para arriba, quedarían postrados en el desierto, no entrarían a la tierra prometida. Dios no toleraría la falta de fe.

La falta de fe en lo que Dios dice, entre los creyentes, tampoco es tolerada. Muchos dicen que creen en Dios, pero sus actos revelan que no le creen a Dios. Estos son los que están dando vueltas en el desierto, sin reposo, y sin esperanzas de entrar a la tierra prometida.

Versos 28-31: "Se unieron asimismo a Baal-peor, Y comieron los sacrificios de los muertos. Provocaron la ira de Dios con sus obras, Y se desarrolló la mortandad entre ellos. Entonces se levantó Finees, e hizo juicio, Y se detuvo la plaga; Y le fue contado por justicia. De generación en generación."

El pueblo llevaba 39 años vagando por el desierto. En los capítulos 22-25 de Números, está la historia del rey de Moab. Este llamó al brujo Balaán para que maldijese al pueblo de Israel, quien acampaba en los campos de Moab junto al Jordán.

El brujo no podía maldecirlos porque el pueblo era bendito. La asna donde iba montado el brujo veía un ángel, más el brujo no le veía. Al fin la asna habló al brujo, pero ni aun así desistió de ir. Dios le dio permiso, pero debía hablar lo que Dios le dijera.

En el monte Baamot-baal, hizo siete altares, con un becerro y un carnero sobre cada altar. Entonces Jehová puso palabra en su boca, y pronunció una preciosa bendición, (Núm. 23: 7-10).

Entonces el rey lo llevó la cumbre del monte Pisga, e hizo siete altares. Lo que dijo está registrado en Núm. 23: 19-24. Entonces lo llevó a la cumbre de Peor, y edificó siete altares. Lo que dijo está en

Núm 24: 3-9. El rey enojado con el brujo, le acusó de traidor y lo envió sin dinero. Entonces el brujo profetizo por cuarta vez. Los que dijo está en Núm. 24: 15-24.

Más el brujo no se iba a ir con las manos vacías, así que le propuso al rey la forma de destruir a los israelitas, especialmente a la tribu de Simeón; fornicar con la moabitas. El resultado de ello fue que perecieron 24 mil. Finees, el hijo de Eleazar el sacerdote, fue el primero que traspasó con su lanza a un hombre y una mujer mientras estaban en el acto sexual.

Versos 32-39: "También le irritaron en las aguas de Meriba; Y le fue mal a Moisés por causa de ellos, Porque hicieron rebelar su espíritu, Y habló precipitadamente con sus labios. No destruyeron a los pueblos que Jehová dijo; Antes se mezclaron con las naciones, y aprendieron sus obras, Y sirvieron a sus ídolos, los cuales fueron la causa de su ruina.

Sacrificaron sus hijos y sus hijas a los demonios, Y derramaron la sangre inocente, la sangre de sus hijos y de sus hijas, Que ofrecieron en sacrificio a los ídolos de Canaán, Y la tierra fue contaminada como sangre. Se contaminaron así con sus obras, Y se prostituyeron con sus hechos."

Números 20 nos da la historia del agua de la roca. Ya María la hermana de Moisés había muerto. Ella fue enterrada en el desierto de Zin. El pueblo llevaba 38 años de peregrinación. La congregación se amotinó contra Moisés. Este, como era su costumbre, junto con Aarón oraron a Dios. El Señor le dio instrucciones de que le hablara a la peña.

El pobre Moisés no sabía que la roca era Cristo. Ya él la había golpeado una vez, hacían 38 años, (Éxo. 17). Ahora debía hablarle, porque Cristo no podía sufrir el martirio dos veces.

Moisés habló sin pensar en las consecuencias, y golpeó con ira la peña dos veces, diciendo: "¿Os hemos de hacer salir aguas de esta peña?" Sus actos y sus palabras denotaban jactancia, sin embargo esto no fue lo que le trajo el castigo, sino la desobediencia a lo que Dios le había dicho.

Usted ve; Cada acto, cada palabra, estaba siendo registrada para nosotros. Cada Palabra de Dios tenía un propósito, por lo tanto Moisés debía cumplirla al pie de la letra, y no dejarse ir por sus emociones. Al dejarse ir por su emoción, no le habló a la peña y esto le costó su entrada en la tierra prometida.

Por otra parte, los que entraron a la tierra prometida dejaron de dar los diezmos a los levitas que debían instruirlos. Estos como no tenían heredad en Canaán, tuvieron que irse a trabajar, abandonaron su trabajo de enseñar a las generaciones, lo que dio como resultado que estas se envolvieran en la idolatría. (Vea Mal. Cap. 2).

Versos 40-46 "Se encendió, por tanto, el furor de Jehová por su pueblo, Y abominó su heredad; Los entregó en poder de las naciones, Y se enseñorearon de ellos los que les aborrecían. Sus enemigos los oprimieron, Y fueron quebrantados debajo de su mano. Muchas veces los libró; Mas ellos se rebelaron contra su consejo, Y fueron humillados por su maldad. Con todo él miraba cuando estaban en angustia, Y oía el clamor de ellos, y se arrepentía conforme a la muchedumbre de sus misericordias. Hizo asimismo que tuviesen de ellos misericordia, todos los que los tenían cautivos."

Cada vez que los israelitas se rebelaban, el Señor usaba naciones como látigo contra ellos. Egipcios, madianitas, amonitas, filisteos, sirios, asirios, babilonios, y romanos, los tomaban cautivos, o los hacían tributarios.

El Señor los libró muchas veces, como de la invasión del Senaquerib, (Isaías 36 y 37). Ciro le mostró misericordia, y los libertó para que regresaran a su tierra, (Isaías 45, y Esdras 1). Isaías profetizó, y mencionó el nombre de Ciro, lo cual se cumplió al pie de la letra. Dios le puso nombre a este rey de los persas 176 años antes que se cumpliera.

Dios habita en el eterno presente, así que él sabía todo lo que iba a pasar. Él te vio a ti, cuando estabas siendo formado en el vientre de tu madre. Él nos escogió en Cristo desde antes de la fundación del mundo.

Versos 47-48: "Sálvanos, Jehová Dios nuestro, Y recógenos de entre las naciones, Para que alabemos tu santo nombre, Para que nos gloriemos en tus alabanzas. Bendito Jehová Dios de Israel, Desde la eternidad y hasta la eternidad; Y diga todo el pueblo, Amén. Aleluya."

Los israelitas, cautivos en otras naciones oraban por el regreso a Israel. Dios lo cumplió en al año 536 AC, y en 1948 DC.

SALMO # 107

Dios libra de la aflicción

Versos 1-3: "Alabad a Jehová porque él es bueno: Porque para siempre es su misericordia. Díganlo los redimidos de Jehová, los que ha redimido del poder del enemigo. Y los ha congregado de las tierras, Del oriente y del occidente, Del norte y de sur."

Este cántico tiene su cumplimiento en la Iglesia, el Cuerpo de Cristo, que ha sido redimido del poder del enemigo. El Señor ha traído su pueblo de los cuatro puntos cardinales del globo.

Versos 4-9: "Anduvieron perdidos por el desierto, por la soledad sin camino, sin ciudad en donde vivir. Hambrientos y sedientos, Su alma desfallecía en ellos. Entonces clamaron a Jehová en su angustia, Y los libró de sus aflicciones. Los dirigió por camino derecho, Para que viniesen a ciudad habitable. Alaben la misericordia de Jehová, Y sus maravillas para con los hijos de los hombres. Porque él sacia al alma menesterosa, Y llena de bien al alma hambrienta."

En estos versos vemos el contraste entre Israel y la Iglesia. Ellos andaban por el desierto; la Iglesia por el mundo. Ellos no encontraban ciudad donde habitar; Nosotros no teníamos paz. Ellos hambrientos y sedientos; nosotros teníamos hambre y sed por lo espiritual, por eso, muchos acudían al ocultismo.

Ellos clamaron a Jehová, y él los condujo a Canaán, donde encontraron viñas y casas llenas de todo bien. Nosotros aceptamos a Cristo, y él nos condujo a la congregación, donde es saciada nuestra alma menesterosa de pan espiritual.

Versos 10-16: "Algunos moraban en tinieblas y sombra de muerte, Aprisionados en aflicción y en hierros, Por cuanto fueron rebeldes a las palabra de Jehová, Y aborrecieron el consejo del Altísimo. Por eso quebrantó con el trabajo sus corazones. Cayeron y no hubo quien los ayudase.

Luego clamaron a Jehová en su angustia, Los libró de sus aflicciones. Los sacó de las tinieblas y de la sombra de muerte, Y rompió sus prisiones. Alaben la misericordia de Jehová, Y sus maravillas para con los hijos de los hombres. Porque quebrantó las puertas de bronce, Y desmenuzó los cerrojos de hierro. "

Algunos de nosotros habíamos estado cautivos en tinieblas y sombra de muerte del ocultismo, o del vicio. Alguien nos había hablado del evangelio, pero nosotros lo rechazamos. Entonces, tuvimos que pasar por grandes tribulaciones, llegar al fondo del barril, hasta que clamamos a Cristo, él acudió a salvarnos quebrando las puertas de bronce y desmenuzó las puertas de hierro, la autoridad del diablo que nos tenía cautivos.

Versos 17-22: "Fueron afligidos los insensatos, a causa del camino de su rebelión Y a causa de sus maldades; Su alma abominó alimento, Y llegaron hasta las puertas de la muerte. Pero clamaron a Jehová en su angustia, Y los libró de sus aflicciones. Envió su palabra, y sanó, y los libró de su ruina. Alaben la misericordia de Jehová, Y sus maravillas para con los hijos de los hombres, ofrezcan sacrificios de alabanza, Y publiquen sus obras con júbilo. "

Los israelitas tuvieron que pasar por horribles cautiverios, hasta que desde el vientre de las naciones, donde habían sido llevados, clamaron a Dios. Entonces el Señor envió su Palabra, por boca de Daniel a Ciro, fueron librados, y pudieron regresar a su tierra.

Es deber del creyente ofrecer sacrificios de alabanza al Señor y publicar sus obras con júbilo.

Versos 23-32: "Los que descienden al mar en naves, Y hacen negocio en las muchas aguas, Ellos han visto las obras de Jehová, Y sus maravillas en las profundidades. Porque habló, e hizo levantar un viento tempestuoso, Que encrespa sus ondas. Suben a los cielos, y descienden a los abismos; Sus almas se derriten con el mal. Tiemblan y titubean como ebrios, Y toda su ciencia es inútil.

Entonces claman a Jehová en su angustia, Y los libra de sus aflicciones. Cambia la tempestad en sosiego, Y se apaciguan sus ondas. Luego se alegran, porque se apaciguaron; Y así los guía al puerto que deseaban. Alaben la misericordia de Jehová, Y sus maravillas a los hijos de los hombres. Exáltenlo en la congregación del pueblo, y en la reunión de ancianos lo alaben."

Esta es la descripción de un barco en medio de la tormenta. Los tripulantes del barco que han sido testigos de tormentas en el mar, como Pablo, han visto la muerte cara a cara. Los que han se han salvado, han sido testigos de las obras de Dios.

Los que claman a Dios en su angustia son salvos. ¿Se da cuenta de lo importante que es hablar de

Cristo? ¿Cómo clamarán a aquel de quien no han oído?

Es tipo de las pruebas del creyente en el mundo. El mar embravecido los quiere ahogar. El remedio está en orar, clamar y adorar.

Versos 33-38: "Él convierte en ríos el desierto, Y los manantiales de las aguas en sequedales; La tierra fructífera en estéril, Por la maldad de los que la habitan. Vuelve en desiertos en estanques de aguas, Y la tierra seca en manantiales. Allí establece a los hambrientos, Y fundan ciudad en donde vivir. Siembran campos y plantan viñas, Y rinden abundante fruto. Los bendice y se multiplican en gran manera; Y no disminuye su ganado."

En el año 1991 tuve el privilegio de hacer un viaje misionero a Izmiquilpan, en Méjico. Fue una sorpresa para mí, al ver que al lado derecho de la carretera, después del pueblo, había mucho verdor, casitas rodeadas de milpas y vegetales. Al lado izquierdo, era desierto. Moisés Secundino, hoy pastor de una preciosa congregación en Clearwater, Fla. Él era miembro de la congregación que yo pastoreaba en Tampa. Él me explicó que los de la derecha eran creyentes. Los de la izquierda no lo eran.

¿Se da cuenta por qué hay tanta sequía, y hambre en tantos lugares donde no quieren recibir el

Evangelio de Cristo? Y no solamente es falta de agua, también es falta de desarrollo. No hay inventos, nadie crea nada. El poder creativo viene de Dios, y se trasmite a través del Evangelio. Cuando la persona recibe a Cristo, es engendrado del Padre, (Juan 1:12), y hereda una pequeña porción de sus atributos, como la habilidad creativa.

¿Cuándo la gente se dará cuenta que la Edad Media, la Edad oscura, fue el resultado de que la Palabra fue quitada del pueblo? Cuando la Biblia fue dada al hombre común, comenzó la edad de la luz. Enseguida se inventó la imprenta, y continuó el desarrollo en las ciencias, las artes y las mecánicas. 1500 años de oscuridad. 500 años de luz nos han llevado a buscar piedras a la luna, y establecer la estación en la estratósfera.

Versos 39-43: "Luego son menoscabados y abatidos A causa de tiranía de males y de congojas. El esparce menosprecio sobre los príncipes, Y los hace andar perdidos, vagabundos y sin camino. Levanta de la miseria al pobre, Y hace multiplicar las familias como rebaños de ovejas. Véanlo los rectos, y alégrense, Y todos los malos cierren su boca. ¿Quién es sabio y guardará estas cosas, Y entenderá las misericordias de Jehová?"

Dios es quien establece las ciudades. El establece las congregaciones. Cuando se levantan los tiranos, tanto reyes, como presidentes, líderes religiosos o pastores, el pueblo sufre muerte y persecución.

El mismo Dios esparce el menosprecio sobre esos líderes, y se levanta la revolución que los arroja de sus puestos. Es el Señor quien controla su creación, y su pueblo.

SALMO #108

Petición de ayuda contra el enemigo.

Cántico. Salmo de David.

Versos 1-6: "Mi corazón está dispuesto, oh Dios; Cantaré y entonaré SALMO; esta es mi gloria. Despiértate salterio y arpa; Despertaré al alba. Te alabaré, oh Jehová, entre los pueblos; A ti cantaré SALMO entre las naciones. Porque más grande que los cielos es tu misericordia, Y hasta los cielos tu verdad.

Exaltado seas sobre los cielos, oh Dios, Y sobre toda la tierra sea enaltecida tu gloria. Para que sean librados tus amados, Salva con tu diestra y respóndeme."

El Salmista David estaba dispuesto siempre a alabar a Dios por su misericordia, su amor y su fidelidad. Él no lo haría en la soledad, sino frente a los pueblos y las naciones. Esa debe ser la actitud de todos los creyentes. Pablo dijo en Rom.1:16: "Porque no me avergüenzo del evangelio, porque es poder de Dios para salvación a todo aquel que cree; al judío primeramente, y también al griego."

Versos 7-9: "Dios ha dicho en su santuario: Yo me alegraré; Repartiré a Siquem, y mediré el valle de Sucot. Mío es Galaad, mío es Manasés, y Efraín es la fortaleza de mi cabeza; Judá es mi legislador. Moab la vasija para lavarme; Sobre Edón echaré mi calzado; Me regocijaré sobre Filistea."

El Señor mantiene su derecho de reinar sobre Israel y sobre las naciones gentiles. Siquem es el lugar del pozo de Jacob. El valle de Sucot, fue donde Jacob hizo casa para él y cabañas para sus ganados, (Gen. 33:17. La sabana de Galaad, famosa por su bálsamo medicinal. Manasés, cuyo territorio comprendía ambos lados del Jordán. Efraín era su yelmo protector, era el ejército que iba al frente. Judá era su legislador, el asiento de gobierno.

Los enemigos de Israel Moab, Edom y Filistea, representan los territorios extranjeros que vendrían contra Israel. Los de Moab, eran los descendientes de Lot. Edón, los de Esaú, y Filistea, eran los filisteos, que eran cananeos.

Versos 10-13: "¿Quién me guiará a la ciudad fortificada? ¿Quién me guiará hasta Edom? ¿No serás tú, oh Dios, que nos habías desechado, Y no salías, oh Dios, con nuestros ejércitos? Danos socorro contra el adversario, Porque vana es la ayuda del hombre. En Dios haremos proezas, Y él hollará a nuestros enemigos."

Petra, la capital de Edom era una famosa ciudad fortificada e impenetrable. El rey ora porque Dios lo lleve a ella, para emitir el grito de triunfo. Sin el Señor la situación era desesperada, los ejércitos israelitas habían marchado a la guerra y habían sido derrotados, porque Dios no había ido con ellos. Por eso él ora para que Dios vuelva a protegerlos y a darle la victoria. El reconoce que sin Dios todo es perdido, pero con Dios, la victoria es segura. Esto es cierto en el creyente. "En Dios haremos proezas."

SALMO # 109

Al músico principal. Salmo de David.

Versos 1-5: "Oh Dios de mi alabanza, no calles; Porque boca de impío y boca de engañador se han abierto contra mí; Han hablado de mí con lengua mentirosa; Con palabras de odio me han rodeado, Y pelearon contra mí sin causa. En pago de mi amor me han sido adversarios; más yo oraba. Me devuelven mal por bien, Y odio por amor."

Este Salmo es el rey de los Salmos imprecatorios. Aunque nos asusten un poco las maldiciones del mismo, debemos recordar que estas son profecías de lo que sucederá a los enemigos de Dios. Son palabras inspiradas por el Señor a través de los labios de David.

No debemos olvidar que las maldiciones contra individuos expresadas por hombres santos, no son expresiones de venganza, pasión o impaciencia, sino profecías. Como son predicciones, Dios no los condena por ello.

David abre esta oración pidiendo ayuda a Dios contra sus enemigos quienes con mentiras y calumnias tratan de asesinar su carácter. Él los ha tratado con amor, pero ellos han respondido con insultos y con odio.

Esto sucede también a los creyentes; la diferencia es que el creyente sabe que detrás del que le injuria se esconden los demonios, por eso puede amar al que le afrenta. Él sabe que éste sólo es un taller de Satanás, su verdadero enemigo.

Versos 6-15: "Por sobre él al impío, Y Satanás esté a su diestra. Cuando fuere juzgado, salga culpable; Y su oración sea para pecado. Sean sus días pocos; Tome otro su oficio. Sean sus hijos huérfanos, Y su mujer viuda. Anden sus hijos vagabundos, y mendiguen; Y procuren su pan lejos de sus desolados hogares.

Que el acreedor se apodere de todo lo que tiene, Y extraños saqueen su trabajo. No tenga quien le haga misericordia, Ni quien tenga compasión de sus huérfanos. Su posteridad sea destruida; En la segunda generación sea borrado su nombre. Venga en memoria ante Jehová la maldad de sus padres, Y el pecado de su madre no sea borrado. Estén siempre delante de Jehová, Y él corte de la tierra su memoria."

Esta oración de maldición escandaliza al creyente que ha nacido de nuevo, en cuyo corazón está la semilla del amor y del perdón. Esto es así por en él habita el que dijo: "Padre, perdónalos, porque no saben lo que hacen."

Versos 16-19: "Por cuanto no se acordó de hacer misericordia, Y persiguió al hombre afligido y menesteroso, Al quebrantado de corazón para darle muerte. Amó la maldición, y ésta le sobrevino; Y no quiso la bendición, ella se alejó de él. Se vistió de maldición como de su vestido, Y entró como agua en sus entrañas, Y como aceite en sus huesos. Séale como vestido con que se cubra, Y en lugar de cinto con que se ciña siempre."

El Salmista da las razones por las cuales pronunció todas estas maldiciones. Parece que este fue uno de los pasajes Bíblicos de donde salió la creencia de que la salvación se obtenía por hacer buenas obras.

La salvación se obtiene solamente por la fe en el Sacrificio de Cristo. Las buenas obras son el resultado de la salvación como dice Efesios 2: 8-10.

Versos 20-25: "Sea este el pago de parte de Jehová a los que me calumnian, Y a los que hablan mal contra mi alma. Y tú Jehová, Señor mío, favoréceme por amor de tu nombre; Líbrame, porque tu misericordia es buena. Porque yo estoy afligido y necesitado, Y mi corazón está herido dentro de mí. Me voy como la sombra cuando declina; Soy sacudido como langosta. Mis rodillas están debilitadas a causa del ayuno, Y mi carne desfallece por falta de gordura. Yo he sido a ellos objeto de oprobio; Me miraban, y burlándose meneaban su cabeza."

Casi podemos entender la angustia del rey David. La responsabilidad de mantener la nación bajo control, la defensa de la misma de los ataques del enemigo, eran sólo parte de sus responsabilidades. Si además de esto, dentro del territorio conspiraban contra él para derrocarlo y enviarlo al otro mundo, destruyendo su descendencia, era una carga muy pesada para un hombre.

Versos 26- 31: "Ayúdame, Jehová Dios mío, Sálvame conforme a tu misericordia. Y entiendan que esta es tu mano: Que tú, Jehová, has hecho esto. Maldigan ellos, pero bendice tú; Levántense, más sean avergonzados, y regocíjese tu siervo. Sean vestidos de ignominia los que me calumnian; Sean cubiertos de confusión como con manto.

Yo alabaré a Jehová en gran manera con mi boca, Y en medio de muchos le alabaré. Porque él se pondrá a la diestra del pobre, Para librar su alma de los que le juzgan."

SALMO #110

Jehová da dominio al rey. Salmo de David

Versos 1-4: "Jehová dijo a mi Señor: Siéntate a mi diestra, Hasta que ponga a tus enemigos por estrado de tus pies. Jehová enviará desde Sion la vara de tu poder; Domina en medio de tus enemigos. Tu pueblo se te ofrecerá voluntariamente en el día de tu poder, En la hermosura de la santidad. Desde el seno de la aurora Tienes el rocío de tu juventud. Juró Jehová, y no se arrepentirá; Tu eres sacerdote para siempre Según el orden de Melquisedec."

Cristo según la carne, era Hijo de David, pero como Dios, era Señor de David. Desde que Jesús se sentó en el Trono a la derecha del Padre, está esperando que todos sus enemigos; entre los cuales está el pecado y la enfermedad, la duda y la desesperación, sean puestos bajo los pies de la Iglesia, la cual es su Cuerpo. Él está esperando que cada uno de nosotros entre en el reposo.

El creyente debe madurar hasta que sea independiente de las circunstancias, que quite su mirada de lo que le revelan sus sentidos, y viva en victoria, sabiendo que Cristo está en control de cada departamento de sus vidas. Esta es la vida cristiana victoriosa.

Cristo reina por medio de su Cuerpo, la Iglesia lavada con Su Sangre y emblanquecida con Su Palabra. La sangre y agua brotaron de su costado herido, fueron los dos elementos que dieron a luz la Iglesia. Ella camina en este mundo tenebroso con el poder de la Sangre de la redención, y el agua, la Palabra de la santificación.

Cristo es el Sumo Sacerdote de la Iglesia, no de la línea de Leví, sino de la de Melquisedec. Cada creyente es un sacerdote santo y regio de esa orden, Heb. 7.

Este fue el sacerdote de Salem, Rey de justicia y Rey de paz. El único que tiene este título es Cristo. Cristo es Rey y Sacerdote.

A este sacerdote Melquisedec, Abraham dio los diezmos, (Gén.14). Muchos creen que ésta fue una Cristofanía. Hebreos 7:8 dice que vive; que era mayor que Leví, que no tenía genealogía, sin padre y sin madre, y que permanece sacerdote para siempre. Esto sólo puede aplicarse a Cristo antes de visitar esta tierra.

Versos 5-7: "El Señor está a tu diestra; Quebrantará a los reyes en el día de su ira. Juzgará entre las naciones, Las llenará de cadáveres;

Quebrantará las cabezas en muchas tierras. Del arroyo beberá en el camino, Por lo cual levantará la cabeza."

En estos versos al Señor Jesús marchando contra las naciones enemigas de Israel, durante la guerra de Armagedón. El destruirá al anticristo con el espada de su boca. La Palabra es tipo del agua.

SALMO # 111

Dios cuida a su pueblo. Aleluya.

1: "Alabaré a Jehová con el corazón

En compañía y congregación de los rectos.

2: Grandes son las obras de Jehová, Buscadas de todos los que las quieren.

3: Gloria y hermosura es su obra, Y su justicia permanece para siempre.

4: Ha hecho memorables sus maravillas; Clemente y misericordioso es Jehová.

5: Ha dado alimento a los que le temen; Para siempre se acordará de su pacto.

6: El poder de sus obras manifestó a su pueblo, Dándole la heredad de las naciones.

7: Las obras de sus manos son verdad y juicio; Fieles son todos sus mandamientos.

8: Afirmados eternamente y para siempre, Hechos en verdad y rectitud.

9: Redención ha enviado a su pueblo; Para siempre ha ordenado su pacto; Santo y temible es su nombre.

10: El principio de la sabiduría es el temor de Jehová. Buen entendimiento tienen todos los que practican sus mandamientos; Su loor permanece para siempre."

En el idioma Hebreo este es un Salmo acróstico. Cada uno de los primeros ocho versos tiene dos líneas, y los últimos dos tiene tres líneas. Cada una de las líneas comienza con una letra del alfabeto hebreo. (Las estudiaremos en el Salmo 119).

Tres hilos corren por este Salmo; Las obras de Jehová, Las palabras de Jehová, El carácter de Jehová.

El Salmo comienza con alabanza, continua con las obras de Dios y termina con consejos; temer al Señor y guardar sus mandamientos. Esto asegura la prosperidad del creyente.

SALMO # 112

Prosperidad del que teme a Jehová. Aleluya.

Versos 1-4: Bienaventurado el hombre que teme a Jehová, Y en sus mandamientos se deleita en gran manera. Su descendencia será poderosa en la tierra; La generación de los rectos será bendita. Bienes y riquezas hay en su casa. Y su justicia permanece para siempre. Resplandeció en las tinieblas la luz a los rectos; Es clemente, misericordioso y justo.

El buen entendimiento de los que practican la Palabra y tienen temor de Dios, da como resultado la sabiduría. Su descendencia crecerá con los valores morales y espirituales necesarios para triunfar en la vida.

No se puede esperar que niños criados sin el temor a Dios, lleguen a triunfar en tiempos difíciles.

Versos 5-10: "El hombre de bien tiene misericordia, y presta; Gobierna sus asuntos con juicio, Por lo cual no resbalará jamás; En memoria eterna será el justo. No tendrá temor de malas noticias; Su corazón está firme, confiado en Jehová. Asegurado está su corazón; no temerá, Hasta que vea en sus enemigos su deseo. Reparte, da a los pobres, Su justicia permanece para siempre; Su poder será exaltado en gloria. Lo verá el impío y se irritará; Crujirá los dientes, y se consumirá. El deseo de los impíos perecerá."

Las siete bendiciones para los que han sido justificados, o declarados justos por el Sacrificio de

Cristo, y han sido alimentados por la Palabra de Dios, y cuyo fruto es pureza de espíritu, mente y cuerpo.

1: Sus posteridad será distinguida. 2- Será prosperado.3: Será inteligente y sabio. 4: Será generoso, 5: No tendrá temor. 6: Tendrá confianza y fe en medio de los ataques. 7: Será persona honorable.

SALMO # 113

Dios levanta al pobre. Aleluya.

Versos 1-9: "Alabad, siervos de Jehová, Alabad el nombre de Jehová. Sea el nombre de Jehová bendito. Desde ahora y para siempre. Desde el nacimiento del sol hasta donde se pone, Sea alabado el nombre de Jehová. Excelso sobre todas las naciones es Jehová, Sobre los cielos su gloria. ¿Quién como Jehová nuestro Dios, Que se sienta en las alturas, Que se humilla a mirar en el cielo y en la tierra?

El levanta del polvo al pobre, Y al menesteroso del muladar, Para hacerlos sentar con los príncipes, Con los príncipes de su pueblo. El hace habitar en familia a la estéril, Que se goza en ser madre de hijos. Aleluya."

Este Salmo fue cantado por Cristo y los discípulos durante la última cena. Los primeros cinco versos de este Salmo presentan a Dios como infinitamente lejano. ¿Quién debe alabarle? Sus siervos. ¿Cómo deben alabarle? Bendiciendo Su Nombre y dándole las gracias. ¿Cuántas veces? Todo el tiempo. ¿Dónde? En todo lugar.

El Señor que habita en las infinitas alturas, también está infinitamente cercano; del pobre que él levanta del polvo, el necesitado que alza del muladar, para sentarlo con príncipes; la estéril que hace habitar en familia. Eso éramos nosotros los que Cristo ha redimido con su Sangre preciosa. Por su gracia nos hizo sentar con Cristo en los lugares celestiales. Efesios 2:6.

SALMO# 14

Las maravillas del Éxodo.

Versos 1-4: "Cuando salió Israel de Egipto, La casa de Jacob del pueblo extranjero, Judá vino a ser su santuario, E Israel su señorío. El mar lo vio, y huyó; El Jordán se volvió atrás. Los montes saltaron como carneros, Los collados como corderitos."

Cristo y los discípulos cantaron este himno también en la última cena, cuando celebraron la pascua, la noche antes de la crucifixión.

La salida de Israel de Egipto, sus experiencias en el desierto, y la entrada a Canaán fue un gran despliegue del poder de Dios, desde el principio de la jornada hasta el fin de la misma. El Templo fue construido en el territorio de Judá, y todo el territorio pasó bajo el dominio de Dios.

Versos 5-8: "¿Qué tuviste, oh mar que huiste? ¿Y tú, Jordán, que te volviste atrás? Oh montes, ¿por qué saltasteis como carneros, Y vosotros, collados, como corderitos? A la presencia de Jehová, tiembla la tierra, A la presencia del Dios de Jacob, El cual cambió la peña en estanques de aguas, Y en fuentes de agua la roca."

Cuando los israelitas llegaron al Mar Rojo, el mar miró y vio al Creador, y se retiró en pánico. Cuarenta años más tarde, cuando Israel iba a entrar a la tierra prometida, el Jordán le vio también y se detuvo en la ciudad de Adam, y así la última barrera se convirtió en un camino. (Éxo. 14:21, Jos. 3:16).

Entre estos dos eventos, hubo otros donde Dios mostró su formidable poder. Cuando les dio la ley en el Sinaí en Arabia, no en la península llamada Sinaí, en Egipto, (Gál. 4:25), los montes saltaron como carneros, y las lomas como corderitos. Moisés lo vio y dijo: "Estoy espantado y temblando."(Heb. 12: 18-21).

En Éxodo 17: 1-7, Núm. 20: 2-3, están las historias de cuando el Señor cambió la gran montaña en agua para darle a más de tres millones de personas.

SALMO # 115.

Dios y los ídolos.

Versos 1-3: "No a nosotros, oh Jehová, Sino a tu nombre da gloria, Por tu misericordia y tu verdad. ¿Por qué han de decir las gentes; Dónde está tu Dios? Nuestro Dios está en los cielos, todo lo que quiso ha hecho."

Los judíos habían regresado de Babilonia a su tierra, pero no se adjudican el crédito por ello. Su restauración se debe solo a Jehová. Por largo tiempo los paganos le preguntaron: "¿Dónde está tu Dios? Parece que no se acuerda de ustedes cuando los deja tantos años languideciendo en la cautividad." Ellos le respondían: "Nuestro Dios está en los cielos. Él es el Creador de todo."

Versos 4-8: "Los ídolos de ellos son plata y oro, Obra de manos de hombres. Tienen boca, mas no hablan; Tienen ojos, mas no ven; Orejas tienen, mas no oyen; Tienen narices, mas no huelen; Manos tienen, mas no palpan; Tienen pies, mas no andan; No hablan con su garganta. Semejantes a ellos son los que los hacen, y cualquiera que confía en ellos."

Los ídolos de los paganos son de plata, oro, yeso, madera o metal. Así que su valor es de acuerdo a los condiciones del mercado. Ellos son construidos por hombres, así que son inferiores a los que los adoran.

Aunque tiene boca no pueden pronosticar el futuro, ni aconsejar a nadie. Tienen ojos pero no ven los problemas de los suyos. Tienen orejas pero no pueden oír las oraciones, ni las quejas. Tienen manos pero no pueden sentir. Tienen narices pero no pueden oler el incienso que se les ofrece. Tienen pies, pero no se pueden salir del pedestal donde están clavados.

El problema es que los que los hacen son como ellos. Está establecido en el reino espiritual, que el hombre es como el objeto que adora. Todo el que confían en los ídolos se torna impuro, débil, obstinado e incomprensible. Se vuelve tan idiota como el ídolo que adora. Esto es así, porque los demonios son los que reciben el homenaje que se la da al ídolo.

Estudie Isaías 44: 9.20, para que se dé cuenta de la insensatez de la idolatría. El hombre corta un árbol. De él usa para cocinar y calentarse. Del resto hace un ídolo y lo adora, y le dice: "Mi dios eres tú."

Versos 9-13: "Oh Israel, confía en Jehová: Él es tu ayuda y tu escudo Casa de Aarón, confiad en Jehová; Él es vuestra ayuda y vuestro escudo. Los que teméis a Jehová, confiad en Jehová; Él es vuestra ayuda y vuestro escudo. Jehová se acordó de nosotros; nos bendecirá; Bendecirá a la casa Israel; Bendecirá a la casa de Aarón. Bendecirá a los que temen a Jehová, A pequeños y a grandes."

Solamente Jehová es digno de alabanza. Él es el único Dios que está vivo. Todos los llamados "dioses" están muertos, o nunca existieron. Ellos son producto de la imaginación de los hombres, como lo fue el becerro que crearon los israelitas en el desierto.

Alguno puede preguntar: ¿Por qué hacen milagros? Los demonios que los habitan hacen milagros mentirosos. Cuando Aarón y Moisés estuvieron ante el Faraón, echaron la vara y ésta se convirtió en serpiente.

Los magos Janes y Jambres hicieron lo mismo con sus varas. Los demonios, a quienes ellos apelaron, no los dejaron en vergüenza. Sin embargo, la serpiente de Moisés devoró la de los magos, mostrando con ello que el Dios a quien Moisés servía, mucho más poderoso que todos los dioses de los egipcios.

Versos 14- 18: Aumentará Jehová bendición sobre vosotros; Sobre vosotros y sobre vuestros hijos.

Benditos vosotros de Jehová. Que hizo los cielos y la tierra. Los cielos son los cielos de Jehová; Y ha dado la tierra a los hijos de los hombres. No alabarán los muertos a Jehová, Ni cuantos descienden al silencio; Pero nosotros bendeciremos a JAH Desde ahora y para siempre."

Dios hizo los cielos para él, pero a los hombres le asignó la tierra, y es en la tierra donde el hombre debe alabarle y adorarle. Los versos 17-18 son el espejo de lo que los santos del Antiguo Testamento creían acerca de los muertos.

Ellos creían que los muertos estaban en un silencio de piedra. Nosotros sabemos que los que mueren en Cristo aunque su cuerpo se pudra en la tumba, su espíritu pasa a la presencia de Dios inmediatamente, adorando a Dios.

Los perdidos están en la tumba, pero su espíritu estará sufriendo y crujiendo los dientes en el infierno. Lo más que les angustiará será el recuerdo de que pudieron haber escapado de ese lugar, cuando alguien les habló de Cristo, y prefirieron el infierno y rechazaron el cielo.

SALMO # 116

Acción de gracias por haber sido librado de la muerte.

Versos 1-7: "Amo a Jehová, pues ha oído mis súplicas; Porque ha inclinado a mí su oído; Por tanto, le invocaré en todos mis días. Me rodearon ligaduras de muerte, Me encontraron las angustias del Seol; Angustia y dolor había yo hallado. Entonces invoqué el Nombre de Jehová, diciendo: Oh Jehová, libra ahora mi alma. Clemente es Jehová, y justo; Si, misericordioso es nuestro Dios. Jehová guarda a los sencillos; Estaba yo postrado, y me salvó. Vuelve, oh alma mía, a tu reposo, Porque Jehová te ha hecho bien."

El gozo y la alegría del primer día de resurrección se ven a través de este Salmo. La tumba había quedado vacía. Cristo había resucitado por el poder de Su Padre. Entonces canta el cántico de gracias por la resurrección.

No tenemos que hablar a Dios con un lenguaje poético ni con palabras escogidas. El mira el corazón y sabe cuál es la verdadera intención de nuestro espíritu. El ama la sencillez y el balbuceo que casi no podemos expresar por la gratitud y el amor que sentimos por él.

Versos 8-12: "Pues tú has librado mi alma de la muerte, Mis ojos de las lágrimas, Y mis pies de resbalar. Andaré delante de Jehová En la tierra de los vivientes. Creí, por tanto hablé, Estando afligido en gran manera. Y dije en mi apresuramiento: Todo hombre es mentiroso. ¿Qué pagaré a Jehová Por todos sus beneficios para conmigo?"

Como el Señor, tenemos que continuar hablando de las grandes cosas que nuestro Dios ha hecho por nosotros. Él ha librado nuestro espíritu de la muerte eterna. Nos   ha dado gozo y reposo. Nos ha dado esa paz que sobrepasa todo entendimiento. Nos ha dado un lugar en el trono. Nos libra de las tentaciones que no podemos resistir. Nos libra de las pasiones y emociones de nuestra mente sin renovar.

¿Con qué pagaremos tanta misericordia? Amando a Jehová, amando a los hermanos y amando a nuestro prójimo. Obedeciendo sus mandamientos, y haciendo Su voluntad. Haciendo estas cosas ni aún habremos comenzado a pagar por su amor.

Versos 13-19: "Tomaré la copa de la salvación, E invocaré el nombre de Jehová. Ahora pagaré mis votos a Jehová Delante de todo su pueblo. Estimada es a los ojos de Jehová la muerte de sus santos. Oh Jehová, ciertamente yo soy tu siervo. Siervo tuyo soy, hijo de tu sierva; Tú has roto mis prisiones. Te ofreceré sacrificio de alabanza, E invocaré el nombre de Jehová. A Jehová pagaré mis votos Delante de todo el pueblo, En los atrios de la casa de Jehová, En medio de ti, oh Jerusalén. Aleluya.

Como el corazón de Cristo está lleno de gratitud por lo que el Padre hizo por él, así nuestro corazón rebosa de gratitud por lo que Cristo hizo por nosotros. Debemos tomar la copa de la salvación;

imagínese que después de haber estado bajo el dominio y la autoridad del príncipe de las tinieblas, hemos sido comprados, engendrados por el Padre, limpiados, trasladados al reino del Amado, vestidos de lino fino resplandeciente. Sobre nuestras cabezas una diadema, sellados por el Espíritu Santo, separados para Cristo, hechos reyes y sacerdotes.

El antiguo amo tiene órdenes de no tocar a los hijos del Dios Vivo. Sus demonios han sido sometidos bajo los pies de Cristo, que es la Iglesia, Su Cuerpo. Entonces nos ha dado el poder de Abogado para usar Su Nombre para nuestras luchas, conflictos, necesidades, oraciones y peticiones.

Esa poderosa arma, el Nombre de Jesús, es nuestra arma de ofensa y defensa; no para usarla contra los hombres, sino contra los demonios. Además la muerte de los santos estimada a los ojos de Jehová. ¿Quiénes son los santos? Los que han sido comprados con la Sangre de Cristo, y separados para Dios. ¡Cómo no adorar, alabar y bendecir al Señor!

SALMO #117

Alabanza por la misericordia de Jehová.

Versos 1-2: "Alabad a Jehová, naciones todas; Pueblos todos, alabadle. Porque ha engrandecido sobre nosotros su misericordia, Y la fidelidad de Jehová es para siempre. Aleluya."

Este es el Salmo más corto de la Biblia. Es un llamado a los gentiles a alabar a Jehová. Los Israelitas tenían derecho de hacerlo, por causa del Pacto, y porque le conocían. Si bien es cierto que Sem, Abraham, Isaac, y los Patriarcas antediluvianos eran gentiles, y conocían a Dios, porque a través de ellos venía la línea justa por donde vendría el Redentor, el resto de los gentiles no le conocía.

Dios debía preservar una línea justificada por gracia, para que cuando el Redentor viniera, fuera reconocido. Esta fue una de las razones para el Pacto de Sangre entre Dios y Abraham.

Abraham tuvo a Isaac, por donde continuaría la línea justa y la bendición de la primogenitura. Sin embargo, tuvo a Ismael, de Agar, la egipcia; Este tuvo doce hijos que habitaron desde India hasta la frontera de Egipto. (No todos los musulmanes son árabes.) De Cetura, tuvo a Zimram, Jocsán, Medán, (Medos), Tiglat- pellisser, rey asirio, era su descendiente.

 Madián, Arabia del Sur y Yemen. Allí está el monte Sinai. (Gal 4:25). Jetro, el padre de Séfora, la mujer de Moisés, era madianita. Isbac y Súa, (Bildad amigo de Job, era su descendiente). De Isbac, Zimram y Súa, no tenemos información. Todos los demás formaron tribus, las cuales se convirtieron en naciones; más la bendición, y el trato de Dios fue con la línea de Isaac.

Los hijos de Lot, el sobrino de Abraham, fueron Amón, y Moab, hoy Jordania. Ellos ocuparon el este del Jordán. Esaú, ocupó Arabia del norte, y se conocía como Edom.

Jacob fue llamado Israel cuando tenía 114 años, (Gén.32:28), De sus doce hijos varones, Dios formó la nación de Israel. En el año 1,739 AC. Dios le confirmó como el padre de la nación israelita. De esta nación vendría el Redentor.

Hoy este Salmo se ha cumplido en la Iglesia.

SALMO # 118

Acción de gracias por la salvación recibida de Jehová.

La ocasión de este Salmo es la Segunda Venida de Cristo. La escena se desarrolla en Jerusalén, donde se la congregado la multitud para celebrar el regreso de su tan esperado Mesías. A la sombra del Templo recién construido, un solista toma el micrófono. El coro está a sus espaldas.

El solista canta: *"Alabad a Jehová porque él es bueno."* Coro: *"Porque para siempre es su misericordia."*

Solista: "Diga ahora la casa de Israel". Coro: "Que para siempre es su misericordia."

Solista: "Diga ahora la casa de Aarón." Coro: "Que para siempre es su misericordia."

Solista: "Digan los que temen a Jehová." Coro: "Que para siempre es su misericordia."

Versos 5-9: Solista: "Desde la angustia invoqué a JAH, Y me respondió JAH, poniéndome en lugar espacioso. Jehová está conmigo; no temeré Lo que me pueda hacer el hombre. Jehová está conmigo entre los que me ayudan; Por tanto yo veré mi deseo en los que me aborrecen. Mejor es confiar en Jehová Que confiar en hombre. Mejor es confiar en Jehová Que confiar en príncipes."

La gente reunida entiende que éste es el lenguaje del remanente de Israel maravillosamente preservado de la tribulación por Dios. Ellos le han perdido el miedo al hombre. Ya han aprendido a confiar sólo en Dios.

Versos 10-14: "Todas las naciones me rodearon; Mas en el nombre de Jehová las destruiré. Me rodearon y me asediaron; Mas en el nombre de Jehová yo las destruiré. Me rodearon como abejas; se enardecieron como fuego de espinos; Mas en el nombre de Jehová yo las destruiré. Me empujaste con violencia para que cayese, Pero Jehová me ayudó. Mi fortaleza y mi cántico es JAH, Y él me sido por salvación."

Podemos imaginar al solista y al coro cantando, las maravillas de la salvación y la preservación del pueblo a través de los siglos, como lo vemos en el cántico de Moisés y María, en Éxodo 15, y en Isaías 12.

Ahora lo veremos en la actualidad, en el reino de la Iglesia militante. Reinos espirituales rodean y asedian al creyente, pero él tiene el Nombre de Jesús para destruirlos. El Señor preserva al creyente de los ataques espirituales.

Versos 15-18: "Voz de júbilo y de salvación, hay en las tiendas de los justos; La diestra de Jehová hace proezas. La diestra de Jehová es sublime; La diestra de Jehová hace valentías. No moriré, sino que viviré. Y contaré las obras de JAH. Me castigó gravemente JAH, Mas no me entregó a la muerte."

¿Se puede imaginar el gozo y el júbilo que habrá en las casas de los israelitas cuando vean a su Mesías? Entonces ellos recordarán las veces que El los salvó milagrosamente, y ahora especialmente de manos del anticristo. ¡No morirán, como temían; sino que vivirán! Y reinarán con Cristo.

La Iglesia no tiene parte en esto. Ella vendrá en un despliegue de gloria a las nubes, sobre caballos blancos, pero regresará a su lugar. ¿Ha pensado lo grande que es la Iglesia? No cabe en Jerusalén. ¿Querrá la Iglesia regresar a la tierra? No. Ella estará en la Nueva Jerusalén, la ciudad que tiene doce avenidas de oro, y un muro de piedras preciosas. También tiene doce puertas que son doce perlas. (Apoc. 21). Allí tiene sus moradas. ¿A qué venir a reinar en Jerusalén por mil años? Los israelitas salvos y vivos reinarán en la tierra bajo el dominio de Cristo, quien aunque no se quedará en la tierra, vendrá por momentos a dirigir el gobierno, como lo hizo durante los cuarenta días antes de su ascensión al cielo.

Versos 19-22: "Abridme las puertas de la justicia; Entraré a ellas, alabaré a JAH. Esta es puerta de JAH; Por ella entrarán los justos. Te alabaré porque me has oído, Y me fuiste por salvación. La piedra que desecharon los edificadores Ha venido a ser cabeza del ángulo."

Cristo es la Puerta de la salvación, la Puerta de la justificación del creyente. La Roca, Cristo, que despreciaron los edificadores judíos, vino a ser la Roca angular sobre la que se construyó la Iglesia Cristiana.

Versos 23-29: "De parte de Jehová es esto, Y es cosa maravillosa a nuestros ojos. Este es el día que hizo Jehová; Nos gozaremos y alegraremos en él. Oh Jehová, sálvanos ahora, te ruego; Te ruego, oh Jehová que nos hagas prosperar ahora.

Bendito el que viene en el nombre de Jehová; Desde la casa de Jehová os bendecimos. Jehová es Dios, y nos ha dado luz; Atad víctimas con cuerdas a los

cuernos del altar. Mi Dios eres tú, y te alabaré;
Dios mío, te exaltaré. Alabad a Jehová porque él es
bueno; Porque para siempre es su misericordia."

Estas palabras son la profecía de la entrada triunfal
de Jesús en Jerusalén, el día de su coronación como
Rey de la Iglesia. Ese día,   todos tendían sus
mantos para que pasara el Rey. Esto cumplía
también la profecía de Zac. 9:9, de 520 años antes.
"Alégrate mucho, hija de Sion, da voces de júbilo,
hija de Jerusalén; he aquí tu rey vendrá a ti, justo y
salvador, humilde y cabalgando sobre un pollino
hijo de asna."

SALMO # 119

EL ALFABETO DE ORO DE LA BIBLIA

Excelencias de la ley de Dios.

ALEF: significado; Buey, Valor numérico (1):

Versos 1-8: "Bienaventurados los perfectos de
camino, Los que andan en la ley de Jehová.
Bienaventurados los que guardan sus testimonios, Y
con todo el corazón le buscan; Pues no hacen

iniquidad Los que andan en tus caminos. T encargaste Que sean muy guardados tus mandamientos, ¡Ojalá fuesen ordenados mis caminos Para guardar tus estatutos! Entonces no sería yo avergonzado, Cuando atendiese tus mandamientos. Te alabaré con rectitud de corazón Cuando aprendiese tus justos juicios. Tus estatutos guardaré; No me dejes enteramente."

Este Salmo es llamado: "El alfabeto de oro de la Biblia." El mismo está dividido en veintidós secciones; uno por cada letra del alfabeto hebreo. Cada sección tiene ocho versos. La Palabra de Dios es descrita a través del mismo, como Ley, testimonio, camino, precepto, estatuto, mandamiento, palabra, promesa, juicio, fidelidad, justicia, acuerdo y ordenanza.

Estos ocho versos primeros muestran la bienaventuranza de obedecer la Palabra de Dios.

******

BET. Significado: Casa, Valor numérico: 2

Versos 9-16: "¿Con qué limpiará el joven su camino? Con guardar tu palabra. Con todo mi corazón te he buscado; No me dejes desviarme de tus mandamientos. En mi corazón he guardado tus dichos, Para no pecar contra ti. Bendito tú oh Jehová; Enséñame tus estatutos. Con mis labios he contado todos los juicios de tu boca. Me he gozado en el camino de tus testimonios. Más que de toda riqueza. En tus mandamientos meditaré; Consideraré tus caminos. Me regocijaré en tus estatutos; No me olvidaré de tus palabras."

Estos ocho versos hablan de la <u>limpieza por la Palabra.</u> Es la Palabra la que nos limpia la conciencia y nuestro camino de obras muertas. (Juan 13:10).

****

GUÍMEL: Significado: Camello, Valor numérico (3)

Versos 17-24: "Haz bien a tu siervo; Que viva, Y guarde tu palabra. Abre mis ojos, y miraré Las maravillas de tu ley. Forastero soy en la tierra; No encubras de mí tus mandamientos. Quebrantada está mi alma de desear Tus juicios en todo tiempo. Reprendiste a los soberbios, los malditos, Que se desvían de tus mandamientos. Aparte de mí el oprobio y el menosprecio, Porque tus testimonios he guardado. Príncipes también se sentaron y hablaron de mí; Mas tu siervo meditaba en tus estatutos, Pues tus testimonios son mis delicias Y mis consejeros."

Estos versos nos muestran <u>el discernimiento por la Palabra.</u> "Clama a mí, y yo te responderé y te mostraré cosas grandes y ocultas que tú no conoces." (Jer.33:3). Cuando miramos la vida a través del lente de la Palabra de Dios, podemos discernir con absoluta claridad cualquier circunstancia.

*****

DÁLET: Significa, Puerta. Valor numérico, 4

Versos 25-32: "Abatida hasta el polvo está mi alma; Vivifícame según tu palabra. Te he manifestado mis caminos, y me has respondido; Enséñame tus estatutos. Hazme entender el camino de tus mandamientos, Para que medite en tus maravillas. Se deshace mi alma de ansiedad, Susténtame según tu palabra. Aparta de mí el camino de la mentira, Y en tu misericordia concédeme tu ley. Escogí el camino de la verdad; He puesto tus juicios delante de mí. Me ha apegado a tus testimonios; Oh Jehová, no me avergüences. Por el camino de tus mandamientos correré, Cuando ensanches mi corazón."

En este Salmo el Salmista muestra nuestra insuficiencia personal a través de la Palabra. Es la Palabra la que nos vivifica cuando estamos ansiosos. La oración y la Palabra son el mejor Psiquiatra del creyente.

HE: significa, Ventana, Valor numérico, 5

Versos 33-40: "Enséñame, oh Jehová, el camino de tus estatutos, Y los guardaré hasta el fin. Dame entendimiento, y guardaré tu ley, Y la cumpliré de todo corazón. Guíame por la senda de tus mandamientos, Porque en ella tengo mi voluntad. Inclina mi corazón a tus testimonios, Y no a la avaricia. Aparta mis ojos, que no vean la vanidad; Avívame en tu camino. Confirma la palabra a tu siervo que te teme. Quita de mí el oprobio que he temido, Porque buenos son tus juicios. He aquí yo he anhelado tus mandamientos; Vivifícame en tu justicia."

Estos versos pedimos que <u>el poder de la Palabra se manifieste en nuestras vidas,</u> y guarde nuestros caminos.

VAU. Significa: Garfio. Valor numérico, 6

Versos 41-48: "Venga a mí tu misericordia, oh Jehová; Tu salvación, conforme a tu dicho. Y daré por respuesta a mi avergonzador, Que en tu palabra he confiado. No quites de mi boca en ningún tiempo la palabra de verdad, Porque en tus juicios espero. Guardaré tu ley siempre Para siempre y eternamente. Y andaré en libertad, Porque busqué tus mandamientos. Hablaré de tus testimonios delante de los reyes, Y no me avergonzaré. Y me regocijaré en tus mandamientos, Los cuales he amado. Alzaré asimismo mis manos a tus mandamientos que amé, y meditaré en tus estatutos."

Aquí declara <u>la victoria a través de la Palabra.</u> La Palabra en nuestros labios asegura nuestra victoria.

¿Cuál debe ser nuestro testimonio? El testimonio de lo que Cristo hizo. (Apoc.19:10).

ZAIN: significa: Arma, Valor numérico, 7

Versos 49-56: "Acuérdate de la palabra dada a tu siervo, En la cual me has hecho esperar. Ella es mi consuelo en mi aflicción, Porque tu dicho me ha vivificado. Los soberbios se burlaron mucho de mí, Mas no me he apartado de tu ley. Me acordé, oh Jehová de tus juicios antiguos, Y me consolé. Horror se apoderó de mí a causa de los inicuos que dejan tu ley. Cánticos fueron para mí tus estatutos En la casa en donde fui extranjero. Me acordé en la noche de tu nombre, oh Jehová, Y guardé tu ley. Estas bendiciones tuve Porque guardé tus mandamientos."

En estos versos encontramos <u>el reposo y el consuelo de la Palabra.</u> El Nombre de Jesús es el arma de defensa y de ofensa del creyente. Cuando tenemos el beneficio de que el Espíritu Santo nos revele la Palabra, porque la hemos anhelado y pedido a Dios, entonces la vivimos, y ella va renovando nuestra forma de pensar, entramos en el reposo.

CHET, significa, Cerco. Valor numérico, 8

Versos 57-64. "Mi porción es Jehová; He dicho que guardaré tus palabras. Tu presencia supliqué de todo corazón; Ten misericordia de mí según tu palabra. Consideré mis caminos, Y volví mis pies a tus testimonios. Me apresuré y no me retardé En guardar tus mandamientos. Compañías de impíos me han rodeado, mas no me he olvidado de tu ley. A medianoche me levanto para alabarte Por tus justos juicios. Compañero soy de todos los que te temen Y guardan tus mandamientos. De tu misericordia, oh Jehová está llena la tierra. Enséñame tus estatutos."

En estos versos el Salmista y nosotros con él, pedimos la gracia de poder <u>perseverar en la Palabra de Dios.</u> El enemigo mayor que tenemos son nuestros sentidos. Ellos se oponen a lo que dice Dios. Es por eso que Pablo nos dice en 2 Cor. 10: 3-5: *"Porque aunque andamos en la carne, (sentidos) no militamos según la carne, porque las armas de nuestra milicia no son carnales, sino poderosas en Dios para la destrucción de fortalezas, refutando argumentos, y toda altivez que se levanta contra el conocimiento de Dios, y llevando cautivo todo pensamiento a la obediencia de Cristo."*

TET: significa: Serpiente. Valor numérico, 9

Versos 65-72: "Bien has hecho con tu siervo, Oh Jehová, conforme a tu palabra. Enséñame buen sentido y sabiduría, Porque tus mandamientos he creído. Antes que fuera yo humillado, descarriado andaba; Mas ahora guardo tu palabra. Bueno eres tú, y bienhechor; Enséñame tus estatutos. Contra mí forjaron mentira los soberbios, Mas yo guardaré tus mandamientos. Se engrosó mi corazón de ellos como cebo, Mas yo en tu ley me he regocijado. Bueno me es haber sido humillado, Para que aprenda tus estatutos. Mejor es la ley de tu boca Que millares de oro y plata."

Aquí se habla de que <u>la Palabra de Dios no tiene precio para el creyente.</u> En tiempos de pruebas, problemas, guerras, o desastres naturales, la Palabra de Dios es nuestra fortaleza protección, y consuelo.

*****

YOD; significa; Mano. Valor numérico, 10

Versos 73-80: "Tus manos me hicieron y me formaron; Hazme entender, y aprenderé tus mandamientos. Los que te temen me verán, y se alegrarán, Porque en tu palabra he esperado. Conozco, oh Jehová, que tus juicios son justos. Y que conforme a tu fidelidad me afligiste. Sea ahora tu misericordia para consolarme, Conforme a lo que has dicho a tu siervo. Vengan a mí tus misericordias, para que viva, Porque tu ley es mi delicia. Sean avergonzados los soberbios, porque si causa me han calumniado; Pero yo meditaré en tus mandamientos. Vuélvanse a mí los que te temen Y conocen tus testimonios. Sea mi corazón íntegro en tus estatutos, Para que no sea yo avergonzado."

En estos versos el Salmista reconoce que el conocimiento profundo, o la sabiduría, viene por la Palabra. El hombre puede tener conocimiento intelectual, puede desarrollar su cuerpo físico hasta llegar a ser un gran atleta, pero la sabiduría, el conocimiento profundo espiritual, solo viene por la Palabra. Cristo nos ha sido hecho por Dios, sabiduría, (1 Cor. 1:30). En Cristo están escondidos todos los tesoros de sabiduría y de conocimiento, (Col. 2:3) Cristo es el Verbo, el Memora, la Palabra, (Juan 1:1)

CAF, significa, Puño. Valor numérico, 20

Versos 81-88: "Desfallece mi alma por tu salvación, Mas espero en tu palabra. Desfallecieron mis ojos por tu palabra, Diciendo: ¿Cuándo me consolarás? Porque estoy como el odre al humo; Pero no he olvidado tus estatutos. ¿Cuándo harás juicio contra los que me persiguen? Los soberbios me han cavado hoyos; Mas no proceden según tu ley. Todos tus mandamientos son verdad; Sin causa me persiguen; ayúdame. Casi me han echado por tierra, Pero no he dejado tus mandamientos. Vivifícame conforme a tu misericordia, Y guardaré los testimonios de tu boca."

Cuando estamos afligidos, la Palabra nos sustenta y nos da valor y fortaleza. Es una gran ventaja para el creyente conocer la Palabra de Dios. Cristo dijo que en el mundo tendríamos aflicción, pero que confiáramos, porque él había vencido al mundo. El ser creyente no nos asegura que hemos de vivir en un mundo utópico. Sí; hemos de padecer persecución, aflicción, tribulación y acusación, pero no hay condenación para nosotros, dice Romanos 8:1.

LAMED: significa, Quijada de buey. Valor numérico, 30

Versos 89-96: "Para siempre, oh Jehová, Permanece tu palabra en los cielos. De generación en generación tu fidelidad; Tu afirmaste la tierra, y subsiste. Por tu ordenación subsisten todas las codas hasta hoy. Pues todas ellas te sirven. Si tu ley no hubiese sido mi delicia, Ya en mi aflicción hubiera yo perecido. Nunca jamás me olvidaré de tus mandamientos, Porque con ellos me has vivificado. Tuyo soy, sálvame, Porque he buscado tus mandamientos. Los impíos me han aguardado para destruirme; Mas yo consideraré tus testimonios. A toda perfección he visto fin. Amplio sobremanera es tu mandamiento."

Aquí se muestra la eternidad de la Palabra. Es deber del creyente establecerla en los que no conocen a Cristo. Jesús dijo que el cielo y a tierra pasarían, pero que su palabra no pasaría, porque es eterna, como su Autor.

MEM, significa: Agua. Valor numérico, 40

Versos 97-104: "¡Oh, cuánto amo yo tu ley! Todo el día es ella mi meditación. Me has hecho más sabio que mis enemigos con tus mandamientos, Porque siempre están conmigo. Más que todos mis enseñadores he entendido, Porque tus testimonios son mi meditación. Más que los viejos he entendido, Porque he guardado tus mandamientos; De todo mal camino contuve mis pies, Para guardar tu palabra. No me aparté de tus juicios, Porque tú me enseñaste. ¡Cuán dulces son a mi paladar tus palabras! Más que la miel a mi boca. De tus mandamientos he adquirido inteligencia; Por tanto, he aborrecido todo camino de mentira."

Esta es la sabiduría que se obtiene a través de la Palabra, especialmente guardando los mandamientos. El que lo hace no tropezará jamás, porque en ellos está el plan de Dios para la perfección del creyente. Mientras más la conocemos y meditamos en ella para vivirla, nos vamos volviendo más sabios, y humildes.

NUN, significa: Pez. Valor numérico, 50

Versos 105-112: "Lámpara es a mis pies tu palabra, Y lumbrera en mi camino. Juré y ratifiqué Que guardaré tus justos juicios. Afligido estoy en gran manera; Vivifícame, oh Jehová, conforme a tu palabra. Te ruego, oh Jehová, que te sean agradables los sacrificios voluntarios de mi boca, Y me enseñes tus juicios. Mi vida está de continuo en peligro, Mas no me he olvidado de tu ley. Me pusieron lazo los impíos, Pero yo no me desvié de tus mandamientos. Por heredad he tomado tus testimonios para siempre, Porque son el gozo de mi corazón. Mi corazón incliné a cumplir tus estatutos De continuo, hasta el fin."

La Palabra de Dios es una lámpara. Ella ilumina el espíritu y la mente del creyente. 2 Pedro 1:19-21 dice: "Tenemos también la palabra profética más segura, a la cual hacéis bien en estar atentos como a una antorcha que arde en lugar oscuro, hasta que el día esclarezca y el lucero de la mañana salga en vuestros corazones; entendiendo esto, que ninguna profecía de la Escritura es de interpretación privada, porque nunca la profecía fue traída por voluntad humana, sino que los santos hombres de Dios hablaron siendo inspirados por el Espíritu Santo."

SÁMEC , significa: Bastón para apoyarse. Valor numérico, 60

Versos 113-120: "Aborrezco a los hombres hipócritas; Mas amo tu ley. Mi escondedero y mi escudo eres tú; En tu palabra he esperado. Apartaos de mí, malignos, Pues yo guardaré los mandamientos de mi Dios. Susténtame conforme a tu palabra, y viviré; Y no quede yo avergonzado de mi esperanza. Sostenme, y seré salvo, Y me regocijaré siempre en tus estatutos. Hollaste a todos los que se desvían de tus estatutos, Porque su astucia es falsedad. Como escorias hiciste consumir a todos los impíos de la tierra."

Estos versos hablan de los malvados y la Palabra de Dios. Es el contraste entre los que sirven a Dios, y los que le rechazan. El Salmo 37 nos da un cuadro de lo que le sucederá a los malvados.

AYIN, significa; Ojo. Valor numérico, 70

Versos 121-128: "Juicio y justicia he hecho; No me abandones a mis opresores. Afianza a tu siervo para bien; No permitas que los soberbios me opriman. Mis ojos desfallecieron por tu salvación, Y por la palabra de tu justicia. Haz con tu siervo según tu misericordia, Y enséñame tus estatutos. Tu siervo soy yo, dame entendimiento Para conocer tus testimonios. Tiempo es de actuar, Oh Jehová, Porque han invalidado tu ley. Por eso he amado tus mandamientos Más que el oro, y más que oro muy puro. Por eso estimé rectos todos tus mandamientos sobre todas las cosas, Y aborrecí todo camino de mentira."

Separación y liberación por medio de la Palabra. Separación significa Santificación. Judas 28 dice: "Y a Aquel que es poderoso para guardaros sin caída, y presentaros sin mancha delante de él con gran alegría." ¿Cuándo nos presenta con gran alegría el Espíritu Santo? Ahora. El padre nos ve en Cristo.

PE: significa; Boca. Valor numérico, 80

Versos 129- 136: "Maravillosos son tus testimonios; Por tanto, los ha guardado mi alma. La exposición de tus palabras alumbra; Hace entender a los simples. Mi boca abrí y suspiré, Porque deseaba tus mandamientos. Mírame y ten misericordia de mí, Como acostumbras con los que aman tu nombre. Ordena mis pasos con tu palabra, Y ninguna iniquidad se enseñoree de mí. Líbrame de la violencia de los hombres, Y guardaré tus mandamientos. Haz que tu rostro resplandezca sobre tu siervo, Y enséñame tus estatutos. Ríos de agua descendieron de mis ojos, Porque no guardaban tu ley."

Estos versos hablan del gozo de la comunión con Dios a través de la Palabra. La forma más segura de tener comunión con Dios es por medio de la Palabra, porque ella produce oración. Relación y comunión son dos cosas distintas.

Relación con Dios, es ser hijo de Dios por aceptar a Cristo. Él nos engendró, salimos de su corazón, más si no tenemos comunión con El, no disfrutamos de todas las bendiciones espirituales en su plenitud. Es como tener un hijo que se va lejos y no nos visita ni nos escribe, o nos llama por teléfono. Es hijo por relación, pero no hay comunión entre nosotros.

El ejemplo de comunión, es ese hijo que nos visita, que pasa tiempo con nosotros, que se preocupa por nuestro bienestar, que come con nosotros, que nos trae sus hijos para que se suban a nuestras rodillas. Este tiene relación y comunión. Así nosotros podemos tener relación con Dios y tener comunión con él, por medio de la Palabra y la oración.

TSADE; significa, Anzuelo. Valor numérico, 90

Versos 137-144: "Justo eres tú, Oh Jehová, Y rectos tus juicios. Tus testimonios, que has recomendado, Son rector y muy fieles. Mi celo me ha consumido, Porque mis enemigos se olvidaron de tus palabras. Sumamente pura es tu palabra, Y la ama tu siervo. Pequeño soy yo, Y desechado, Más no me he olvidado de tus mandamientos. Tu justicia es justicia eterna, Y tu ley la verdad. Aflicción y angustia se han apoderado de mí, Mas tus mandamientos fueron mi delicia Justicia eterna son tus testimonios; Dame entendimiento, y viviré."

En estos versos vemos el fervor por la Palabra. Es la devoción entusiasta del creyente por ella. Cuando conocemos que hemos nacido de la Palabra, como dice 1 Pedro 1:23: "Siendo renacidos, no de simiente corruptible, sino de la incorruptible Palabra de Dios que vive y permanece para siempre," y Sant.1: 18: "El, de su voluntad, nos hizo nacer por la Palabra de verdad, para que seamos primicias de sus criaturas."

Entonces desearemos alimentarnos de ella. 1 Pedro 2:2, "Desead como niños recién nacidos la leche espiritual no adulterada, para que por ella crezcáis par salvación.

Hay una gran diferencia entre nacer del Espíritu y nacer de la Palabra. Jesús le dijo a Nicodemo que el que nace del Espíritu, puede ver el reino de Dios. Entonces le dijo que el que nace del agua, entra al reino de Dios. Ver y entrar no es lo mismo.

Muchos creyentes están viendo el reino de Dios, pero no han entrado a disfrutar de sus derechos y privilegios de hijos de Dios. Viven vidas derrotadas, y son como el soldado sin armas en el territorio enemigo, donde los demonios los atacan y los derrotan.

Los que han nacido de la Palabra, esto es, han renovado los archivos de su computadora mental, con el estudio, la meditación, sobre todo, la actuación en lo que dice Dios en su Palabra, y se han vestido de toda la armadura de Dios, son generales de cinco estrellas en el mundo espiritual

Es por eso que el Señor ha puesto tan grande responsabilidad a los pastores. Su trabajo es de <u>alimentar al rebaño con la Palabra</u>, no con coros, predicaciones psicológicas, ni con entretenimientos ni comelatas. (Juan 21: 15-17)

Hoy, la mayoría de las iglesias se han convertido en Clubes sociales, llenas de enanos espirituales y de fenómenos cabezones, quienes lo que buscan es el beneficio material de las ovejas, dejándolas hambrientas y raquíticas.

Es por eso que el Señor, enojado con esos pastores, los entrega a la fosa profunda de la mujer extraña; (Prov. 22:14).

COF: significa: Cerebelo, la parte de atrás de la cabeza. Valor numérico, 100

Versos 145-152: "Clamé con todo mi corazón; respóndeme, Jehová, Y guardaré tus estatutos. A ti clamé; sálvame, Y guardaré tus testimonios. Me anticipé al alba, y clamé; Esperé en tu palabra. Se anticiparon mis ojos a las vigilias de la noche, Para meditar en tus mandatos. Oye mi voz conforme a tu misericordia; Oh Jehová, vivifícame conforme a tu juicio. Se acercaron a la maldad de los que me persiguen; Se alejaron de tu ley. Cercano estás tú, oh Jehová, Y todos tus mandamientos son verdad. Hace ya mucho que he entendido tus testimonios, Que para siempre los has establecido."

En estos versos se nos habla de la experiencia que adquirimos por medio de la Palabra. Es el creer lo que Dios dice en la Palabra, y hacerlo. Cada vez que hacemos lo que Dios nos dice: algo se nos queda grabado en el espíritu, aunque la mente no lo recuerde. Es por eso que cuando el creyente habla de Cristo, el Espíritu Santo saca, de los archivos del corazón, porciones de la Palabra que ni recordábamos; la trae a la mente y la pone en nuestros labios.

Versos 153-160: "Mira mi aflicción, y líbrame, Porque de tu ley no me he olvidado. Defiende mi causa, y redímeme; Vivifícame con tu palabra. Lejos está de los impíos la salvación, porque no buscan tus estatutos. Muchas son las misericordias de Jehová; Vivifícame conforme a tus juicios. Muchos son mis perseguidores y mis enemigos, Mas de tus testimonios no me he apartado, Veía a los prevaricadores, y me disgustaba, Porque no guardaban tus palabras. Mira, oh Jehová, que amo tus mandamientos; Vivifícame conforme a tu misericordia. La suma de tu palabra es verdad, Y eterno es todo juicio de tu justicia."

Aquí tenemos la descripción de la salvación por medio de la Palabra. Si bien es una preciosa y gloriosa verdad que cuando aceptamos a Cristo, recibimos un espíritu nuevo que salió del mismo corazón de Dios, como dice Ezequiel 36:26, y Juan 1:12, lo cierto es que la salvación es en tres tiempos.

Santiago 1: 21, dice: "Por lo cual, desechando toda inmundicia y abundancia de malicia, recibid con mansedumbre la palabra implantada, la cual puede salvar vuestras almas."

Filipenses 2:12: "Por tanto, amados míos, como siempre habéis obedecido, no como en mi presencia solamente, sino más ahora en mi ausencia, ocupaos en vuestra salvación con temor y temblor." 1 Pedro 1:9, "Obteniendo el fin de vuestra fe, que es la salvación de vuestras almas."

1Tes. 5:9: "Porque no nos ha puesto Dios para ira, sino para alcanzar salvación por medio de nuestro Señor Jesucristo, quien murió por nosotros para que ya sea que velemos, o que durmamos, vivamos juntamente con él." Pablo le hablaba los hermanos de la iglesia de Tesalónica, quienes ya eran salvos. Él se refería a la salvación del alma, no a la salvación del espíritu,

El hombre es trino. Es un espíritu eterno, como Dios. Su alma, se compone de su intelecto, sus sentidos y su capacidad de razonar. Esta es la que el creyente tiene el deber de salvar. Él debe vaciar su computadora mental de la información que el diablo le ha imprimido desde su nacimiento en la tierra.

La salvación del alma implica la renovación de la mente, (Efe. 4:23). La Palabra de Dios debe tener dominio sobre la evidencia de los sentidos. Esto es lo que se conoce como FE. Fe es creer lo que Dios dice en la Palabra por encima de lo que vemos, oímos, sentimos, olemos o palpamos. El lema del creyente debe ser: "No me muevo por lo que veo, ni por lo que siento, sino por lo que Dios dice en Su Palabra."

SIN; significa: Dientes. Valor numérico, 300

Versos 161-168: ""Príncipes me han perseguidos sin causa, Pero mi corazón tuvo temor de tus palabras. Me regocijo en tu palabra como el que halla muchos despojos. La mentira aborrezco y abomino; Tu ley amo. Siete veces al día te alabo A causa de tus justos juicios. Mucha paz tienen los que aman tu ley, Y no hay para ellos tropiezo. Tu salvación he esperado, oh Jehová, Y tus mandamientos he puesto por obra. Mi alma ha guardado tus testimonios, Y los ha amado en gran manera. He guardado tus mandamientos y tus testimonios. Porque todos mis caminos están delante de ti."

Estos versos nos hablan de la perfección de la Palabra. Ella es perfecta como su Autor. De esa perfección nosotros derivamos nuestra perfección. Cristo dijo: "Sed, pues, perfectos así como vuestro Padre celestial es perfecto."

¿Cómo puede ser perfecto un hombre que vive en un cuerpo de barro? La palabra "perfección", en el creyente significa, madurez. Es por medio de la actuación en la Palabra que obtenemos la madurez espiritual. Leer la Palabra es bueno, pero no es suficiente. Debemos meditar en ella, rumiarla, como hacen las ovejas con la hierba, y luego hacer lo que ella dice, especialmente en las Epístolas.

TAU; significa: Cruz. Valor numérico, 400

Versos 169-176: "Llegue mi clamor delante de ti, oh Jehová; Dame entendimiento conforme a tu dicho. Mis labios rebosarán alabanza Cuando me enseñes tus estatutos. Hablará mi lengua tus dichos, Porque todos tus mandamientos son justicia. Esté tu mano pronta a socorrerme, Porque tus mandamientos he escogido. He deseado tu salvación, oh Jehová, Y tu ley es mi delicia. Viva mi alma y te alabe, Y tus juicios me ayuden. Yo anduve como oveja extraviada; busca a tu siervo, Porque no me he olvidado de tus mandamientos."

Aquí tenemos el resultado de la Palabra gobernando el proceso pensante del creyente. El fruto es la oración, la adoración y la alabanza. Es por medio de la Palabra, la oración, la alabanza y la adoración, que podemos entrar al salón del trono de la gracia para obtener gracia para el oportuno socorro.

Se cree que la señal que Dios puso a Caín fue el Tau, la cruz. El Espíritu Santo ha sellado a los creyentes con el Tau.

Cristo es el ALEF TAU, el Alpha y la Omega, el Principio y el Fin, en la vida del creyente.

Para curiosidad del estudiante: el nombre de Satanás es: "He-tet-sin-nun". He, 5. Sin, 300. Tet. 9. Nun.50, equivale a 364. Esos son los días del año que el diablo puede retener al hombre perdido. El día # 365, es libre para recibir el evangelio. "Hoy es día de salvación."

SALMO # 120

Plegaria ante el peligro de la lengua engañosa. Cántico gradual.

Versos 1-2: "A Jehová clamé estando en angustia, Y él me respondió. Libra mi alma, oh Jehová, del labio mentiroso, Y de la lengua fraudulenta."

Una de las más amargas experiencias del creyente es caer en lengua mentirosa. Es muy cierto el dicho de Spurgeon: "Una mentira puede darle la vuelta al mundo, mientras la verdad se está poniendo los zapatos" Muy fácilmente puede tornarse en una masa torcida de humillación y frustración. El Salmista oraba porque le Señor le librara de los labios mentirosos y la lengua engañosa de los paganos.

Versos 3-4: "¿Qué te dará, o qué te aprovechará, Oh lengua engañosa? Agudas saetas de valiente, Con brasas de enebro."

El Salmista se torna al hacia el culpable, y le profetiza la sentencia. ¿Cuál será? Agudas flechas que salen del arco del Supremo Arquero. ¿Qué se la hará a la lengua engañosa? ¿Se lavará con jabón? No, sino que se le cauterizará con los brillantes carbones del árbol de las escobas. La raíz de esta planta del desierto da carbón ardiente, célebre por el intenso calor que produce.

Versos 5-7: "¡Ay de mí, que moro en Mesec, Y habito entre las tiendas de Cedar! Mucho tiempo ha morado mi alma Con los que aborrecen la paz. Yo soy pacífico; Mas ellos, así que hablo, me hacen la guerra."

El Salmista, amante de la paz, ha ido al exilio y se ha visto forzado a vivir entre las tribus de Mesec y Cedar. Mesec (Moscú), era de los descendientes de Jafet, y eran famosos por sus prácticas salvajes. Cedar era descendiente de Ismael, y su gente era cruel y sin misericordia.

La Standard Bible Enciclopedia, dice: "Los musulmanes creen que Mahoma es descendiente de Ismael por la línea de Cedar."

El Salmista ha sido forzado a ir al exilio entre bárbaros que odian la paz. Sus esfuerzos por tener una coexistencia pacífica son rechazados por nuevos actos de guerra.

SALMO # 121

Jehová es tu guardador. Cántico gradual.

Versos 1-2: "Alzaré mis ojos a los montes, ¿De dónde vendrá mi socorro? Mi socorro viene de Jehová, que hizo los cielos y la tierra.

Cuando los israelitas necesitaban ayuda de Jehová miraban hacia Jerusalén. El templo era la morada terrenal de Jehová, que estaba en uno de los montes de Jerusalén.

Cuando el creyente está en problemas, no busca a Jehová en los montes, sino en sus corazones, donde Cristo ha hecho su morada.

Versos 3-4: "No dará su pie al resbaladero, Ni se dormirá el que te guarda. He aquí, no se adormecerá ni dormirá, El que guarda a Israel."

Comenzando en el verso tercero, hay un cambio. En los versos restantes podemos oír al Espíritu Santo garantizando la eterna seguridad de los que le sirven al Señor. El pie es símbolo del fundamento de creyente. Él está parado en él, y no será movido de su creencia.

Versos 5-6: "Jehová es tu guardador; Jehová es tu sombra a tu mano derecha. El sol no te fatigará de día, Ni la luna de noche."

Esta es la garantía de que nuestro guardador es el Señor mismo. El gran Soberano del Universo está envuelto personalmente en la seguridad del creyente más débil. Él es el Guarda que está como una sombra a la mano derecha, para que nada le dañe de día ni de noche.

Para los que han sido libertados del demonismo, quienes realizan la importancia del sol y la luna en el reino del espiritismo, esto versos prometen una protección de las cadenas de la posesión demoníaca.

Versos 7-8: Jehová te guardará de todo mal; El guardará tu alma. Jehová guardará tu salida y tu entrada, Desde ahora y para siempre."

Nada malo puede venir al creyente sin el permiso divino. No puede haber circunstancias imprevistas, ni accidentes sin propósito, ni tragedias fatales. Y aunque Dios no es el autor de la enfermedad, pero a veces las permite, porque tiene un propósito que redundará para bien del creyente; (Rom. 8:28).

SALMO # 122

Oración por la paz de Jerusalén. Cántico gradual. Salmo de David.

Versos 1-5: "Yo me alegré, con los que me decían: A la casa de Jehová iremos. Nuestros pies estuvieron Dentro de tus puertas, oh Jerusalén. Jerusalén, que se ha edificado Como una ciudad que está bien unida entre sí. Y allá subieron las tribus, las tribus de JAH, Conforme al testimonio dado a Israel, Para alabar el nombre de Jehová. Porque allá están las sillas del juicio, Los tronos de la casa de David."

Había llegado el día de ir a la casa de Dios. Se celebraba una de las cinco fiestas principales, donde todo israelita debía presentarse ante Jehová. David había establecido el Tabernáculo en Jerusalén. Él había traído el Arca de casa de Obed-edom. El templo no había sido construido aún.

Los peregrinos habían venido a la ciudad; habían llegado a la ciudad que Dios había escogido. Jerusalén era la capital del reino, y allí estaba el gobierno que dispensaba el juicio.

Así el creyente se goza de poder ir al lugar de la reunión a adorar a Dios y a recibir alimento espiritual.

Versos 6-9: "Pedid por la paz de Jerusalén, Sean prosperados los que te aman. Sea la paz dentro de tus muros, Y el descanso dentro de tus palacios. Por amor de mis hermanos y compañeros Diré yo: La paz sea contigo. Por amor a la casa de Jehová nuestro Dios Buscaré tu bien."

El Salmista nos pide que oremos por la paz de Jerusalén: Porque haya paz en sus moradas. Los que aman a Jerusalén y a los judíos, son prosperados.

Pablo dice en el capítulo 11 de romanos que la transgresión de los judíos, es la riqueza de los gentiles. Que los judíos son las ramas naturales del Buen Olivo, que fueron desgajadas por su rechazo a Cristo. La iglesia gentil se compone de ramas silvestres que han sido injertadas en el Buen Olivo.

Es de gran gozo para la Iglesia que en este año 2008, haya más de 1,200 congregaciones Mesiánicas en el territorio de Israel. Verdaderamente Dios está volviendo a injertar las ramas naturales al Buen Olivo.

SALMO # 123

Plegaria pidiendo misericordia. Cántico gradual.

Versos 1-2: "A ti alcé mis ojos, A ti que habitas en los cielos. He aquí, como los ojos de los siervos miran a la mano de su señora, Así nuestros ojos miran a Jehová nuestro Dios, Hasta que tenga misericordia de nosotros."

Este Salmo tiene dos palabras claves, "Ojos, y Misericordia." La primera se encuentra cuatro veces, y la segunda tres. La escena es la tierra del cautiverio, es algo a lo que los israelitas están muy acostumbrados. Primero en Egipto, después en Babilonia, en la Alemania Nazi, en el getto de Warsaw, en los campos de esclavitud de Siberia.

El cántico fue compuesto en Babilonia. Allí los cautivos, con sus ojos puestos en el cielo, clamaban porque Dios terminara la larga y negra noche de la persecución. Ellos se comparaban a los siervos que están pendientes de las manos de sus señores, hasta que Dios se compadeciera de ellos. Sin embargo, la sentencia era de setenta años, y esta no podía ser revocada.

Versos 3-4: "Ten misericordia de nosotros, oh Jehová, ten misericordia de nosotros. Porque estamos muy hastiados de menosprecio. Hastiada está nuestra alma Del escarnio de los que están en holgura, Y del menosprecio de los soberbios."

Ellos oraban porque Dios tuviera misericordia de ellos. Día tras día sus captores les provocaban, y los zaherían. Los babilonios eran orgullosos y arrogantes. Así que los judíos derramaban su alma angustiada ante el Uno que es su refugio y seguridad en un mundo lleno de antisemitismo y discriminación.

SALMO #124

Alabanza por haber sido librado de los enemigos. Cántico gradual; de David.

Versos 1-5: "A no haber estado Jehová por nosotros, Diga ahora Israel; A no haber estado Jehová por nosotros, Cuando se levantaron contra nosotros los hombres, Vivos nos habrían tragado entonces, Cuando se encendió su furor contra nosotros. Entonces nos habrían inundado las aguas; Sobre nuestra alma hubiera pasado el torrente; Hubieran entonces pasado sobre nuestra alma aguas impetuosas."

Todo dependía de ese "si". Si Dios no hubiera estado con ellos, hubieran sido destruidos; pero Dios estaba por ellos y con ellos.

El secreto de la victoria del creyente es que Dios está por él, con él, y dentro de él, (Rom. 8).

Ninguna nación ha sufrido lo que los israelitas han sufrido; sitio, masacre, cámara de gas, hornos de fuego, bombas, etc. Es un milagro que haya sobrevivido. Ellos han sobrevivido treinta siglos de persecución. Ellos lo han logrado porque Dios no los ha dejado.

Versos 6-8: "Bendito sea Jehová, Que nos dio por presa a los dientes de ellos. Nuestra alma escapó cual ave del lazo de los cazadores; Se rompió el lazo, y escapamos nosotros. Nuestro socorro está en el nombre de Jehová, Que hizo el cielo y la tierra."

El Salmista recuerda las muchas veces que Dios le libro de las garras de Saúl, de los filisteos, y de todos los que pelearon contra él.

Esta también es la profecía de las milagrosas intervenciones divinas a favor del pueblo. Unas veces por falsos reportes de los espías enemigos, otras por la muerte súbita de sus gobernantes, otras por la confusión que hacía que se matasen unos a otros. Un grupo de israelitas cansados y sin armas, derrotaban grandes ejércitos, porque Dios peleaba contra sus enemigos a pedradas, (Éxodo 19:25, Josué 10:11, Salmo 18:12, Jueces 5:20).

Por otro lado, Dios los llevaba donde estaban las armas y la comida. Esto sólo podía hacerlo Jehová.

SALMO # 125

Dios protege a su pueblo. Cántico gradual.

Versos 1-2: "Los que confían en Jehová son como el monte de Sion, Que no se mueve, sino que permanece para siempre. Como Jerusalén tiene montes alrededor de ella, Así Jehová está en derredor de su pueblo Desde ahora y para siempre."

El Monte de Sion, es uno de los montes de Jerusalén. Aunque el templo que se construyó en él fue destruido dos veces; el monte en sí nunca ha sido movido.

El creyente fiel es tipo de ese monte. Cuando viene la tormenta con agua y viento, no lo derriba, porque su vida está construida en la Roca, que es Cristo.

Versos 3-5: "Porque no reposará la vara de la impiedad sobre la heredad de los justos; No sea que extiendan los justos sus manos a la iniquidad. Haz bien, oh Jehová, a los buenos, Y a los que son rectos en su corazón. Más los que se apartan tras sus perversidades, Jehová los llevará con los que hacen iniquidad. Paz sea sobre Israel"

Este Salmo habla de las personas que ponen su confianza en el Señor. No se refiere a Jerusalén, porque esta ha sido invadida, quemada hollada y restaurada. Mientras los judíos obedecían a Dios, nadie podía tocarlos, pero cuando se olvidaban de Dios, los enemigos triunfaban sobre ellos.

Esto también es cierto con los creyentes. Mientras están obedeciendo a Dios y a su Palabra, no hay enemigo, ni espiritual, ni físico que pueda tocarlos. Cuando estos se descuidan y se descarrían, los demonios ganan el dominio y los destruyen.

SALMO # 126

Oración por la restauración. Cántico gradual.

Versos 1-3: "Cuando Jehová hiciere volver la cautividad de Sion, Seremos como los que sueñan. Entonces nuestra boca se llenará de risa, Y nuestra lengua de alabanza; Entonces dirán entre las naciones: Grandes cosas ha hecho Jehová con éstos. Grandes cosas ha hecho Jehová con nosotros."

Cuando llegó la noticia a los cautivos de Babilonia que el rey Ciro había decretado que los cautivos podían regresar a su tierra, ellos no lo podían creer. La alegría y el gozo era tal que sus captores estaban admirados por lo que su Dios había hecho por ellos.

Esto es tipo del gozo que siente el que ha estado cautivo por el diablo. Cuando Cristo lo saca de la autoridad de las tinieblas y lo traslada a su reino de luz, hay un canto de gozo y de libertad en el corazón.

Entonces los que le rodean ven un cambio en su físico, en su semblante, y luego en sus acciones, y tienen que reconocer que Dios es real. ¡Cómo será el gozo el día del Rapto!

Versos 4-6: "Haz volver nuestra cautividad, oh Jehová, como los arroyos del Neguev. Los que sembraron con lágrimas, con regocijo segarán. Irá andando y llorando el que lleva la preciosa semilla;

Mas volverá a venir con regocijo, trayendo sus gavillas."

Los cautivos iban a regresar a su tierra solo con la ropa que llevaba puesta. Eran sólo 50,000, porque muchos hicieron sus vidas en Babilonia y no quisieron volver a una tierra devastada y árida. Esdras 1:5 dice que sólo regresaron "todos aquellos cuyo espíritu despertó Dios para subir a edificar la casa de Jehová, la cual está en Jerusalén."

Ellos oraban porque todas las tribus pudieran regresar. El primer año iba a ser muy duro porque no habría cosechas. Ellos debían sembrar y esperar que dieran frutos. No era fácil usar la semilla que estaba en el fondo del barril para sembrar cuando los hijos lloraran de hambre.

Ellos no sabían que el Dios que los había sacado, les supliría. Las lluvias abundantes caerían sobre el desierto del Neguev, y la cosecha estaría esperando su llegada. Su viaje duraría varios meses, porque debían subir de la tierra del norte, a cerca del ecuador.

Así el creyente va andando y llorando llevando el Evangelio. No es fácil, pero es el Señor quien le va guiando y quitando barreras. ¡Qué gozo se siente cuando se gana un alma! Los ganadores de almas son primeros en llorar y gemir por ellas en oración.

SALMO # 127

La prosperidad viene de Jehová. Cántico gradual para Salomón.

Versos 1-2: "Si Jehová no edificare la casa, En vano trabajan los que la edifican; Si Jehová no guardare la ciudad, en vano vela la guardia. Por demás es que os levantéis de madrugada, y vayáis tarde a reposar, Y que comáis pan de dolores; Pues que a su amado dará Dios el sueño."

Hay un dicho que dice: "Lo poco es mucho si Dios está en él." Lo contrario es cierto también: "Lo mucho es nada si Dios no está en él." Esto es lo que este Salmo nos dice: A menos que nuestra actividad sea dirigida por el Señor, es una pérdida de tiempo y de energía.

Podemos hacer proyectos aun en servicios cristianos, construir imperios y vastas organizaciones, podemos amasar estadísticas para mostrar resultados fenomenales, pero si las viñas no son plantadas por el Señor, valen menos que nada. "El hombre propone, mas Dios dispone."

El Salmista escoge cuatro actividades comunes de la vida para ilustrar su punto. Ellas son: construcción de casa, defensa civil, empleo general, y edificación de la familia.

Hay dos formas de construir una casa. Uno es seguir adelante con los planos basados en nuestros conocimientos, y finanzas, y pedir a Dios que bendiga la estructura. La otra es esperar hasta que el Señor guíe y dirija, entonces moverse estando consciente de que se depende de Dios.

En el primer caso, el proyecto nunca se levanta más arriba de la carne y la sangre. En el segundo, hay una emoción al ver a Dios obrando, trabajando, proveyendo maravillosamente, supliendo la necesidad de provisiones a su tiempo, a través de circunstancias milagrosas, que jamás sucederían de acuerdo a las leyes de la casualidad.

La segunda ilustración es la futilidad del esfuerzo humano sin Dios en el área de la seguridad. Esto no significa que no se necesite la fuerza de la policía y del ejército. Lo que significa es que nuestra seguridad está en el Señor. A menos que dependamos de Él, las precauciones ordinarias no son suficientes para mantenernos seguros.

En la tercera ilustración, es inútil trabajar largas horas, ganando el sustento ansiosamente, sin no tenemos a Cristo. Esto no significa que debemos sentarnos a esperar que el pan nos caiga del cielo, pues a través de toda la Biblia se nos enseña a trabajar diligentemente para suplir las necesidades.

Lo que significa es que si trabajamos sin tener en cuenta Dios, no llegamos a ningún sitio. Hageo 1:6 lo describe: "Sembráis mucho, y recogéis poco; coméis, y no os saciáis; bebéis, y no quedáis satisfechos; os vestís, y no os calentáis; y el que trabaja a jornal recibe su jornal en saco roto."

Al creyente que depende de la dirección divina, "La bendición de Dios llega a sus amados mientras duermen, (Moffatt). Aunque ganemos poco, el Señor multiplicará ese poco y será suficiente."

Versos 3-5: "He aquí, herencia de Jehová son los hijos; Cosa de estima el fruto del vientre. Como saetas en manos de valiente, Así son los hijos habidos en la juventud. Bienaventurado el hombre que llenó su aljaba de ellos; No será avergonzado Cuando hablare con los enemigos en la puerta."

La cuarta ilustración tiene que ver con la construcción de la familia. Los niños son la bendición de Dios. Los niños del hogar cristiano, son la herencia de Jehová. Cuando los padres llegan a viejos, los hijos buenos los cuidarán hasta que partan de este mundo.

Esto no significa que no debemos planear la familia. En los tiempos pasados, la gente tenía una gran cantidad de hijos, sin pensar en su educación, ni en su alimento. El lema de ellos es que cada niño nacía con el pan debajo del brazo.

En estos tiempos la crianza de los hijos, especialmente en las ciudades, sale muy caro, y si no tenemos una buena profesión, que nos dé suficiente dinero, la madre tiene que trabajar para ayudar, y los hijos se crían prácticamente solos. Las tentaciones son muchas para los niños. Debemos planear tener menos, y educarlos bien.

SALMO # 128

La bienaventuranza del que teme a Jehová. Cántico gradual.

Versos 1-2: "Bienaventurado todo aquel que teme a Jehová, Que anda en sus caminos. Cuando comieres el trabajo de tus manos, Bienaventurado serás, y te irá bien."

El creyente que disfruta de la vida realmente, es el que reconoce a Dios en todas las áreas de su vida. Bajo la ley de Moisés, este hombre recompensado con las bendiciones naturales.

Larga vida. El no morirá prematuramente, sino que disfrutará del fruto de sus labores.

Gozo y alegría. El disfruta de la libertad de la discordia, y la lucha. El rostro de Jehová resplandece sobre él.

Prosperidad. Él es protegido de la calamidad, de todo lo que marchita las esperanzas, la sequía, la pestilencia y la derrota.

Versos 3-4: "Tu mujer será como vid que lleva fruto a los lados de tu casa; Tus hijos como plantas de olivo alrededor de tu mesa. He aquí que así será bendecido el hombre Que teme a Jehová."

Como una vid fructífera será la esposa, con sus hijos como plantas de olivo, llenos e vigor y vitalidad. El creyente ha sido bendecido con toda bendición espiritual en los lugares celestiales. La fe las trae al reino material.

No hay más felicidad que el alma quede en libertad. La prosperidad del alma es la mejor prosperidad. Y la paz que Dios da al alma es la verdadera felicidad.

Versos 5-6: "Bendígate Jehová desde Sion, Y verás el bien de Jerusalén todos los días de tu vida, Y veas a los hijos de tus hijos. Paz sea sobre Israel."

En los últimos dos versos hay una promesa y una bendición.

SALMO # 129

Plegaria pidiendo la destrucción de los enemigos de Sion.
Cántico gradual.

Versos 1-3: "Mucho me han angustiado desde mi juventud, Puede decir ahora Israel; Mucho me han angustiado desde mi juventud; Mas no prevalecieron contra mí. Sobe mis espaldas araron los aradores; Hicieron largos surcos."

Aunque este Salmo se refiere a los sufrimientos de los israelitas desde sus orígenes como nación, donde los angustiadores, no prevalecieron, también es la profecía del sufrimiento de Jesús. Los azotes recibidos en sus santas espaldas, hicieron profundos surcos. Sus espaladas fueron molidas completamente.

Versos 4-8: "Jehová es justo; Cortó las coyundas de los impíos. Serán avergonzados y vueltos atrás Todos los que aborrecen a Sion. Serán como hierba de los tejados, que se seca antes que crezca; De la cual no llenó el segador su mano, Ni sus brazos el que hace gavillas. Ni dijeron los que pasaban: Bendición de Jehová sea sobre vosotros; Os bendecimos en el nombre de Jehová."

Como el Señor es justo; no solamente libertó al pueblo israelita de sus cautividades, sino que resucitó a Jesús de entre los muertos. Eso hará también con los creyentes fieles. Aunque en este mundo tengamos pruebas y tribulaciones, el día de la resurrección de los santos militantes está cerca.

SALMO # 130

Esperanza en que Jehová dará redención. Cántico gradual.

Versos 1-4: "De lo profundo, oh Jehová, a ti clamo. Señor, oye mi voz; Estén atentos tus oídos a la voz de mi súplica. JAH, si mirares a los pecados ¿Quién, oh Señor, podrá mantenerse? Pero en ti hay perdón, Para que seas reverenciado."

¿Cuándo nos daremos cuenta que los que cometen pecado son los creyentes? El que no tiene a Cristo, no tiene pecado. Él es pecado. El necesita redención, no perdón. El perdón no toca su condición de muerte espiritual, ni lo liberta de su esclavitud al diablo. Sólo la redención puede hacerlo.

Fue para los creyentes que 1 Juan 2:1 fue escrito. "Hijitos míos, estas cosas os escribo para que no pequéis; y si alguno hubiere pecado, abogado tenemos para con el Padre, a Jesucristo el justo." Este es el perdón del Padre a sus hijos.

Ningún creyente debe estar fuera de comunión con el Señor más tiempo del que le tome pedir perdón. Cuando lo hace, nuestro Abogado Jesucristo, toma nuestro caso y lo presenta al Padre. Debemos pedirle fortaleza para no volver, a cometerlo, mucho menos continuar en el pecado.

Si el Señor anotara nuestras iniquidades, y guardara una lista de ellos para hacernos pagar por ellas, nuestra situación sería triste y sin esperanza. Pero debemos vivir eternamente agradecidos que hay una forma de recibir el perdón.

Versos 5-8: "Esperé yo a Jehová, esperó mi alma; En su palabra he esperado. Mi alma espera a Jehová Más que los centinelas a la mañana, Más que los vigilantes a la mañana. Espere Israel a Jehová, Porque en Jehová hay misericordia, Y abundante redención con él; Y él redime a Israel de todos sus pecados."

El que no tiene a Cristo pude tener perdón judicial de Dios, el Juez. Él debe obtenerlo por la fe en el Sacrificio de Cristo. Este Sacrificio cubre todos los pecados, pasados, presentes y futuros. Esto es posible por el Trabajo Terminado y perfecto de Cristo en el Calvario a favor del hombre perdido.

SALMO # 131

Confiando en Dios como un niño. Cántico gradual de David.

Versos 1-3: "Jehová, no se ha envanecido mi corazón, ni mis ojos se enaltecieron; Ni anduve en grandezas, Ni en cosas demasiado sublimes para mí. En verdad que me he comportado y he acallado mi alma Como un niño destetado de su madre; Como un niño destetado está mi alma. Espera, oh Israel, en Jehová, Desde ahora y para siempre."

Hay problemas en la vida del creyente que no tienen explicación. Profundos misterios que desafían nuestra imaginación. ¿Quién puede decir la última palabra acerca del sufrimiento humano? ¿Quién puede contestar las preguntas que surgen de las oraciones que no reciben respuesta? ¿Cómo podemos reconciliar la soberanía de Dios con el libre albedrío del hombre?

David no pretendía tener las respuestas. Nosotros tampoco. El reconocía sus limitaciones, y no se avergonzaba de decir: "No sé" Él estaba feliz con lo que sí sabía, y le dejaba los misterios a Dios.

SALMO # 132

Plegaria por bendición sobre el santuario, Cántico gradual.

Versos 1-7: "Acuérdate, oh Jehová, de David, Y de toda su aflicción. De cómo juró a Jehová, Y prometió al fuerte de Jacob: No entraré en la morada de mi casa, Ni subiré el lecho de mi estrado; No daré sueño a mis ojos, Ni a mis párpados adormecimiento, Hasta que halle lugar para Jehová Morada para el Fuerte de Jacob. He aquí en Efrata lo oímos; lo hallamos en los campos del bosque. Entraremos en su tabernáculo, Nos postraremos ante el estrado de sus pies."

No se sabe a ciencia cierta quien compuso este Salmo. Puede haber sido un levita de Gad, de la línea de los coatitas, cuando trajo David el Arca de la casa de Obed-edom a Jerusalén; o de Salomón, cuando transportó el arca del tabernáculo al templo recién construido. Aunque David había hecho esta promesa, no pudo cumplirla porque Dios se lo impidió. Dios le dijo que él era un hombre de guerra, pero que su hijo construiría el templo.

Versos 8-12: "Levántate, oh Jehová, al lugar de tu reposo, Tú, y el arca de tu poder. Tus sacerdotes se vistan de justicia, Y se regocijen tus santos. Por amor a David tu siervo No vuelvas de tu ungido el rostro. En verdad juró Jehová a David, Y no se retractará de ello: De tu descendencia pondré sobre tu trono. Si tus hijos guardaren mi pacto, Y mi testimonio que yo les enseñaré, Sus hijos también se sentarán sobre tu trono para siempre."

2 Crón. 6:41-2: En la dedicación del templo, Salomón pronunció esta bendición. Cuando Salomón terminó de orar, la gloria de Jehová llenó la casa. Fuego descendió del cielo que consumió los sacrificios, que eran tantos, que si no hubiera sucedido esto, los presentes hubieran perecido por el humo.

La promesa de la sucesión eran condicional, la misma duró hasta el reino de Roboam, cuando las diez tribus se dividieron, y pusieron por rey sobre ellos a Jeroboam, quien no siendo de la línea de David, los llevó a la idolatría. La línea de David continuó en el trono de Judá, y terminó en Sedequías.

Sin embargo, como Cristo el verdadero heredero del trono, debía venir por la línea de David, Joaquín fue llevado cautivo a Babilonia, y Dios le preservó de la muerte; y de sus hijos vino Zorobabel. Por esa línea vinieron José y María, padres humanos de Jesús. Así el trono llegó al verdadero hijo de David, cumpliéndose la promesa dada a David.

Versos 13-18: "Porque Jehová ha elegido a Sion; La quiso por habitación para sí. Este es para siempre el lugar de mi reposo; Bendeciré abundantemente su provisión; A sus pobres saciaré de pan. Asimismo vestiré de salvación a sus sacerdotes, Y sus santos darán voces de júbilo. Allí haré retoñar el poder de David; He dispuesto lámpara a mi ungido. A sus enemigos vestiré de confusión, Mas sobre él florecerá su corona."

Esta parece ser una profecía de la Iglesia. El Señor se ha mudado a su Templo: la Iglesia. Estas bendiciones se cumplen en la Iglesia. Cristo es el Rey de Sion. Los santos son los creyentes. Santos por regalo, por la justificación, porque Cristo pagó el precio; santos, o separados para Dios.

SALMO # 133

La bienaventuranza del amor fraternal. Cántico gradual; de David.

Versos 1-3: "¡Mirad cuán bueno y cuán delicioso es habitar los hermanos juntos en armonía! Es como el buen óleo sobre la cabeza, El cual desciende sobre la barba de Aarón, Y baja hasta el borde de sus vestiduras; Como el rocío de Hermón, Que desciende sobre los montes de Sion; Porque allí envía Jehová bendición y vida eterna."

Las grandes cosas vienen en paquetes pequeños. Este Salmo es corto, pero es una joya espiritual.

El Salmista dice que es placentero cuando los hermanos habitan en armonía. Cuando se reúnen diversas congregaciones en los servicios, se siente la fragancia y la unción del Espíritu Santo sobre todos. Es que Cristo, el Sumo Sacerdote de la

Iglesia, la unción, es derramada y alcanza al miembro más pequeño de su Cuerpo.

SALMO # 134

Exhortación a los guardas del templo. Cántico gradual.

Versos 1-3: "Mirad, bendecid a Jehová, Vosotros los siervos de Jehová, Los que en la casa de Jehová estáis por las noches. Alzad vuestras manos al santuario, Y bendecid a Jehová. Desde Sion te bendiga Jehová, El cual hizo los cielos y la tierra."

Después del servicio diario en el templo de Jerusalén, el pueblo se iba a sus hogares, pero siempre quedaban sacerdotes que cuidaban por la noche; quemando incienso, dando gracias, orando y alabando a Dios.

SALMO #135

La grandeza del Señor y la vanidad de los ídolos. Aleluya.

Versos 1-4: "Alabad el nombre de Jehová; Alabadle, siervos de Jehová; Los que estáis en la casa de Jehová, En los atrios de la casa de nuestro Dios. Alabad a JAH, porque él es bueno; Cantad SALMO a su nombre, porque él es benigno. Porque JAH ha escogido a Jacob para sí, a Israel pos posesión suya."

Los dos primeros versos nos mandan a alabar a Dios; ¿Quiénes? Los que sirven a Dios, (no los que están fuera.) ¿Por qué? Los que están fuera no le conocen. Él es bueno. Hace llover sobre buenos y malos, y da alimento a todos. Ningún idioma puede expresar la bondad de Dios. Lo único que podemos hacer es alabar su Nombre, y adorarle. Él escogió a Israel por posesión suya, La soberana elección de Israel nos deja preguntándonos: "¿Por qué a mí?" Esto es lo que nos hace ser adoradores.

Versos 5-7: "Porque yo sé que Jehová es grande, Y el Señor nuestro, mayor que todos los dioses. Todo lo que Jehová quiere, lo hace, En los cielos y en la tierra, en los mares y en todos los abismos. Hace subir las nubes de los extremos de la tierra; Hace los relámpagos para la lluvia; Saca de sus depósitos a los vientos."

Dios está en control. Note que las naciones idólatras, o países paganos, reciben doble porción de desastres naturales. Nada sucede sin el permiso divino. Todo desastre tiene un propósito. El huracán o el ciclón, limpian el aire, renuevan el suelo y dan agua abundante que calma la sequía. El volcán tiene propósito; hacer nuevas islas y ensanchar el terreno. El terremoto mueve los continentes, pulgada a pulgada.

Los depósitos de las aguas, aparte de los inmensos tímpanos de hielo que flotan en la estratósfera, son las nubes, el agua que se evapora de los mares, los ríos y los lagos. (Ecle. 1:7. Amós 5:8).

Versos 8-12: "Él es quien hizo morir a los primogénitos de Egipto, Desde el hombre hasta la bestia. Envió señales y prodigios en medio de ti, oh Egipto, Contra Faraón, y contra todos sus siervos. Destruyó muchas naciones, Y mató reyes poderosos; A Sehón, rey amorreo, A Og rey de Basán, Y a todos los reyes de Canaán. Y dio la tierra de ellos en heredad a Israel su pueblo."

El Señor libertó a los israelitas de Egipto con un gran despliegue de poder. El clímax de las plagas fue la muerte de los primogénitos. El mató a Sehón y a Og, reyes del territorio al este del Jordán, en los que hoy es Jordania, para darlo a las tribus de Rubén, Dan, y la media tribu de Manasés. Entonces mató los reyes de Canaán y entregó el territorio al resto de las tribus.

Versos 13-14: "Oh Jehová, eterno es tu nombre; Tu memoria, oh Jehová, de generación en generación. Porque Jehová juzgará a su pueblo, Y se compadecerá de sus siervos."

Moisés cantó este cántico, (Éxodo 32), pero el cántico continúa por los siglos en el corazón de los hijos del Dios vivo.

Versos 15-18: "Los ídolos de las naciones son plata y oro, Obra de manos de hombres. Tienen boca, y no hablan; Tienen ojos, y no ven; Tienen orejas y no oyen; Tampoco hay liento en sus bocas.

Semejantes a ellos son los que los hacen, Y todos los que en ellos confían."

La sola descripción de los ídolos es suficiente para exponer su indignidad. Tanto los que los hacen, como los que confían en ellos son ciegos, mudos y muertos.

Versos 19-21: "Casa de Israel, bendecid a Jehová; Casa de Aarón, bendecid a Jehová: Casa de Leví, bendecid a Jehová. Desde Sion sea bendito Jehová, Quien mora en Jerusalén."

Toda la casa de Israel, especialmente el Israel de Dios, la Iglesia. Todos la casa de Aarón, los ministros. Los levitas, los que sirven a Dios, todos, alabad a Jehová.

¿Habita Dios en la Jerusalén actual? ¿Debemos hacer peregrinaciones a Jerusalén para ver a Dios? Usted decide. Ezequiel 10 dice que la gloria de Jehová abandonó el templo, y se mudó al Monte de los Olivos, (Ezequiel 11: 23). El templo fue destruido, el arca desapareció. Luego vino en la persona de Jesús. Allí estuvo hasta que Cristo ascendió al cielo.

La gloria de Jehová descendió el día de Pentecostés, en la Persona del Espíritu Santo, a habitar en Su Nuevo Templo: La Iglesia. ¿Dónde habita hoy la gloria de Dios? En la Jerusalén espiritual, la Iglesia, compuesta de judíos y gentiles convertidos a Cristo.

SALMO # 136

Alabanza por la misericordia eterna de Jehová.

Versos 1-3: "Alabad a Jehová porque él es bueno, Porque para siempre es su misericordia. Alabad al Dios de los dioses; Porque para siempre es su misericordia. Alabad al Señor de los señores, Porque para siempre es su misericordia."

Los que hace que este Salmo sea único es que la segunda estrofa de los 26 versos es la misma. Él es conocido como "El Gran Hallel, que es cantado por los judíos, en la Pascua, el Pesach, y en el Año Nuevo, el Rosh Hashanah. Los judíos religiosos lo cantan todos los días. Este Salmo es un cántico que debían cantar los israelitas, como un himno nacional que mantendría su cultura y su religión por los siglos

Dios es bueno: Creador, Redentor, Campeón, y Proveedor de su pueblo.

Versos 4-9: "Al único que hace grandes maravillas, Porque para siempre es su misericordia. Al que hizo los cielos con entendimiento, Porque para siempre es su misericordia. Al que extendió la tierra sobre las aguas, Porque para siempre es su misericordia. Al que hizo las grandes lumbreras, Porque para siempre es su misericordia. El sol para que señorease en el día, Porque para siempre es su misericordia. La luna y las estrellas para que señoreasen en la noche. Porque para siempre es su misericordia.''

Su gran bondad y misericordia se retratan en las maravillas de la Creación. Por su sabiduría hizo la maravillosa expansión de los cielos. El hizo los continentes como si fueran islas flotantes. Entonces puso enormes luces, para alumbrar de día, el sol, y la luna y las estrellas como luces opacas para las horas de sueño del hombre. (Gén.1-2, Gén. 1:6).

Versos 10-15: Al que hirió a Egipto en sus primogénitos, Porque para siempre es su misericordia. Al que sacó a Israel de en medio de ellos, Porque para siempre es su misericordia. Con mano fuerte, y brazo extendido, Porque para siempre es su misericordia. Al que dividió el Mar Rojo en partes, Porque para siempre es su misericordia.

Aquí vemos el cuadro del Gran Redentor Para rescatar a los israelitas, mató lo más fuerte de los egipcios; los primogénitos. Dividió el Mar Rojo para que el pueblo escapara.

Versos 16-22: "Al que pastoreó a su pueblo por el desierto, Porque para siempre es su misericordia. Al que hirió grandes reyes, Porque para siempre es su misericordia. Y mató a reyes poderosos, Porque para siempre es su misericordia. A Sehón rey amorreo, Porque para siempre es su misericordia; Y a Og rey de Basán, Porque para siempre es su misericordia; Y dio la tierra de ellos en heredad, Porque para siempre es su misericordia; En heredad a Israel su siervo, Porque para siempre es su misericordia."

Jehová era el Guiador de su pueblo, y su Campeón. El los condujo por el desierto, y luego peleó con los reyes que se les opusieron. (Núm. 21:21-30, Núm. 21: 31-35).

Versos 23-26: "Él es el que en muestro abatimiento se acordó de nosotros, Porque para siempre es su misericordia. Y nos rescató de nuestros enemigos, Porque para siempre es su misericordia. El que da alimento a todo ser viviente, Porque para siempre es su misericordia."

El Señor es Proveedor, Salvador y Ayudador. El Salmista exalta a Jehová. Él se acordó de ellos cuando eran un pequeño pueblo, indefensos y oprimidos. Los rescató de las garras de los enemigos. Porque para siempre es su misericordia.

SALMO # 137

Lamento de los cautivos en Babilonia.

Versos 1-3: "Junto a los ríos de Babilonia, Allí nos sentábamos, y aun llorábamos, Acordándonos de Sion. Sobre los sauces en medio de ella Colgamos nuestras arpas. Y los que nos habían llevado cautivos nos pedían que cantásemos, Y los que nos

*habían desolado nos pedían alegría, diciendo:
Cantadnos algunos de los cánticos de Sion."*

En Abril del 1948 el sector judío de Jerusalén
estaba en estado de sitio. El alimento se había
acabado. La gente existía con una ración semanal de
dos onzas de margarina, un cuarto de libra de papas,
y un cuarto de libra de carne. Entonces llegó la
noticia de que un convoy de camiones venía de Tel
Aviv con provisiones.

Cientos de ellos corrieron a recibirlos. Ellos nunca
olvidarán aquellos momentos. En el frente del
primer camión había un letrero que decía: "Si me
olvidara de ti, oh Jerusalén…" Y Así esas palabras
del Salmo 137 se han vuelto el gemir del pueblo
judío a través de su tumultuosa historia de
cautividad y dispersión.

Este Salmo fue escrito después del regreso de los
cautivos, recordando la amargura de haber ido al
exilio. Los sábados se reunían junto a los ríos de
Babilonia a orar. Con lágrimas en sus ojos
recordaban a Jerusalén, el centro de sus vidas.
Recordaban las fiestas solemnes. Jeremías dijo en
Lamentaciones 3:48: "Ríos de aguas echan mis ojos
por el quebrantamiento de la hija de mi pueblo."

*Versos 4: 6: "¿Cómo cantaremos cántico de Jehová
En tierra de extraños? Si me olvidare de ti, oh
Jerusalén, Pierda mi diestra su destreza. Mi lengua
se peque a mi paladar, Si de ti me acordare; Si no*

enalteciere a Jerusalén Como preferente asunto de mi alegría."

Los cautivos no querían cantar cánticos de Sion en la tierra pagana Cantar allí era como olvidarse de Jerusalén. Ellos pronunciaron la maldición que les vendría si se olvidaba de su amada ciudad.

Versos 7-9: "Oh Jehová, recuerda contra los hijos de Edom el día de Jerusalén Cuando decían; Arrasadla, arrasadla Hasta los cimientos. Hija de babilonia la desolada, Bienaventurado el que te diere el pago De lo que tú nos hiciste. Dichos el que tomare y estrellare tus niños Contra la peña."

Habiendo pronunciado la maldición sobre ellos, su atención se vuelve contra los que tomaron parte en la destrucción de su ciudad. Los hijos de Edom, los descendientes de Esaú, se alegraron clamando a los babilonios que la arrasaran hasta sus cimientos.

Entonces su maldición es dirigida a los babilonios, los crueles devastadores. A pesar que esa nación fue usada por Dios mismo para castigarlos. Dios no los excusa por sus atrocidades y barbaridad. Zac. 1:15, dice: "Y estoy muy agraviado contra las naciones que están reposadas; porque cuando yo estaba enojado un poco, ellos agravaron el mal." Isaías 47:6 dice: "Me enoje contra mi pueblo, profané mi heredad, y los entregué en tu mano; no le tuviste compasión; sobre el anciano agravaste mucho tu yugo."

El Salmista no cuestiona acerca de la destrucción de Babilonia, la cual se cumplió en el año 538 AC, cuando los persas y los Medos la destruyeron. Un año después Ciro, el rey de Persia, libertó a los cautivos, (Esdras 1:1-4), como lo había profetizado Isaías 176 años antes. (44:28, 45:1-7).

SALMO # 138

Acción de gracias por el favor de Jehová. Salmo de David.

Versos 1-3: "Te alabaré con todo mi corazón; Delante de los dioses te cantaré SALMO. Me postraré hacia tu salto templo, Y alabaré tu nombre por tu misericordia y tu fidelidad; Porque has engrandecido tu nombre, y tu palabra sobre todas las cosas. El día que clamé, me respondiste, Me fortaleciste con vigor en mi alma"

David estaba rebosante de gozo y de acción de gracias porque Dios había contestado su oración. Postrado ante el arca del tabernáculo, (el templo no estaba construido aun), da gracias a Dios por haberle contestado inmediatamente.

Así el creyente se llena de gozo con las respuestas a su oración de desesperación.

Versos 4-6: "Te alabarán, oh Jehová todos los reyes de la tierra, Porque han oído los dichos de tu boca. Y cantarán de los caminos de Jehová, Porque la gloria de Jehová es grande. Porque Jehová es excelso, y atiende al humilde, Mas al altivo mira de lejos."

La respuesta dada a la oración de David, es un testimonio a los reyes de la tierra. Ellos conocían lo que Dios había prometido, y ahora veían su cumplimiento. Entonces se dieron cuenta que Dios, a pesar de su inmensa gloria, tenía especial interés en el pequeño David, y que se mantenía alejado de los orgullosos enemigos de su siervo.

Versos 7-8: "Si anduviere yo en medio de la angustia, tú me vivificarás; Contra la ira de mis enemigos extenderás tu mano, Y me salvará tu diestra. Jehová cumplirá su propósito en mí; Tu misericordia, oh Jehová, es para siempre; No desampares la obra de tus manos."

David estaba rodeado de toda clase de enemigos, y peligros, dentro y fuera de sus dominios, sin embargo, Dios le ayudaba, y él podía andar en medio de ellos como si no existieran. La misma Mano que hería a sus enemigos, salvaba a David del desastre.

Esto es real en la vida del creyente consagrado. Podemos habitar en un mundo plagado de demonios, de hijos del mismo diablo, y vivir en paz y con la frente en alto. Esto es así, porque Cristo mora en nuestros corazones, y en donde él está, está también Su Gloria. ¡Si nuestros ojos espirituales se abrieran, veríamos que son más los que están con nosotros, que los que están contra nosotros!

SALMO # 139

Omnipresencia y Omnisciencia de Dios.

Al músico principal. Salmo de David.

Versos 1-6: "Oh Jehová, tú me has examinado y conocido. Tú has conocido mi sentarme y mi levantarme; Has entendido desde lejos mis pensamientos. Has escudriñado mi andar mi reposo, Y todos mis caminos te son conocidos. Pues aún no está mi palabra en mi boca, Y he aquí, oh Jehová, tú la sabes toda. Delante y detrás me rodeaste, Y sobre mí pusiste tu mano, Tal conocimiento es demasiado maravilloso para mí; Alto es, no lo puedo comprender."

Este Salmo da comienzo con la Omnisciencia de Dios. No hay nada que Dios no conozca. El conoce lo ilimitado del universo con su gloriosa grandeza, así como conoce la historia eterna de cada grano de arena. En el 2008 había 6 billones de personas en la tierra. Dios conoce íntimamente cada una de ellas. El conoce nuestros pensamientos, intenciones y obras. Él nos conoce por dentro y por fuera. Sabe cuándo nos sentamos, y cuando nos levantamos.

El conoce nuestros pensamientos antes que vengan a la mente. No hay ni una criatura que pueda esconderse de la vista de Aquel a quien hemos de dar cuenta, (Heb. 4:13). Él nos guarda por delante y por detrás, Su mano siempre está protegiéndonos. La mente infinita de Dios nos emociona. Nuestro cerebro no puede ni comenzar a descifrar la idea, porque es muy exaltada para nuestra comprensión.

Versos 7-12: "¿A dónde me iré de tu Espíritu? ¿Y a dónde huiré de tu presencia? Si subiere a los cielos, allí estás tú; Y si en el Seol hiciere mi estrado, he aquí, allí tú estás. Si tomares las del alba Y habitare en el extremos del mar, Aun allí me guiará tu mano, Y me asirá tu diestra. Si dijere: Ciertamente las tinieblas me encubrirán; Aun la noche resplandecerá alrededor de mí. Aun las tinieblas no encubren de ti, Y la noche resplandece como el día; Lo mismo te son las tinieblas que la luz."

No solamente Dios es Omnisciente, sino que es Omnipresente también. Él está en todos los lugares al mismo tiempo. Sin embargo, Omnipresencia de Dios no es como la que cree el Panteísmo. El enseña que Dios es la creación. La Biblia enseña que Dios es una Persona que es distinta y separada de la creación.

Habrá algún lugar en dónde nos podremos esconder del Espíritu de Dios. El cielo es su trono. El Seol, o el infierno, es su cárcel municipal. Si nos vamos en los rayos de sol de la mañana, que viajan a 186 mil millas por segundo, y llegáramos al extremo del universo, allí nos espera Dios. Como dijo Pascal: "Su centro está en todo lugar; Su circunferencia en ningún sitio."

Versos 13-16: "Porque tú formaste mis entrañas; Tú me hiciste en el vientre de mi madre. Te alabaré; porque formidables, maravillosas son tus obras. Estoy maravillado, Y mi alma lo sabe muy bien. No fue encubierto de ti mi cuerpo, Bien que en oculto fui formado, Y entretejido en lo más profundo de la tierra. Mi embrión vieron tus ojos, Y en tu libro estaban escritas todas aquellas cosas Que fueron luego formadas, Sin faltar una de ellas."

Ahora David se torna a admirar Poder de Dios. Para ello escoge el maravilloso desarrollo del bebé en el vientre de su madre. En una partícula de agua, más pequeña que el punto sobre la i, están programadas todas las características del niño; el color de la piel, del pelo y los ojos, la forma de su rostro, y todas las habilidades naturales. Todo lo que ese niño será física y mentalmente, está en ese germen en el huevo fertilizado.

De él se desarrollarán 100 mil millas de nervios; 60 mil millas de venas, 250 huesos, sin contar los ligamentos y los músculos. Dios ha formado nuestras partes internas también, cada una es una maravillosa pieza de ingeniería divina.

Piense en el cerebro, con su capacidad de registrar hechos, sonidos, olores, vista, tacto, dolor, habilidad de recordar, con poder de computación, con su capacidad de hacer decisiones y de resolver problemas.

David alaba a Dos con entusiasmo a medida que se da cuenta que Dios estaba mirando su embrión, y que fue reverentemente y maravillosamente formado en el vientre de su madre. Este conocimiento debe llenar de temor a los que están a favor del aborto. La Biblia asegura que la personalidad humana existe antes del nacimiento, y que el aborto, a menos que no sea por una extrema necesidad médica, es asesinato.

David dice que Dios tiene en su libro todos los días de nuestra vida escritos en él. "Tiempo de nacer, tiempo de morir." (Ecle.3:2).

Versos 17-18: "¡Cuán preciosos me son, oh Dios, tus pensamientos! ¡Cuán grande es la suma de ellos! Si los enumero, se multiplican más que la arena; Despierto, y aún estoy contigo."

David meditaba en Dios. Prov. 3:5-7, nos aconseja meditar en Dios todo el tiempo. "Fíate de Jehová de todo tu corazón, y no te apoyes en tu propia prudencia. Reconócelo en todos tus caminos, Y él enderezará tus veredas." Podemos caminar con Dios, como Enoc, (Gén. 5:34).

Versos 19-24: "De cierto, oh Dios, harás morir al impío; Apartaos, pues, de mí, hombres sanguinarios. Porque blasfemias dicen ellos contra ti; tus enemigos toman en vano tu nombre. ¿No odio, oh Jehová, a los que te aborrecen Y me enardezco contra tus enemigos? Los aborrezco por completo; Los tengo por enemigos. Examíname, oh Dios, y conoce mis pensamientos; Y ve si hay en mí camino de perversidad, Y guíame en el camino eterno."

Después de contemplar la Omnisciencia de Dios y su Omnipresencia, el Salmista piensa en las personas tan ignorantes, que se atreven tornarse contra Dios, y concluye que su castigo es muy bien merecido. Él decía que odiaba a los enemigos de

Dios, pero este odio no provenía de emociones malvadas, sino de su celo por el honor de Dios.

Es cierto que Dios es amor, pero ese es sólo uno de sus atributos. Esto no significa que él es incapaz de aborrecer. Salmo 11:5, El aborrece al que hace violencia. Salmo 5:5, y a los que hacen iniquidad.

SALMO # 140.

Súplica de protección contra los perseguidores. Al músico principal. Salmo de David.

Versos 1-5: "Líbrame, oh Jehová, del hombre malo; Guárdame del hombres violentos, Los cuales maquinan males en su corazón, Cada día urden contiendas. Aguzaron su lengua como la serpiente; Veneno de áspid hay debajo de sus labios. Guárdame, oh Jehová, de manos del impío; de hombres injuriosos, Que han pensado trastornar mis pasos. Me han escondido lazo y cuerdas los soberbios; Han tendido red junto a la senda; Me han puesto lazos."

David sabía que hombres malos y violentos, urdían planes contra él y levantándole calumnias. Rom. 3:13-14, cita el final de este verso en una de las catorce acusaciones de la Suprema Corte de Justicia contra el hombre que no tiene a Cristo. "Veneno de áspides hay debajo de sus labios; Su boca está llena de maldición y de amargura, Sus pies se apresuran a derramar sangre."

El Salmista tenía necesidad de protección contra estos enemigos ocultos que le ponían trampas en el camino para que cayera.

Versos 6-8: "He dicho a Jehová: Dios mío eres tú; Escucha, oh Jehová, la voz de mis ruegos. Jehová, Señor, potente salvador mío, Tú pusiste a cubierto mi cabeza en la batalla. No concedas, oh Jehová, al impío sus deseos; No saques adelante su pensamiento, para que no se ensoberbezca."

El rey David, consciente de la maldad de sus adversarios, se consagra a Dios. Él dice: "Tú eres mi Dios." Su petición: "escúchame." Su dependencia: "Dios, Salvador, Señor, "Tu eres mi salvación." En gratitud: "Tú has cubierto mi cabeza en el día de la batalla." En súplica: "No dejes que mis enemigos se ensoberbezcan."

Esta es una regla para el creyente que se encuentra en las mismas circunstancias; Consagración, petición, súplica, dependencia y acción de gracias.

Versos 9-11: "En cuanto a los que por todas partes me rodean, La maldad de sus propios labios cubrirá su cabeza. Caerán sobre ellos brasas; Serán echados en el fuego, En abismos profundos de donde no salgan. El hombre deslenguado no será firme en la tierra; El mal cazará al hombre injusto para derribarle."

El Salmista oraba porque todo el mal que los malvados estaban planeando se volviera sobre sus propias cabezas. El pedía que carbones encendidos llovieran sobre ellos, que fueran echados al infierno, y que el chismoso y mentiroso, no encontrara donde poner su pie.

Esta profecía se cumplió al pie de la letra en Saúl, Absalón su hijo, y en Ahitofel, su consejero. El creyente debe orar como Cristo; que los enemigos se tornen en amigos al recibir a Cristo.

Versos 12-13: "Yo sé que Jehová tomará a su cargo la causa del afligido, y el derecho de los necesitados. Ciertamente los justos alabarán tu nombre; Los rectos morarán en tu presencia."

Esta profecía se cumple en la Iglesia, donde el Señor Jesucristo es defensor de viudas, padre de huérfanos y de extranjeros.

SALMO # 41

Oración a fin de ser guardado del mal. Salmo de David.

Versos 1-4: "Jehová, a ti he clamado; apresúrate a mí; Escucha mi voz cuando te invocare. Suba mi oración delante de ti como el incienso. El don de tus manos como la ofrenda de la tarde. Pon guarda a mi boca, oh Jehová; Guarda la puerta de mis labios. No dejes que se incline mi corazón a cosa mala, A hacer obras impías Con los que hacen iniquidad; Y no coma yo de sus deleites."

Esta oración es contada como incienso. David pedía que su oración fuera como una ofrenda de olor suave. Entonces se mueve de generalidades a cosas específicas. El pedía que un guardia fuera puesto a la puerta de sus labios, para guardarle de pronunciar palabras que ofendieran a Dios.

También pedía que su corazón fuera guardado de formar amistad con personas corruptas. Esta debe ser también la oración del creyente.

Versos 5-7: "Qué el justo me castigue, será un favor, Y que me reprenda será excelente bálsamo Que no me herirá la cabeza; Pero mi oración será continuamente contra las maldades de aquéllos. Serán despeñados sus jueces, Y oirán mis palabras, que son verdaderas. Como quien hiende y rompe la tierra, Son esparcidos nuestros huesos a la boca del Seol."

Los consejos, sugerencias y reproches de amigos verdaderos, deben ser bien recibidos. Nosotros no vemos las faltas que tenemos, como las ven los demás. Sólo aquellos que nos aman, se atreven a señalar nuestros defectos. Debemos reconocer que es una bondad de su parte, y recibirlos como humildad y agradecimiento.

Los jueces a los que se refiere, deben haber sido la Mafia malvada. Cuando se enfrentaran a su inevitable desgracia, el resto de los pecadores reconocería que las palabras de David eran verdaderas.

El verso siete parece tener referencia a la profecía de Ezequiel 37; la de los huesos secos que representan a la nación de Israel.

Versos 8-10: "Por tanto, a ti, oh Jehová, Señor, miran mis ojos; En ti he confiado; no desampares mi alma. Guárdame de los lazos que me han tendido, Y de las trampas de los que hacen iniquidad. Caigan los impíos a una en sus redes, Mientras yo pasaré adelante."

Estos dos versos muestran la oración de David por liberación de sus enemigos, la declaración de su dependencia de Dios.

SALMO # 142

Petición pidiendo ayuda en medio de la prueba. Masquil de David. Oración que hizo cuando estaba en la cueva.

Versos 1-4: "Con mi voz clamaré a Jehová; Con mi voz pediré a Jehová misericordia. Delante de él expondré mi queja; Delante de él manifestaré mi angustia. Cuando mi espíritu se angustiaba dentro de mí, tú conociste mi senda. En el camino en que andaba, me escondieron lazo. Mira a mi diestra y observa, pues no hay quien me quiera conocer; No tengo refugio, ni hay quien cuide de mi vida."

David decía que nadie se preocupaba por él. En el nivel humano no había refugio. Así que él pedía que el Señor acudiera pronto a salvarlo porque ya no aguanta más, estaba al fin de sus fuerzas. En esta condición estaba cuando entró a la cueva, y se encontró con el gran ejército que Dios le había preparado.

1 Samuel 22:1 dice que cuando David se fue de la tierra de los filisteos, se refugió en la cueva de Adulam. Allí se encontró con todos sus familiares que huían de Saúl. Además se le unieron 400 hombres. De perseguido, Dios lo convirtió en comandante. ¿Se imagina usted, a David con más de 400 personas dependiendo de él, en el desierto?

Sin embargo, David conocía el secreto de depender de Dios. Mientras pastoreaba las ovejas, cantaba a Dios, Ahora y en toda su carrera política. Le vemos hablando con Dios, y dependiendo de Dios. Esto ha sido escrito para el creyente.

¿Cuándo aprenderemos las lecciones que la Biblia nos enseña? El problema es que el pueblo, especialmente el hispano, no quiere estudiar. Él se conforma con los clubes sociales, con los programas pro-templo, y los servicios llenos de emociones. Por eso se van vacíos; y cuando vienen los problemas, no saben cómo resolverlos, por lo que deben acudir a los más espirituales para que se los resuelvan y oren ´por ellos.

Para ellos Pablo escribió en Hebreos 5: 12-14: "Porque debiendo ser ya maestros, después de tanto tiempo, tenéis necesidad de que se os vuelva a enseña cuáles son los primeros rudimentos de las palabras de Dios; y habéis llegado a ser tales que tenéis necesidad de leche, y no de alimento sólido. Y todo aquel que participa de la leche es inexperto en la palabra de justicia, porque es niño; pero el alimento sólido es para los que han alcanzado madurez, para los que por el uso tiene los sentido ejercitados en el discernimiento del bien y del mal."

Versos 5-7: "Clamé a ti, oh Jehová; Dije: Tú eres mi esperanza, Y mi porción en la tierra de los vivientes. Escucha mi clamor, porque estoy muy afligido. Líbrame de los que me persiguen, porque son más fuertes que yo. Saca mi alma de la cárcel, para que alabe tu nombre; Me rodearán los justos, Porque tú me serás propicio."

SALMO # 143

Súplica de liberación y dirección. Salmo de David.

En este Salmo tenemos los diferentes objetivos de la oración.

Verso 1: "Oh Jehová, oye mi oración, escucha mis ruegos; Respóndeme por tu verdad, por tu justicia."

Esta es la solicitud por una audiencia.

Verso 2: "Y no entres en juicio con tu siervo; Porque no se justificará delante de ti ningún ser humano."

Penitencia, depender de la gracia de Dios, no de los méritos personales.

Verso 3: "Porque ha perseguido el enemigo mi alma; Ha postrado en tierra mi vida; Me ha hecho habitar en tinieblas como los ya muertos."

Crisis aguda. La situación es difícil. Los enemigos lo han hecho ocultarse en lugares terribles.

Verso 4: "Y mi espíritu se angustió dentro de mí. Está desolado mi corazón."

Desesperación. Ya no aguanta más. Está listo para rendirse.

Verso 5: "Me acordé de los días antiguos; Meditaba en todas tus obras; Reflexionaba en las obras de tus manos."

Verso 5: Reflexión, recordando milagros pasados. El oso, el león, Goliat. Dios le había librado de poderosos enemigos

Verso 6: "Extendí mis manos a ti, Mi alma a ti como la tierra sedienta."

Sinceridad y Fervor, Intensidad. Manos levantadas hacia Dios, implorando por ayuda inmediata.

Verso 7: "Respóndeme pronto, oh Jehová, porque desmaya mi espíritu; No escondas de mí tu rostro, No venga yo a ser semejante a los que descienden a la sepultura."

Urgencia. No cree que sobrevivirá por mucho tiempo.

Verso 8: "Hazme oír por la mañana tu misericordia, Porque en ti he confiado; Hazme saber el camino por donde ande, Porque a ti he elevado mi alma."

David está pidiendo por cariño, favor y misericordia. El desea oír la voz de Dios temprano.

Verso 9: "Líbrame de mis enemigos, oh Jehová; En ti me refugio."

Petición por liberación. La amenaza de sus enemigos, hace que David clame a Dios por rescate y ayuda. El sólo depende de Dios.

Verso 10: "Enséñame a hacer tu voluntad, porque tú eres mi Dios."

Petición por instrucción. El Salmista no sólo pide conocer la voluntad de Dios, sino también por un corazón dispuesto a hacerla.

Verso 11: "Por tu nombre, oh Jehová, me vivificarás; Por tu justicia sacarás mi alma de angustia."

Petición por preservación. El apela a la justicia de Dios por la cual debe ser libertado del problema.

Verso 12: "Y por tu misericordia disiparás a mis enemigos, Y destruirás a todos los adversarios de mi alma, Porque yo soy tu siervo."

Petición por castigo de los enemigos, y por misericordia. Si destrucción y misericordia nos parecen irreconciliables, debemos recordar que la destrucción de los malvados es un favor al universo, como lo es el arresto y el castigo de los asesinos, y los ladrones es un favor a la humanidad. Cada prisión es un despliegue de justicia y de misericordia. Misericordia a la sociedad, y justicia a los ofensores.

SALMO 144

Salmo de David

Versos 1-2: "Bendito sea Jehová mi roca, Quien adiestra mis manos para la batalla, Y mis dedos para la guerra; Misericordia mía, y mi castillo, Fortaleza mía y mi libertador, Escudo mío, en quien he confiado, El que sujeta a mi pueblo debajo de mí.

Aquí David primero adora a Dios. Es al único que necesita en la batallas de la vida. Es Dios quien le da la destreza para hacer frente a sus enemigos. Así es el creyente. Lo único que necesita es a Cristo. Si Jehová es nuestro Pastor, nada nos faltará. Él nos protege, nos suple, nos sana, nos enseña, nos educa y nos santifica.

Versos 3-4: "Oh Jehová, ¿qué es el hombre para que en él pienses, O el hijo del hombre para que lo estimes? El hombre es semejante a la vanidad. Sus días son como la sombra que pasa."

Ante la grandeza de Dios, el hombre es insignificante. Es una maravilla que Dios se acuerde de él. Lo único que puede explicarlo es que ante todo, Dios es Padre, y como Padre, anhelaba tener una familia. Esto se cumple en la Iglesia. Ya Dios tiene una Familia, que le ama, que le sirve, que le adora; a quien él protege, cuida, suministra para todas las necesidades. Una Familia que compró a precio de sangre.

Y aunque David reconocía que el hombre es como una sombra que pasa, lo cierto es que el hombre, creado a imagen de Dios, es un ser eterno, que vivirá por la eternidad, aunque por un corto tiempo deba a abandonar el cuerpo físico, y deba habitar en uno espiritual por un corto tiempo, (2 Cor. 5:1), volverá a recibir su cuerpo de carne y hueso perfecto, resucitado e indestructible. (1 Cor. 15:51-54, 1 Tes.3:16).

Versos 5-11: "Oh Jehová, inclina tus cielos y desciende; Toca los montes, y humeen. Despide relámpagos y disípalos. Envía tu mano desde lo alto; Redímeme, y sácame de las muchas aguas, De la mano de los hombres extraños, Cuya boca habla vanidad, Y cuya diestra es diestra de mentira.

Oh Dios, a ti cantaré cantico nuevo; Con salterio, con decacordio cantaré a ti. Tú, el que da victoria a los reyes. El que rescata de maligna espada a David su siervo. Rescátame, y líbrame de la mano de hombres extraños, Cuya boca habla vanidad, Y cuya diestra es diestra de mentira."

David estaba en un peligro eminente. Enemigos poderosos procuraban destruirle. ¿Cómo describir la llegada de Dios? Los cielos se inclinaban cuando Dios descendía. Tocaba los montes y estos se tornaban en volcanes humeantes. Los rayos se cruzaban en el cielo como flechas de fuego, y los enemigos huían despavoridos.

Un ejemplo está en 2 Samuel 5:23-24. David tenía guerra contra los filisteos. "Y consultando David a Jehová, él le respondió: No subas, sino rodéalos, y vendrás a ellos enfrente de las balsameras. Y cuando oigas ruido como de marcha por las copas de las balsameras, entonces te moverás; porque Jehová saldrá delante de ti a herir el campamento de los filisteos."

Esto era para los tiempos de la Ley, porque Dios habita en su Cuerpo, la Iglesia; y ni el infierno, ni los demonios, ni sus secuaces, pueden triunfar contra la poderosa Iglesia del Dios Vivo.

Versos 12-15: "Sean nuestro hijos como plantas crecidas en su juventud, Nuestras hijas como esquinas labradas como las de palacio; Nuestros graneros llenos, provistos de toda suerte de grano.}; Nuestros ganados, que se multipliquen a millares y decenas de millares nuestros campos; Nuestros bueyes estén fuertes para el trabajo; No tengamos asalto, ni que hacer salida, ni grito de alarma en nuestras plazas. Bienaventurado el pueblo que tiene esto; Bienaventurado el pueblo cuyo Dios es Jehová."

David oraba que cuando su reino fuera libertado de sus enemigos, entonces desfrutara de las bendiciones mencionadas, pero esto no se cumplirá hasta el Milenio, bajo el reino de Cristo.

SALMO # 145

Alabanza por la bondad y el poder de Dios. Salmo de alabanza; de David.

Versos 1-4: "Te exaltaré, mi Dios, mi Rey, Y bendeciré tu nombre eternamente y para siempre. Cada día te bendeciré, Y alabaré tu nombre, eternamente y para siempre. Grande es Jehová, y digno de suprema alabanza; Y su grandeza es inescrutable. Generación a generación celebrará tus obras, Y anunciará tus poderosos hechos."

El tema de este Salmo es la grandeza del Señor. El Salmista ha determinado exaltar, alabar y bendecir a Dios, el Rey del universo. Las obras de Dios serán alabadas por todas las generaciones.

Versos 5-7: "En la hermosura de la gloria de tu magnificencia, Y en tus hechos maravillosos meditaré. Del poder de tus hechos estupendos hablarán los hombres, Y yo publicaré tu grandeza. Proclamarán la memoria de tu inmensa bondad, Y cantarán tu justicia."

El Salmista con agradecimiento meditará en el glorioso esplendor de la majestad de Dios manifestada en la gran liberación. Los hombres de todos los tiempos también glorificarán a Dios por la liberación que hizo al hombre perdido con el Sacrificio de Cristo. El creyente le alabará gozoso por la obra de liberación que hace cada día en ellos.

Cristo, por medio de su Palabra, nos va libertando día a día de las cadenas que nos atan a las pasiones de nuestra mente sin renovar, y no da sentido de valor y de dominio propio. Nos va dirigiendo a ocupar nuestro lugar como hijos de Dios, así como nuestras responsabilidades y privilegios.

Versos 8-13: "Clemente y misericordioso es Jehová, Lento para ira, y grande en misericordia. Bueno es Jehová para con todos, Y sus misericordias sobre todas sus obras. Te alaben, Oh Jehová todas tus obras, Y tus santos te bendigan. La gloria de tu reino digan. Y hablen de tu poder, para hacer saber a los hijos de los hombres sus poderosos hechos, Y la gloria de la magnificencia de su reino. Tu reino es reino de todos los siglos, Y tu señorío en todas las generaciones."

El creyente ha podido comprobar que el Señor es clemente y lento para la ira. Su misericordia y su amor por el hombre perdido, puede medirse con la eternidad. El pasó por alto, en su misericordia, nuestros pecados pasados, y nos ha librado de la autoridad del príncipe de las tinieblas que nos tenía cautivos.

Y estando ya en el reino del Amado, con nuestra mente sin renovar, ¡Cuantas veces le hemos fallado! Sin embargo él nos ha perdonado, y como un Padre amoroso; nos ha lavado las heridas, y las ha vendado con su gracia. ¿Quién no ha disfrutado de su gracia, perdón y de su amor infinito?

Cuando David escribía estos Salmos, nunca pensó que traspasarían los siglos, y llegarían frescos a nosotros para nuestro alimento y corrección. El Espíritu Santo, que le inspiraba, lo sabía.

Versos 14-17: "Sostiene Jehová a todos los que caen, Y levanta a todos los oprimidos. Los ojos de todos esperan en ti. Y tú le das su comida a su tiempo. Abres tu mano, Y colmas de bendición a todo ser viviente. Justo es Jehová en todos sus caminos, Y misericordioso en todas sus obras."

El Señor es grande en la preservación de los que caen bajo la presión de las cargas de la vida. El levanta a los que ya han caído bajo la presión de los problemas.

Él es grande en la provisión de todas las criaturas. Todas ellas dependen de su mano divina. Él está en control de su desarrollo y organización.

Proverbios 30:24-28, Nos da una muestra de Su poder: "Cuatro cosas son de las más pequeñas de la tierra, Y las mismas son más sabias que los sabios: Las hormigas, pueblo no fuerte, Y en el verano preparan su comida; Los conejos, pueblo nada esforzado, Y ponen su casa en la piedra; Las langostas, que no tiene rey, Y salen todas por cuadrillas. La araña que atrapas con la mano, Y está en los palacios del rey."

Yo pienso que al hombre le hubiera ido mejor, si Dios le hubiera dado el instinto como a los animales. Clara que los animales no inventan nada. Los pajaritos hacen el nido de la misma manera que lo hizo el primero. Esto es; Dios pensó por ellos.

Sin embargo, al hombre le dio la habilidad de escoger, analizar, inventar, etc. ¡Qué muchos caminos equivocados a escogido! Sin embargo, debía ser así, porque fue creado a imagen y semejanza de Dios para ser su compañero, su amigo, su familiar.

Lo extraño es que el camino correcto está tan cerca; la dirección divina a su alcance. Sin embargo, andamos como los ciegos en medio de una plaza llena de sol, dando tumbos, chocando unos con otros, inconformes, quejumbrosos, sin dirección fija.

Rom. 10: 9-10, tiene la solución: "que si confesares con tu boca que Jesús es el Señor, y creyeres en tu corazón que Dios le levantó de los muertos, serás salvo."

Pero, ¿quién le mostrará ese ciego, el camino de la luz? Muchos creyentes tienen miedo a los ciegos, porque cuando los miran ven reflejado en los pobres ciegos al mismo diablo. Entonces se sienten intimidados y cierran la boca por no ofender. ¡Gracias a Dios que alguien fue valiente y me habló a mí de Cristo! Estudie el resto de Romanos 10 y cumpla con su deber. "Mayor es el que está en usted que el que está en el mundo."

Versos 18-21: "Cercano está Jehová a todos los que le invocan, A todos los que le invocan de veras. Cumplirá el deseo de los que le temen; Oirá asimismo el clamor de ellos, y los salvará. Jehová guarda a todos los que le aman, Más destruirá a todos los impíos. La alabanza de Jehová proclamará mi boca; Y todos bendigan su santo nombre eternamente y para siempre."

"Los ojos del Señor están sobre los justos, y sus oídos atentos a sus peticiones", dice 1 Ped. 3:12. El Señor nos concede todas las peticiones y escucha nuestro clamor. Él es como la madre, que aunque esté ocupada en los quehaceres del hogar, no quita el oído del niño que juega en el suelo.

Es el creyente agradecido el que tiene en su boca la alabanza de Jehová.

SALMO # 146

Alabanza por la justicia de Dios. Aleluya.

Versos 1-4: "Alaba, oh alma mía, a Jehová. Alabaré a Jehová en mi vida; Cantaré SALMO a mi Dios mientras viva. No confiéis en los príncipes, Ni en hijo de hombre, porque no hay en él salvación. Pues sale su aliento, y vuelve a la tierra; En ese mismo día perecen sus pensamientos."

El Salmista agradecido promete alabar a Dios mientras viva. Así también el creyente fiel. Entonces explica por qué Dios y no el hombre, es digno de adoración.

No se puede confiar ni en los príncipes, que se muchos suponen que son superiores al hombre común. Los mejores hombres, son sólo hombres. Si no se pueden salvar ellos, mucho menos pueden salvar a otro. Cuando el corazón se detiene, se muere, y regresa al polvo. Ahí mueren todos sus grandiosos planes. Así que podemos decir que el hombre no es digno de confianza, porque es impotente, mortal y transitorio.

Algunas personas ignorantes, especialmente los espiritistas y ramas del catolicismo, creen que cuando la persona muere, si ha sido "bueno" (que no hay ni uno, Rom. 3:10), se vuelve un ser superior con capacidad de hacer milagros, y tener un conocimiento infinito.

El diablo los engaña, y le edifican altares, le prenden velas, y le hacen promesas. Ellos no saben que toda esa honra la recibe el mismo diablo que los engañó. Mire si el diablo es bien sutil, que aún a creyentes, hace aparecer vírgenes y crucifijos en el pan y las tortillas para engañarlos. ¡Gloria a Dios, que por su misericordia, nos abrió los ojos y nos sacó de la ignorancia, la tiniebla que envuelve a las naciones!

Versos 5-7: "Bienaventurado aquel cuyo ayudador es el Dios de Jacob., Cuya esperanza está en Jehová su Dios.; El cual hizo los cielos y la tierra, El mar, y todo lo que en ellos hay; Que guarda verdad para siempre, Que hace justicia a los agraviados, Que da pan a los hambrientos."

El camino a la felicidad, la esperanza y la ayuda, es el confiar en el Dios de Jacob. Él es el Omnipotente Creador de los cielos y la tierra. Podemos depender de nuestro Dios, porque el mantiene su palabra para siempre. Si confiamos en él, no fallaremos, porque él no cambia.

Él es el Abogado de los débiles. (1 Juan 2:1, Heb. 7:25) El hace que el justo sea vindicado, y que su causa triunfe eventualmente. Aunque las olas se vean en su contra, esa misma ola lo llevará al triunfo.

Él es el Proveedor del hambriento, sea hambre física o espiritual. Él nos ha traído a la casa del banquete, donde su bandera es amor, (Cant.2:4).

El Señor es el Emancipador de los cautivos. Él nos ha libertado de las cadenas del pecado, de la opresión humana., de la cautividad del diablo, y de nuestra vida de egoísmo.

Versos 8.10: "Jehová abre los ojos a los ciegos, Jehová levanta a los caídos, Jehová ama a los justos. Jehová guarda a los extranjeros; Al huérfano y a la viuda sostiene, Y el camino de los impíos trastorna. Reinará Jehová para siempre; Tú, Dios, oh Sion, de generación en generación. Aleluya."

El Señor abre los ojos de los ciegos. Algunos son ciegos físicamente, otros mentalmente, y otros espiritualmente. Uno son ciegos de nacimiento, otros por accidente, y otros porque han escogido ser ciegos, pero no hay nada imposible para Dios.

El Señor levanta a los caídos. Esos que han sucumbido bajo el peso de la preocupación, la aflicción, los problemas, y la tristeza. Él es el Amante Supremo.

El Señor es el Protector de los exilados. Él está muy interesado en los extranjeros, los transeúntes. Los peregrinos encuentran el verdadero paracleto en Jehová.

El Señor es el Amigo de los desamparados. Los huérfanos hallan en él un Padre, y las viudas un esposo. El ayuda a aquellos que no tienen ayuda de nadie. Él también es el Juez de los malvados. El trastorna los planes de los hombres sin Dios, y hace que sus caminos terminen en ruinas.

Él es el Rey Eterno. En contraste con el hombre transitorio, está la eternidad de Dios. El reina para siempre. ¿No te emociona ser su hijo?

SALMO # 147

Alabanza por el favor de Dios hacia Jerusalén

Versos 1-6: "Alabad a JAH, Porque es bueno cantar SALMO a nuestro Dios; Porque suave y hermosa es la alabanza. Jehová edifica a Jerusalén; A los desterrados de Israel recogerá. El sana a los quebrantados de corazón, Y venda sus heridas. Él cuenta el número de las estrellas; A todas llama por sus nombres. Grande es el Señor nuestro, y de mucho poder; Y su conocimiento es infinito. Jehová exalta a los humildes, Y humilla a los impíos hasta la tierra."

Aunque algunos piensan que este Salmo celebrara la restauración de Jerusalén, después del regreso de los cautivos de Babilonia, el mismo se aplica a la Jerusalén del Milenio. También se aplica a la Jerusalén espiritual, la Iglesia militante.

El Señor recogerá a los desterrados de Israel de todos los tiempos, de Babilonia, de Rusia, de

España, y del mundo entero. Si conoce cada estrella por nombre, ¿será imposible para él conocer nuestra línea genealógica, perdida en los siglos pasados, y saber que tal vez seamos descendientes de los israelitas esparcidos por el mundo, y que por eso nos trajo a formar parte de la Iglesia?

En los siglos 12 al 14, hubo la gran inquisición en España. A fines del siglo 14 hubo la gran persecución a los judíos, llamados "marranos". 250 mil de ellos emigraron a las Américas. Sus descendientes se envolvieron en el catolicismo, y olvidaron sus raíces.

En Lucas 21:21. "Y Jerusalén será hollada por los gentiles, hasta que los tiempos de los gentiles se cumplan." Jerusalén fue hollada por los gentiles hasta el 1967. Así que el fin está cerca. Los tiempos de los gentiles se han cumplido. Los que Dios está añadiendo a la Iglesia desde ese tiempo, son los israelitas perdidos entre las naciones, que no saben que lo son. Fueron diez tribus las que se perdieron. Los judíos son solo una tribu.

Los israelitas recogidos de entre los gentiles, vienen con heridas y quebrantamiento. El Señor sana todas sus heridas y los recibe en la Iglesia. Es por eso que no vemos grandes multitudes venir al Cristo en este tiempo, como antes del 1967, donde en las campañas grandes se recogían multitud de vidas. El tiempo de los gentiles terminó, cuando se cumplió. Jerusalén está en manos de los judíos.

Ahora el Señor ha enviado pescadores a pescarlos, y a los que no se dejen pescar, les enviará muchos cazadores a cazarlos durante la Gran Tribulación, como dice Jer. 16:16.

Versos 7-11: "Cantad a Jehová con alabanza, Cantad con arpa a nuestro Dios. Él es quien cubre de nubes los cielos, El que prepara la lluvia para la tierra, El que hace a los montes producir hierba. El da a la bestia su mantenimiento, Y a los hijos de los cuervos que claman. No se deleita en la fuerza del caballo, ni se complace en la agilidad del hombre. Se complace Jehová en los que le temen, Y en los que esperan en su misericordia."

Nosotros debemos con gratitud alabar y adorar a Dios en todo tiempo por su provisión. Debemos alabarle por las nubes que nos traen la lluvia que hace la tierra producir nuestro alimento; por la hierba que refresca, las flores que alegran nuestro corazón; por los árboles que dan sombra, oxígeno, y frutas. Todo lo que necesitamos, lo produce la tierra. No importamos nada más que luz de otro planeta.

Versos 12-15: "Alaba a Jehová, Jerusalén; Alaba a tu Dios, oh Sión. Porque fortificó los cerrojos de tus puertas; Bendijo a tus hijos dentro de ti. El da en tu territorio la paz; Te hará saciar con lo mejor del trigo. Él envía su palabra a la tierra: Velozmente corre su palabra."

Esta bendición tendrá su cumplimiento para los israelitas durante el Milenio, pero en el creyente se cumple cada día. Esta es la protección sobrenatural de la Iglesia contra el ataque de Satanás. Nuestros hijos son bendecidos desde el vientre. Nada falta a los que tienen a Jehová como su Pastor.

Él envía su palabra a la tierra, y esta palabra corre velozmente en los labios de los creyentes. ¿Se da cuenta, pastor, de su gran responsabilidad de instruir a sus ovejas con la Palabra?

Versos 16-20: "Da la nieve como lana, Y derrama la escarcha como ceniza. Echa su hielo como pedazos; Ante su frío, ¿quién resistirá? Envía su palabra y los derretirá; Soplará su viento, y fluirán las aguas. Ha manifestado sus palabras a Jacob, Sus estatutos y sus juicios a Israel. No ha hecho así con ninguna otra de las naciones; Y en cuanto a sus juicios, no los conocieron. Aleluya."

No debemos olvidar, cuando alabamos a Dios, el control que tiene sobre los elementos. Él envía sus órdenes, y enseguida vemos los resultados. La tierra se cubre de nieve, en el norte y en el sur. Envía la escarcha y el granizo. Entonces cambia la orden, y estos se derriten. El viento de sur hace que la temperatura suba, y comienza la primavera. Y así los fríos problemas de los humanos, dan paso al tibio calor de la primavera.

El Señor debe ser honrado por Israel primeramente. Sin embargo, la mayoría de los judíos, que son los que deben mantener vivo el conocimiento de Dios, se han vuelto materialistas y ateos.

Entonces es el deber del Israel espiritual, la Iglesia, llevar la Palabra de Dios a toda criatura, para que todos tengan la oportunidad de escoger servir al Dios Todopoderoso, o convertirse en su enemigo.

SALMO # 148

Exhortación a la creación, para que alabe a Jehová. Aleluya.

Versos 1-2: "Alabad a Jehová desde los cielos; Alabadle en las alturas. Alabadle vosotros todos sus ángeles; Alabadle, vosotros todos sus ejércitos."

Tercer cielo.

La orden de alabar al Creador es dada en el tercer cielo a sus residentes. Ángeles, querubines, serafines. Este es uno de sus principales privilegios.

Segundo cielo.

Versos 3-6: "Alabadle, sol y luna; Alabadle vosotras todas, lucientes estrellas. Alabadle cielos de los cielos, Y las aguas que están sobre los cielos. Alaben el nombre de Jehová; Porque él mandó, y fueron creados. Los hizo ser eternamente y para siempre; Les puso ley que no será quebrantada."

Aquí está la orden al segundo cielo. El sol, la luna, las estrellas, las galaxias y las constelaciones, los depósitos de las aguas de la estratósfera, y las nubes, deben adorar a su Creador.

A pesar del constante movimiento de los planetas, galaxias. Constelaciones, estrellas, lunas y soles, todas obedecen el establecido concierto, y ninguna choca con otra. Todas nacen y mueren como el hombre.

¿Para qué las hizo el Creador? Para servir de hogar a la Iglesia durante la eternidad. Cada creyente tiene su propósito en el universo, y aun después de resucitados, seremos hojas de sanidad a las naciones, de la eternidad, como lo somos en la actualidad, llevando el evangelio de salvación a los perdidos de todas las naciones.

Versos 7-10. "Alabad a Jehová desde la tierra, Los monstruos marinos, y todos los abismos; El fuego y el granizo, la nieve y el vapor, El viento de tempestad que ejecuta su palabra. Los montes y todos los collados, El árbol de fruto y todos los cedros; La bestia y todo animal, Reptiles y volátiles."

Primer cielo, el sub lunar; creación terrenal.

La creación terrenal recibe la orden de alabar al Creador. Desde el mar, y sus habitantes, hasta la flora y la fauna, las montañas y los montes, las colinas y todos sus habitantes, alaban al Señor que los creó y los alimenta. "Los árboles darán palmadas de aplauso", (Isa. 55:12).

Versos 11-14: "Los reyes de la tierra y todos los pueblos, Los príncipes y todos los jueces de la tierra; Los jóvenes, y también las doncellas, Los ancianos y los niños. Alaben el nombre de Jehová, Porque su nombre es enaltecido. Su gloria es sobre tierra y cielos. Él ha exaltado el poderío de su pueblo; Alábenle todos sus santos, los hijos de Israel, el pueblo a él cercano. Aleluya."

El hombre: la corona de la creación.

La orden: todo ser humano alabe a Jehová. Esto se cumple en la Iglesia. "La casa de Dios, que es la Iglesia del Dios Viviente, Columna y Baluarte de la Verdad", 1 Tim. 3:16.

SALMO # 149

Exhortación a Israel, para que alabe a Jehová. Aleluya.

Versos 1-5: "Cantad a Jehová cántico nuevo; Su alabanza sea en la congregación de los santos. Alégrese Israel en su hacedor; Los hijos de Sion se gocen en su rey. Alaben su nombre con danza; Con pandero y arpa a él canten. Porque Jehová tiene contentamiento en su pueblo; Hermoseará a los humildes con la salvación. Regocíjense los santos por su gloria, Y canten aun sobre sus camas."

Este Salmo se compone de dos partes. Del verso 1-5: los santos están cantando. Del verso 6-9 los santos están reinando.

El nuevo cántico es de creación, redención y reino. Los santos se regocijan en Jehová, el Autor de su creación natural y espiritual. No solo le alaban con sus labios, sino también con danza y música.

El servicio cristiano debe ser alegre, avivado, aunque con reverencia, porque el Señor se goza en su pueblo restaurado. Deben cantarse Salmos; ya muchos tienen melodías conocidas. El pueblo israelita alaba a Dios con danza en corrillos.

Versos 7-9: "Para ejecutar venganza entre las naciones, Y castigo entre los pueblos; Para aprisionar a sus reyes con grillos, Y a sus nobles con cadenas de hierro; Para ejecutar en ellos el juicio decretado; Gloria será esto para todos sus santos, Aleluya.

¿Qué sucede en el reino espiritual cuando cantamos himnos y alabanzas a Dios? En estos versos vislumbramos algo de ello. Si nuestros ojos espirituales se abrieran de súbito, seríamos testigos de una gran batalla en el reino espiritual.

El diablo utiliza la música para controlar las masas. Esa es una de las armas más poderosas que utiliza para corromper la juventud. Las canciones de los jóvenes de este tiempo, no tiene "ton ni son". No son baladas románticas, sino balbuceos inteligibles que no dicen nada. Las que se pueden descifrar son mensajes que promueven la violencia, la rebelión y el sexo.

La forma más fácil de penetrar un cerebro es por medio de la música. La gente recuerda más un cántico que un sermón. ¿Cómo combatir en esta guerra? Con Salmos, himnos y cánticos espirituales.

¿Qué debemos cantar, y enseñarle a la congregación? Cánticos que adoren a Dios, y nos edifiquen; no coros que nos desvíen de la fe. ¡Estudie bien cada coro antes de cantarlo!

SALMO #150

Exhortación a alabar a Dios con instrumentos de música.
Aleluya.

Versos 1-2: "Alabad a Dios en su santuario; Alabadle en la magnificencia de su firmamento. Alabadle por sus proezas; Alabadle conforme a la muchedumbre de su grandeza."

Hemos llegado al gran final, y ¿qué más apropiado que encontrar esta corta apelación a la creación para que adore y alabe a su Creador? El Salmo contesta cuatro preguntas acerca de la alabanza: Donde, Por qué, Como, Quién.

El propósito de la creación es la gloria de Dios. Así que el hombre encuentra que la razón de su existencia es la alabanza a Dios. ¿Dónde debe alabarlo? En todo lugar, especialmente en la Congregación.

¿Por qué? Por sus proezas y su excelente grandeza. Por lo que ha hecho por nosotros, y por lo que Él es. Es un pecado no sentirnos entusiasmados al conocer las excelencias de nuestro Creador y Redentor.

Versos 3-5: "Alabadle al son de bocina; Alabadle con salterio y arpa. Alabadle con pandero y danza; Alabadle con cuerdas y flautas. Alabadle con címbalos resonantes; Alabadle con címbalos de júbilo."

¿Cómo? Con una orquesta de todos los instrumentos. La trompeta con sus notas marciales directoras. La flauta con sus tonos pastorales. El arpa suave y dulce. Los címbalos, festivos. Los violines, las guitarras, el piano, el órgano, la mandolina, el clarinete, los instrumentos de viento, las panderetas, y el resto de los instrumentos musicales, tomando todas las notas en el mundo de la música para adorar al Gran Rey.

Todo esto nos lleva a la pregunta final: ¿A Quién? *"Todo lo que respira Alabe a Jehová."* La creación entera, todo el universo, se une a los instrumentos y a las voces en maravilloso concierto, dando alabanza y gloria al Señor. ¡Aleluya!

Made in the USA
Charleston, SC
27 August 2016